54

新世纪心理与心理健康教育文库

Xinshiji Xinli Yu Xinlijiankangjiaoyu Wenku

中职学生心理健康教育

Zhongzhixuesheng Xinlijiankangjiaoyu

郑日昌 刘视湘 ◆ 主编

Zheng Richang Liu Shixiang

开明出版社

U0798807

新世纪心理与心理健康教育文库

编 委 会

总 主 编 郑日昌

副总主编 沈 政 郭德俊 桑 标 王希永

编 委 会 （按姓氏笔画排列）

王 昕 王小明 王成彪 王建平
牛 勇 邓丽芳 叶浩生 田万生
朱新秤 任 苇 任 俊 刘视湘
刘翔平 刘惠军 许 燕 孙大强
杜毓贞 杨 波 杨忠健 汪凤炎
沈 政 张 驰 张大均 张志杰
陈永胜 陈安涛 邵志芳 庞爱莲
郑日昌 郑晓江 孟沛欣 赵世明
赵军燕 俞国良 殷恒婵 郭秀艳
郭德俊 桑 标 黄 蓓 崔丽娟
梁宁建 梁执群 董 妍 程正方
雷 雳 燕国材 魏义梅

总 序

Sequence

早在上个世纪 70 年代就有专家预言：21 世纪是心理学的世纪。21 世纪人类所面临的最大挑战，不是其他，而是心理困惑和心理问题。

进入新世纪，我国社会主义物质文明、政治文明、精神文明建设不断加强，综合国力大幅度提高，人民生活显著改善。同时，我们也要看到，我国已进入改革发展的关键时期，经济体制深刻变革，社会结构深刻变动，利益格局深刻调整，思想观念深刻变化。这种空前的社会变革，给我国发展进步带来巨大活力，也必然带来这样那样的矛盾和问题。例如，城乡、区域经济社会发展很不平衡；就业、收入分配、社会保障、教育、医疗、住房等方面关系群众切身利益的问题比较突出；一些社会成员诚信缺失、道德失范；一些领域的腐败现象比较严重等。这些矛盾和问题让人们感到心理困惑，时刻冲击着人们的心理承受能力。

2006 年，中共中央《关于构建社会主义和谐社会若干重大问题的决定》明确指出：我们必须坚持以人为本。要注重促进人的心理和谐，加强人文关怀和心理疏导，引导人们正确对待自己、他人和社会，正确对待困难、挫折和荣誉。要加强心理健康教育和保健，塑造自尊自信、理性平和、积极向上的社会心态。心理和谐是构建和谐社会的心理基础和重要标志。胡锦涛同志指出："科学发展观，第一要义是发展，核心是以人为本。"以人为本就必须重视人、尊重人、关心人、爱护人，就必须重视人的心理发展。加强心理健康教育和心理保健，不断提高人们的心理素质，帮助人们形成积极心理品质，为和谐社会建设奠定和谐的心理基础已经成为举国上下的共识。

促进人的心理和谐需要有科学心理学指引，加强心理健康教育需要有合适的教材。近年来，国内虽然也陆续出版了一些心理学或心理健康教育方面的图书，但不够系统，缺乏总体规划。正因为如此，我们组织了一批心理学专家、学者，编写了这套反映我国心理学发展及心理健康教育理论成果的“新世纪心理与心理健康教育文库”。

“新世纪心理与心理健康教育文库”具有系统性。文库参照心理学学科体系和我国现实需要，分为基础理论、应用理论和技术与实践三个系列。

“新世纪心理与心理健康教育文库”具有权威性。文库是国家出版基金资助项目；文库撰稿人的选择面向全国，每一本图书都由该领域的专家学者撰稿；文库的统稿工作由国内权威心理学家和心理健康教育专家负责完成。

“新世纪心理与心理健康教育文库”具有前沿性。文库在全国范围选聘心理学和心理健康教育领域的专家学者撰稿，既可以吸收心理学与心理健康教育的权威理论和最新研究成果，也可以保证所选内容资料贴近时代、贴近生活、贴近实际。

“新世纪心理与心理健康教育文库”具有实用性。文库在强调系统性、理论性、科学性的同时，更加强调实用性。力求做到理论联系实际，给出的理论实用，给出的技术可行，给出的方法可操作。

“新世纪心理与心理健康教育文库”理论性、实用性、资料性、工具性兼备，是心理学与心理健康教育的“百科全书”。它可以作为从事心理与心理健康教育工作的管理者和研究者的参考书、工具书；可以作为心理健康教育教师继续学习、自我提高的自修图书；可以作为心理健康教育教师的培训用书；可以作为师范院校心理与心理健康教育专业的教材或参考书。

我们相信，“新世纪心理与心理健康教育文库”对于从事心理与心理健康教育工作的人士会有所帮助；对于我国的心理与心理健康教育工作会起到推动促进作用；对于促进人的心理和谐、促进社会心理和谐会发挥一定作用。

我们希望，这套文库能够得到广大心理与心理健康教育工作者的认可、接纳。

郑日昌

于京师园

前言

Preface

经过二十多年的努力，心理健康教育已取得显著成绩。中共中央国务院、教育部多次发文强调心理健康教育的重要性；心理和教育工作者也提出了一些理论和方法，指导中职学校开展心理健康教育。

在中职学校，心理健康教育的主体是学生，因此教师需要了解中职学生的心理特点，结合不同年龄段学生的心理成长发育需求，通过丰富多样的教学手段，服务和促进学生的心理健康发展。

心理健康教育越来越受到学校的重视。实施和落实心理健康教育已成为现代学校的标志，成为彰显学校特色的一个重要方面。当前大多数学校聘请了专兼职心理教师，建立了心理咨询室，开展了丰富的心理健康教育活动，取得了丰硕的成果。

为了让心理健康教育真正成为素质教育的一项重要内容，我们必须营造良好的社会氛围，让全社会关注心理健康教育，认识到心理健康教育是有用的、必要的。基于这一想法，我们编写了这本书。编者在参照了大量专业书籍的基础上，根据中职学生心理健康教育的需要，精心选择了十章内容，包括中职学生心理健康教育的含义、内容、途径和管理。其中，第一章是心理健康教育绪论，希望读者对中学生心理健康教育的含义有一个明确认识。第二章是中职学生心理健康教育的组织管理，从组织机制、心理辅导室建设、心理档案建设、心理教师管理和绩效评估等方面进行了阐述。第三章是中职学校教师的心理健康教育，旨在提高教师的心理健康水平，从而更好地为学生服务。第四章是中职学生心理健康教育的实施途径，从心理咨询、课程建设、学科渗透等方面进行了系统介绍，以使读者全面地了解中职学生心理健康教育的主要途径及其教育方法。第五章至第十章是中职学生心理健康教育的内容，为读者提供了一些切实可行的方法，从学习心理、自我意识、人际交往、性与恋爱心理、生涯教育、生活适应等方面培养学生良好的心理素质。

本书主要有两大特色：系统性与可操作性。

第一，系统性。本书从含义、内容、途径、管理等方面对中职学生心理健康教育进行了系统、科学的阐述，着重介绍了中职学生心理健康教育的内容和途径，让读者认识到心理健康教育是有意义的工作，是预防教育，更是现代积极心理学思想的体现。

第二，可操作性。本书在每一章的前面列有本章提要、学习重点、重要术语等，引导读者快速了解本章内容；在每一章的后面列有建议参考资料、问题与思考，引导读者更加深入地思考本章的学习内容。在内容编排方面，不仅安排了学习心理教育、人际交往教育、自我意识教育等常见内容，也安排了性与恋爱心理教育、生涯教育、生命教育、行为习惯教育、网络心理教育等社会普遍关注的内容，从而拓展了学生的心理学视野，丰富了学生的心理学知识，让读者感觉到心理健康教育是可操作的，是实用的。学生们可以在活动中、游戏中学习，充分体现了寓教于乐的思想。

本书最初由郑日昌提出大体构想，由刘视湘博士拟定编写提纲初稿，在参编者充分讨论的基础上达成共识，最后确定翔实写作大纲。

各章具体编写分工为：

第一章由刘春玲（北京市昌平卫生学校）、景奇鹏（北京市昌平卫生学校）、朱仙桃（北京电子科技职业学院）撰写；第二章由刘视湘（北京成均教育科技发展中心）撰写；第三章由江连凤（北京市新媒体技师学院）撰写；第四章由李春竹（北京电子科技职业学院）、刘春玲撰写；第五章由赵丽丽（北京市黄庄职业高中）撰写；第六章由金海英（北京市昌平职业学校）撰写；第七章由徐婕（北京国际职业教育学校）、许音旋（北京市商业学校）撰写；第八章由黄莉莉（北京电子科技职业学院）、朱仙桃撰写；第九章由焦艳红（北京国际职业教育学校）、赵晓波（北京市昌平卫生学校）撰写；第十章由何建勇（北京市商业学校）撰写。

最后由刘视湘、杨桂华（北京市商业学校）、王彦荣（北京市黄庄职业高中）、陈建南（北京市经济管理学校）统稿，郑日昌审读修正定稿。

本书是集体智慧的结晶，感谢各位作者的辛勤笔耕，感谢杨桂华女士的组织协调，感谢开明出版社的大力支持！

在本书编写过程中，我们广泛参考了国内外的相关著作，吸收了有关研究成果，在此致以诚挚的谢意和敬意。

由于时间和精力不足，水平有限，书中难免存在不足和错误之处，敬请广大读者批评、指正，以待修改和完善。

郑日昌　刘视湘

目 录

Contents

第一章　绪论

【本章提要】

本章主要介绍心理健康的定义，心理健康的评价标准以及相关的常用量表，还包括中职学生心理健康教育的相关问题，如中职学生的身心发展特点，常见的心理问题及其应对等。这里特别提到了针对中职学生开展心理健康教育的意义、目标、原则、内容以及实施途径。

【学习重点】

1. 心理健康的含义
2. 心理健康的评价标准
3. 中职学生的身心发展特点
4. 中职学生心理健康问题的成因与对策
5. 中职学生心理健康教育的意义与目的

【重要术语】

心理健康　评价标准　心理健康量表　心检系统　中职学生心理健康

第一节　心理健康

一、心理健康的含义

随着人类社会的日益发展，生存与竞争压力不断增长、日常困扰及突发事件逐渐增多，个体的适应能力受到了极大的挑战，心理健康问题也由此突显为当代社会最为关注的健康话题之一。对于心理健康，历来有许多的看法，从不同的侧面来描述什么叫做心理健康。我们的看法是，心理健康是建立在生理健康的基础上的，二者不能截然分开，应将心理健康纳入总体健康的定义中去。

1989 年，联合国世界卫生组织（WHO）对健康作了新的定义，即“健康不仅是没有疾病，而且包括躯体健康、心理健康、社会适应良好和道德健康”。由此可知，健康不仅仅是指躯体健康，还包括心理、社会适应、道德品质的健康，几个方面是相互依存、相互促进、有机结合的。一个人在这几个方面都健全，才算得上真正的健康。一般而言，心理健康概念是指：个体的心理活动处于正常状态下，即认知正常，情感协调，意志健全，个性完整和适应良好，能够充分发挥自身的最大潜能，以适应生活、学习、工作和社会环境的发展与变化。世界卫生组织对健康的定义细则如下：

1. 有足够充沛的精力，能从容不迫地应付日常生活和工作的压力而不感到过分紧张。

2. 处事乐观，态度积极，乐于承担责任，事无巨细不挑剔。

3. 善于休息，睡眠良好。

4. 应变能力强，能适应外界环境的各种变化。

5. 能够抵抗一般性感冒和传染病。

6. 体重得当，身材均匀，站立时，头、肩、臂位置协调。

7. 眼睛明亮，反应敏锐，眼睑不易发炎。

8. 牙齿清洁，无空洞，无痛感，齿龈颜色正常，无出血现象。

9. 头发有光泽、无头屑。

10. 肌肉、皮肤有弹性。

其中前四条为心理健康的内容，后六条则为生物学方面的内容（生理、形态）。

我们认为：心理健康是指在环境许可的范围内，个体通过与环境的不断互动，从而达到内心和谐的一种状态（刘视湘，2011）。简言之，孔子的“从心所欲不逾矩”便是心理健康的最高境界。

二、心理健康的评价标准

（一）心理健康的标准

心理健康对人的重要性不言而喻，但是其标准是什么呢？

1. 马斯洛和密特尔曼（A. Maslow & B. Mittelman）关于心理健康的标准：

（1）有充分的安全感；

（2）对自己有充分的了解，并能对自己的能力作出适当的评价；

（3）生活理想和目标切合实际；

（4）与周围环境保持良好的接触；

（5）能保持自身人格的完整、和谐；

（6）具有从经验中学习的能力；

（7）保持良好的人际关系；

（8）适度的情绪发展与控制；

（9）在集体要求的前提下，较好地发挥自己的个性；

（10）在社会规范的前提下，恰当满足个人的基本需要。

2. 斯柯特（Scott）关于心理健康的标准：

（1）一般的适应能力；

（2）自我满足的能力；

（3）人际间各种角色的扮演；
（4）智慧能力；
（5）对他人的积极态度；
（6）创造性；
（7）自主性；
（8）完全成熟；
（9）对自己的有利态度；
（10）情绪与动机的控制。

3. 我国台湾学者黄坚厚提出的心理健康的四项标准：
（1）乐于工作；
（2）能与他人建立和谐关系；
（3）对自身具有适当的了解；
（4）和现实环境有良好的接触。

4. 世界卫生组织界定的心理健康标准：
（1）智力正常；
（2）情绪适中；
（3）意志健全；
（4）人格统一；
（5）人际关系和谐；
（6）与社会协调一致；
（7）心理特点符合年龄特征。

（二）中职学生心理健康的评价

结合当今积极心理学和发展心理病理学的研究成果，我们认为，一个心理健康的中职学生应该没有严重的情绪困扰，适应良好，具有与其年龄特征相符的发展特点，具有面对挫折与失败能自我复原的潜能。因此，心理健康的评价可以分别从适应、困扰与复原力三个不同层次上来进行，这三个层次的划分既弥补了以往心理健康测量的不足，也顺应了学校适应性、发展性心理辅导实践工作的需要。

1. 适应良好

适应是指个体能充分发挥自身的主观能动性，通过不断的身心调整，与环境保持和谐状态的过程。这种适应不是静止的，而是一种不断打破平衡再重构平衡，从平衡到不平衡再到平衡的螺旋上升的过程。

中职学生的适应包括人际适应、学习适应、行为适应、青春期适应等方面。

适应良好是中职学生心理健康的第一个评价标准。

2. 无心理困扰

困扰是相对于适应而言的心理困扰。

中职学生心理困扰包括抑郁、焦虑、强迫、恐惧等。中职阶段，心理健康教育应当是发展性取向，而非矫正性取向。因此，我们并非要诊断出学生的心理困扰，贴标签，而是关注学生有无心理困扰倾向，及早预防。

无心理困扰是中职学生心理健康的第二个评价标准。

3. 有较强的复原力

复原力是指个人具有或学习到某些特质，这些特质或行为会因个人与环境的互动而保护个人不受压力或挫折情境的影响，使个人重新获得自我控制的能力并发展出健康的应对行为。

中职学生的复原力包括积极认知、自信、社会支持、自我调节等方面。

与适应、困扰不同，复原力更强调未来维度，它是预测性指标。

有较强的复原力是中职学生心理健康的第三个评价标准。

（三）心理健康评价量表

20 世纪 90 年代以来，我国有越来越多的心理学家及教育工作者开展了中职学生心理健康问题的研究，而心理健康测量工具在这些研究中起到了重要的作用。目前，关于心理健康评价的量表大体可分为三类：第一类是心理障碍和心理诊断量表，此类量表的使用率最高，如症状自评量表（SCL－90）、抑郁自评量表（SDS）、焦虑自评量表（SAS）、心理健康量表（MHT）等；第二类是适应性量表，如儿童行为量表（CBCL）等；第三类是与心理特质有关的量表，如艾森克人格问卷（EPQ）等。

纵观心理健康评价的工具，国内研究多以某一方面为主，如心理健康、气质、性格等，而进行综合评价并自成体系的工具，当首推我国著名心理测量专家、心理健康教育专家郑日昌教授研究和开发、经中国心理卫生协会组织专家鉴定的“学生心理健康检测系统”（Psychological Examination System for Students，PESS），简称学生心检系统。该系统是基于郑日昌教授提出的“全人教育模型”而建构的。它把个体的心理健康分为智能健康和人格健康两个方面。其中，智能包括实能和潜能，实能又包括知识和技能，潜能又包括学能和创意；人格包括性情和品德，性情又包括情绪、性格、兴趣，品德又包括法纪、公德、信仰。

目前，已经开发出来的“中职学生心检系统”共有七大类 17 个量表：（1）中职学生心理健康自评量表、中职学生心理健康教师评价量表、中职学生心理健康家长评价量表，三个量表都包括适应分量表（包含学习适应、人际适应、青春期适应、行为适应四个维度）、困扰分量表（包含抑郁倾向、焦虑倾向、强迫倾向、恐惧倾向四个维度）和复原力分量表（包含自信、积极认知、自我调节、社会支持四个维度）；（2）中职学生学习状况问卷，包括中职学生学习能力测验（包含中职学生言语能力测验、中职学生数学能力测验、中职学生图形推理能力测验三个测验）、中职学生学习态度问卷（包含积极情绪、消极情绪、认知特征、行为努力四个维度）、中职学生学习方法问卷（包含学习环节、学习调控两个方面）和中职学生考试心理问卷（包含考试焦虑、考试方法两个维度）；（3）中职学生创新意识问卷（包含冒险性、敏感性、非依从性、审美感、坚毅性、好奇和幻想性六个维度）；（4）中职学生情绪适应问卷（包含自我感知、自我调节、外部感知、外部调节四个维度）；（5）中职学生性格问卷，包括中职学生气质问卷、中职学生内外向问卷、中职学生自信心问卷、中职学生意志力问卷四个问卷；（6）中职学生职业兴趣问卷（包含人、物、资料、观念四个维度）；（7）中职学生道德判断问卷（包含自我、法制、道德、信仰四个方面）。

具体来说，中职学生心检系统的量表名称如下：

（1）中职学生心理健康自评量表；

（2）中职学生心理健康教师评价量表；

（3）中职学生心理健康家长评价量表；

（4）中职学生言语能力测验；

（5）中职学生数学能力测验；

（6）中职学生图形推理能力测验；

（7）中职学生学习方法问卷；

（8）中职学生学习态度问卷；

（9）中职学生考试心埋问卷；

（10）中职学生创新意识问卷；

（11）中职学生情绪适应问卷；

（12）中职学生气质问卷；

（13）中职学生内外向问卷；

（14）中职学生自信心问卷；

（15）中职学生意志力问卷；

（16）中职学生职业兴趣问卷；

（17）中职学生道德判断问卷。

研究表明，学生心检系统的各分量表都具有良好的信度和效度等心理测量指标，并有标准化的常模可以参照。目前，学生心检系统已经开发了计算机管理系统，非常适合学校开展心理健康教育、建立学生心理档案的需要。

对中职学生的心理健康状况进行测评，最关键的是选择合适的测量工具。一定要选择标准化的测验，并注意测验的信度、效度和常模的范围、特征及取样时间，要注意测量工具的目的、功能及适用范围。心理测量的目的是为学校开展心理健康教育提供信息，是学校开展心理健康教育的基础，切不可滥用心理测量工具，以免带来负面影响。

心理健康是一个系统，需要从不同的视角、采用不同的方法进行动态研究。中职学生的心理健康受到社会环境、家庭情况、人际关系、学习动机、身体健康等多种因素的影响，且随着年龄的增长，其心理素质也在发生着变化，这些因素都直接影响着对中职学生心理健康的评估和研究。

第二节　中职学生心理健康

心理健康状况与人们的生活品质息息相关，也是获得幸福、成功人生的基本前提与保障。对于年轻一代的中职学生群体而言，身心发展正处于最具可塑性的时期，良好的心理素质也在此阶段逐渐形成和完善，因此，通过了解心理健康的基本常识来增强心理健康意识，通过学习维护心理健康的技巧和方法来提高自身的心理健康水平，同时运用所学知识力所能及地帮助周围人改善心理状况，具有重要的发展性意义，也能为他们今后更好地适应社会打下坚实的心理基础。

一、中职学生身心发展的一般特点

中职生，15—18 岁的学生，与普通高中生年龄相当，正处于青年早期，一个人生发展的重要阶段。他们正处于由少年向成人过渡的时期，处于活跃而丰富多彩的青年期。这既是他们人生的重大转折时期，又是他们人格发展的黄金阶段，也是心理发展最富特色的时期。一些西方心理学家称青年期是“狂风暴雨时期”和“第二次危机时期”，是“心理上的断乳期”和“人生的第二次诞生期”。对中职生来讲，青年期是其个性发展和人格成熟的重要阶段，是由“自然人”向“社会人”发展、完成社会化任务的关键时期，他们将面临许多发展方面的问题。他们的心理发展特点具有一般青少年的共性，即具有独立性和依赖性、自觉性和盲动性、成熟性和幼稚性、开放性和闭锁性的矛盾关系。同时又具有中职生的个性，表现为有改变知识现状的愿望，但学习动机及意志力差异明显；有渴望独立的愿望，但缺乏自我认识；有与人保持良好关系的愿望，但缺乏相应的沟通技巧；有丰富课余生活的愿望，但自控能力较弱；有找到满意工作的愿望，但缺乏对自我发展的信心。因此，不可避免地会在学业问题、人际关系问题、行为问题和情感问题上出现不同程度的困惑和烦恼。

（一）青年早期学生身心发展的一般特点

这一阶段的孩子在经过青春期的急骤发育后，进入了相对稳定阶段，个体在心理、生理上接近或开始成熟。他们的身体生长，主要表现在形态发育、体内器官的成熟与机能的发育、性生理日趋成熟等几个方面。此外，心理的发展有如下特点。

1. 认知结构的完整体系基本形成，思维能力基本上完成了向理论思维的转化，抽象逻辑思维占了优势地位，辩证思维和创造思维有了很大的发展。

2. 观察力、有意识记能力、有意想象能力迅速发展，思维的目的性、方向性更明确，认知系统的自我评价和自我控制能力明显增强。

3. 自我意识的能力和水平提高，内容进一步丰富和深刻，表现在自我明显分化、对自己形象的关注、自我评价能力进一步提高、自尊心与自卑感并存等方面。

4. 在情绪情感方面，以外显为主向以内隐为主发展，以冲动为主向以自制为主发展，以直接、具体为主向以间接、抽象为主发展，以生理需要为主向以社会性需要为主转变。

5. 在性意识方面呈身心发展不平衡、对身体发育关心和烦恼、对异性的兴趣增加等特点。

（二）中职学生身心发展的一般特点

由于处于心理发展的“狂风暴雨时期”，中职生除了拥有和同龄人相似的身心特点之外，其内心世界会更加复杂，有着许多值得重视的独特的心理特征。

1. 善于交往，渴望独立，勇于表现自我

善于交往是中职生的一个明显特点。无论是任课教师还是班主任都能感觉到，中职生很喜欢跟人打交道，而且很善于跟人打交道。老师很容易跟他们打成一片，成为他们的朋友。与普通高中生相比，中职生更擅长“察言观色”，更加善解人意。说他们善于交往，可以从两个方面来理解：一方面，乐于进行人际交往，交往频率高，交往能力强；另一方面，交往的对象更加广泛，不局限于老师、父母、同龄人。

2. 兴趣广泛，认知模式职业化，职业能力得到较好发展

中职生处于一个兴趣广泛的年龄阶段，而职业教育的环境摒弃了普教重视升学率的教育模式。中职生从升学压力中解放出来，可以充分发展自己的特长，培养自己的兴趣爱好，使身心得到锻炼，情操得到陶冶，各方面素质得到提升。职业教育是一种定向明确的教育，系统的专业学习为中职生思维品质等认知能力的发展打上了专业的烙印，他们寻求解决问题的途径时多了一些专业的新视角，与职业相关的心理品质及能力也得到了相应的培养。

3. 社会化倾向有着特殊的发展

中职生毕业后必须走进社会，不像普通中学生那样有一个缓冲期，所以很多中职生已经有一种准社会人的自我意识，急切地想按社会要求塑造自己的行为。中职生表现出比同龄学生更明显的社会化倾向，典型表现是不愿意穿校服，喜欢背时髦的包、戴首饰，甚至穿奇装异服，竭力地标新立异，寻找一种领导和追逐潮流、做社会“新新人类”的感觉。

4. 学习习惯与方法欠佳，有厌学心理

一部分中职生缺乏刻苦学习的精神，在学习上没有养成好的学习习惯，也没有找到适合自己的学习方法。因为不会学而学不好，因为学不好而不想学，导致学习上失去目标，学习动力严重不足，产生厌学心理与行为，形成学习上的恶性循环现象：越不努力成绩越差，成绩越差越要放弃。对于这个事实，如果从消极、被动的方面说，就是"'学习准备'不足，不是职业教育本身的问题，而是九年义务教育不成功的部分转移到了职业学校"；如果从积极、主动的方面看，就是"我们与现实困难'狭路相逢勇者胜'，当我们找到出路的时候，就意味着我们的事业又前进了一步，犹如'处绝路而逢新生'"。

5. 严重的自卑感与强烈的自尊心交织

在社会对职业教育普遍存在偏见的形势下，一些中职生认为，自己与同龄人相比，未来似乎比较渺茫，因此具有一定的自卑心理。这种自卑心理与强烈的自尊心交织在一起，使他们变成了内心冲突的个体，表现在行为上就是无所适从，或者有些怪异，有时甚至用过激的行为方式去掩饰自己可能受到的伤害，比如通过逃课、顶撞教师、打架斗殴等违纪、违规行为，显示自己的勇敢，渐渐地形成了反社会人格倾向。这些其实都是自尊心不健康发展的表现。

6. 情感的丰富与心态的浮躁并存

处于青春期的中职生的情感原本就丰富而敏感，加之职业教育的学习环境相对宽松，为中职生个性的发展提供了平台，使其人际沟通能力得到发展，为中职生相互之间的心理影响提供了"群体动力环境"。因此，在职业学校校园文化中，有两个现象比较突出：一是经常出现种种成年人和班主任难以理解的"热"，一些中职生在追求新潮中宁可失去自我也乐此不疲，表现出浮躁的心态；二是产生了很多非正式的小群体，形成自己的游戏规则，甚至置职业学校的纪律规范于不顾。

7. 开放性格与内隐心理冲突

时代与文化的开放性使中职生在性格上表现出开放性，他们愿意也需要与他人进行交流，互相传递信息，但这更多的是在同伴群体中。中职生尽管需要得到成人的指导，但总觉得应有自己的隐私和秘密，更重要的是，他们觉得对于自己的想法，家长和教师是不可能理解也不会关心的，所以不愿意将自己的心里话坦然告诉老师和家长。但是，在心理咨询中，很多学生却真诚地告诉心理咨询人员很多平时不会提及甚至羞于启齿的问题。这说明，他们的内心是想寻觅心理支持的，他们需要真诚的理解、关爱、呵护和帮助。

8. 青春期的迷茫导致交往偏差

处于青春期的中职生，身心发展上的第二、第三性征相继出现。男女生的性别角色意识进一步增强，有了解异性的好奇与冲动。再加上大众媒体的"催化剂"作用以及社会环境的消极影响，性问题在中职生中自然而然地开放和透明。

现在中职生在异性交往上存在一种明显倾向：他们再也不会因为谁有异性朋友而大惊小怪。很多中职生觉得有异性朋友很正常，认为职业学校和家长不应该过多干涉其异性交往。中职生对性不再一无所知，因此，他们所面对的问题不仅是认识什么是性，而且是如何科学、理性地认识性，树立健康的性意识和性观念。

二、中职学生常见的心理健康问题

中职学生的心理健康问题主要有以下几类。

（一）人际关系问题

人际关系问题是中职学生反映较多的问题，主要包括以下几个方面。

1. 与教师的关系问题。其主要问题有教师对学生的不理解、不信任而使学生产生的对抗心理，以及教师的认知偏差等原因给学生造成的压抑心理、攻击行为等问题。

2. 同学间的关系问题。中职学生除希望得到老师的理解与支持外，也希望在班级、同学间有被接纳的归属感，寻求同学、朋友的理解与信任。

3. 与父母的关系问题。民主型的和睦良好的家庭给中职学生一个温暖的归属港湾，专制式的家庭中父母与其子女之间不能进行正常的沟通，造成孩子孤僻、专横的性格。家庭的种种伤痕，会给中职学生造成不同程度的心理伤害。

（二）青春期心理问题

1. 青春期闭锁心理。其主要表现是趋于关闭封锁的外在表现和日益丰富、复杂的内心活动并存于同一个个体，可以说封闭心理是青春期心理的一个普遍存在而又特殊的标志。

2. 情绪情感激荡、表露而又内隐。青春发育期的生理剧变，必然引起学生情感上的激荡。这种动荡的情感有时表露有时内隐。

3. 早恋。中职学生一般尚未成年，我们把学生这种未成人时的恋爱称为早恋。中职学生正值青春发育期，而这一时期最突出的矛盾之一是性发育迅速成熟与性心理相对幼稚的矛盾。

（三）挫折适应问题

中职学生的挫折是多方面的，有学习方面的、人际关系方面的、兴趣和愿望方面的以及自我尊重方面的。其原因有客观因素、社会环境因素以及个人主观因素。

（四）学习问题

因学习而产生的心理问题也是中职学生心理问题的一部分，包括以下几个方面。

1. 学生学习困难，心理压力越来越大，造成精神上的萎靡不振，从而导致食欲不振、失眠、神经衰弱、记忆力下降、思维迟缓等。

2. 厌学是目前学习活动中比较突出的问题，不仅是学习成绩差的同学不愿意学习，一些成绩较好的同学亦出现厌学情绪。

3. 考试焦虑，特别是遇到较为重要的考试时焦虑情绪更为严重。

各种问题的集中反映就是中职学生有着比较多的情绪问题和情感困扰。如忧郁、狭隘、嫉妒、惊恐、残暴、敏感、自卑等。

三、中职学生心理健康问题的成因与对策

近年来，我国青少年的心理健康状况不容乐观。而中职学生作为一个比较特殊的学生群体，心理问题比普通高中生显得更为普遍和复杂，其中的原因是值得我们思考的。只有深入了解问题的根源，从原因入手，才能更有效地去干预，提高中职学生整体的心理健康水平，帮助他们走好以后的人生道路。

（一）中职学生心理健康问题的成因

1. 家庭因素对中职学生心理健康的影响不容忽视

和普通高中相比，中职学生来自于单亲家庭或重组家庭的比例相当高，有的班级这样的孩子可以达到50%以上。而不少父母又没能处理好家庭的矛盾，最终伤害到无辜的孩子，使这些孩子脆弱、敏感、孤僻、缺乏安全感，而在青春期表现得更加叛逆。在单亲家庭长大的孩子出现心理问题的比例比健全家庭高很多，这在职校中屡见不鲜，非常值得我们关注。

另外，中职学生的父母很多都来自农村，文化层次普遍不高，对孩子的教育方式比较简单，有些过分严厉，打骂孩子是家常便饭；而有的又对孩子过分溺爱，对不良的行为习惯不闻不问。父母对孩子的影响是全面而深刻的，比如一个习惯用拳头说话的学生往往有一个有同样毛病的爸爸或妈妈。有些父母不知道该如何正确地表达自己对孩子的关心和爱，用了错误的方式和方法，结果反而对孩子造成了伤害。所以，很多问题学生背后都有一个问题家庭或问题父母。某校曾在2011年对校内两个年级的中职学生家庭情况进行调查，共894人参加，其中农村户口的学生为714人，占总人数的79.9%。在这些学生的家庭当中，正常家庭的数量为771，在重组家庭或单亲家庭中生活的学生以及无父母管教的学生人数为126人，占学生总人数的14%。实际的情况可能更不乐观，因为会有学生隐瞒实际情况。在这些学生家庭中有16人的家庭成员曾经服过刑或者正在服刑或已经接受死刑，占总人数的1.8%。可以说中职学生中有一部分来自于不幸福、不完善的家庭，可能从小就缺失来自于亲人的爱和关注，更缺少尊重、友善等情感。即使是正常家庭中的父母，将近80%的是农民，因为学历、经历等特殊情况，他们对于孩子的教育也缺少科学方法。

2. 中职生来源和个人经历的复杂性决定了心理问题的复杂性

普通高中生一般都是由小学、初中、高中这么一路读过来，没有离开过校

园，也很少经历重大的挫折，而中职生的来源和个人经历就要丰富得多。首先，学生的组成比较复杂，有来自城市的，也有不少来自农村，所以同学之间更容易形成小团体，不利于班级的团结。其次，学生的年龄差异也比较大，有的同学已经步入过社会，有一定的社会经验，有的同学经历了多次转学甚至有被退学的经历。因而，这些学生更容易养成不良的行为习惯，如抽烟、喝酒等。还有的同学自认为社会经验丰富，看到了社会的某些阴暗面，却常常以偏概全，丧失了对社会和自己的信心，导致内心的矛盾和冲突。而且同学们选择职业学校的原因和目的也不尽相同，当然绝大多数同学都有中考失败，被普高淘汰的经历。再次，不少学生的成绩和行为习惯比较差，在初中就已经进入问题学生的行列，家长、老师甚至自己对自己的负面评价比较多。不少学生已经被家长放弃。

这些孩子经历了更多的失败和挫折，所以很多学生或多或少都有自卑心理，把自己定位为一个失败者，不能正确地认识自我，难以全面地评价自己。其实他们内心又非常渴望被关注和认可，因而常常表现得桀骜不驯。

3. 难以平衡理想和现实之间的差距导致心理冲突

中职生虽然学习成绩普遍偏低，但其内心也有自己的梦想。他们非常渴望自己能成功，能出人头地，能受人尊重、被人认可。理想的自我很完美，但回到现实中，却发现自己有太多的缺点和不尽如人意的地方：没有优越的家庭条件、没有优异的成绩、没有突出的技能、没有出众的外貌、没有良好的人际关系等，所以又觉得自己的理想遥不可及。这些学生不能处理好理想自我和现实自我之间的差距，内心很痛苦。特别是现在就业压力很大，中职生能找到理想的工作是比较困难的，但不少同学又不甘心做收入低又辛苦的工作，最后错过了就业机会。

4. 缺乏学习动力导致的心理问题

中职生普遍缺乏学习动力，很多学生读职校都不是心甘情愿的，或是没考上高中，退而求其次，不得不来职校；或是学生自己根本不想读书，父母逼着来，就图拿个文凭，早点就业；或是家庭比较贫困，读职校可以减轻家庭压力等。所以不少同学入学时都是抱着诸如此类的态度：读职校就是混三年，混个文凭，好找个工作。由于缺乏学习动力，不少学生很少花时间去钻研自己所学的专业，也很难培养专业学习兴趣。没有兴趣，也就体会不到学习的乐趣，很容易放弃学习。再加上班级整体学习氛围不好，有部分想学的学生也会受影响，变得得过且过，丧失了学习动力。其实有些中职生是很聪明的，但他们就是不愿把精力花在学习上。所以中职学生的学习问题是让老师和家长非常头痛的。

5. 学校教育不当

由于种种原因，中职学校的教育工作还存在一定的弊端。一些教师忽视学生心理特点，在教育学生时采用不当的方法，体罚、心罚学生，损伤学生的自尊心，使不少学生产生孤独、自卑的心理。有些后进生，被教师所嫌弃，失去上进心而自暴自弃。

当然，导致中职生心理问题的原因还有很多，涉及个人、家庭、学校、社会多个层面，还需要我们在实际工作中多发现、多总结，并且根据这些不同的原因制定有针对性的、切实可行的方案，努力提高中职生的整体心理健康水平。

（二）中职学生心理健康问题的应对

要培养中职学生健康的心理，可以从以下方面着手。

1. 积极开展心理健康教育，普及心理健康知识，如通过心理健康课使学生掌握一定的心理卫生知识。

2. 加强对学生的管理，帮助其建立合理的生活秩序。许多中职学生是第一次离家独自生活，一时间似乎得到了许多的自由。不过，如果滥用这种自由，或随心所欲，或负担过重，不顾自己的身体状况和生活节奏，都会导致精神损伤。因此，尽快地建立合理的生活秩序乃当务之急。这需要注意以下几点：

（1）学习负担适量。

中职学生的主要任务是学习，他们的很多心理活动都与学习有关。研究表明，个体在适度的压力和焦虑情绪之下，可以提高思考力和机敏度。因此，中职学生的学习应有一定的压力，这种压力对心理健康发展及学业的完成是必要的，但不能过分加重负担。许多新生入学，容易出现两种倾向：一是觉得苦读初中三年，进了中职，可以好好轻松一下。而中职学生相对普通中学生来说，有更多的自由，也比较轻松，没有老师和家长的过多干涉与束缚，于是终日玩乐，不思进取，高呼“60 分万岁”，任自己的中职时光荒废过去。二是不太适应中职学校的学习方式，同时周围同学动手能力强的不少，而家乡的父老乡亲又给予自己重望，于是压力很大，产生高度焦虑，这种状况又导致在学习上疲于被动应付，进而严重影响其自信心。这两种不良倾向，最终都可能导致中职学生学业上的挫折，带来苦恼及自我否定等心理问题。

（2）生活节奏合理，有张有弛。

中职校园生活是丰富多彩的，这为合理安排生活节奏，积极参加多样的文体活动提供了十分有利的外在条件。这样既可调剂紧张的学习生活，又可以开阔视野、广交朋友，发现自己在各方面的潜力，增加与他人相处的经验，从而经常体验到愉悦。这种平稳的积极状态，能使中职学生充分发挥其潜在能量，增强自信，使自己的生活有节奏感，劳逸结合，提高学习效率，得到最佳的适应。

（3）注意保护大脑。

大脑是心理活动最重要的物质基础，大脑受到损伤，心理健康就无从谈起。过度的疲劳、紧张，或长时间的高度兴奋、强烈刺激，都会引起脑力衰竭。而脑力衰竭，恢复起来就比较困难。因此，中职学生应注意不要图一时之快、逞一时之强，忽视用脑卫生。

3. 开展各种心理讲座，促进学生心理健康。例如许多学校开设了情绪专题讲座。保持健康的情绪，首先应学会合理宣泄，找到充分表达自己情绪的方法，既不要压抑自己，也不要放纵自己。每个中职学生都应意识到，任何一种情绪都是由一定原因引起的。正视这种原因，接受这种情绪，并让它适当地表达出来，这才会有益于健康。在生活中，人们难免会遇到不良刺激而出现负面的情绪反应，如愤怒等。然而，剧烈的情绪会降低人的理智水平，一旦失去了控制，就会带来许多不良后果。所以，一个人应在自己情绪剧烈变化的过程中及时给予控制，以避免愤怒等情绪的最终爆发。

4. 组织学生社团，或建立心理小组。帮助学生创造建立人际关系的机会，组织学生社团，开展心理健康小组，组织学生进行心理活动，这些都可以促进学生的交往，帮助其建立良好而真诚的人际关系，并能促进班级和师生团结。中职学生都是同龄人，共同点较多，人际关系比较单纯。和谐的人际关系，可以增加自信和相互理解，减少心理上的不适感，实现心理平衡。中职学生的友谊往往是深刻而持久的，它可以成为中职学生感情的寄托，可以增加归属感。而且，去关心他人，理解他人，又能促使自己拥有博大的胸怀，从而大大增加生活、学习、工作的信心和力量，最大限度地减少心理应激和心理危机感。这是人们维护和保持心理健康的最基本、最重要的因素之一。一个孤芳自赏、离群索居、生活在群体之外的人，是不可能做到心理健康的。

5. 帮助学生树立符合实际的科学的奋斗目标。每个人都有成功的欲望，中职学生们的这种成功欲望更为强烈。但客观地讲，每个人的能力都有一定的限度，都具有优势和劣势两个方面。一个心理健康的人，应该能对自己的能力作出客观的评价，并依此付诸社会实践。做到这一点，对于保护个体少受挫折及充分发挥才能等都是非常重要的。因此，不应对自己过分苛求，应把奋斗目标确定在自己力所能及的范围以内，并且建立具体的、可操作的、可实现并且有一定时限的科学的目标系统，这样才会使自己通过艰苦努力最终实现目标。成功的体验，对于维持心理健康是极为重要的。

6. 注意培养学生的兴趣爱好。一个人如果能注意培养和发展自己的业余爱好，进行多方面的自我娱乐活动，就可能在寂寞孤独、烦闷忧郁时通过自我娱乐来缓解心境压抑，这对心理健康是极有好处的。人不可能总是工作和学习，在业余时间，积极开展愉快的娱乐活动，做到积极地放松和休整，才能使自己得到真正的身心保健，并使自己更有效地从事工作和学习。每个中职学生在中职阶段，都有必要依据自己的性格特点和条件，注意培养和发展一些兴趣和业余爱好，学会自我娱乐，这对维护自身的心理健康是十分有益的。

7. 建立学校的心理咨询体系。要完善心理咨询制度，开展多途径咨询，让学生在有情绪困扰的时候可以很方便地寻求专业支持。至于个别心理咨询和团体心理咨询的开展我们会在后面的章节具体介绍，这里就不再赘述。

第三节　中职学生心理健康教育

一、中职学生心理健康教育的意义、目标与原则

一个真正健康的人，除了要有健康的身体，同样重要的是拥有健康的心理，我们的研究对象——中职学生正处在一个生理健康和心理健康发育的特殊阶段。大力开展中职学生心理健康教育不仅对学生个体成长具有重要意义，而且对不久的将来中职学生这一群体走入社会有着深远的影响。

（一）中职学生心理健康教育的意义

1. 引导中职学生群体的健康成长

中职生处在青春期，在这一特殊时期的青少年生理方面的成长突飞猛进，心理方面的起伏更是波涛汹涌。面对自身的诸多变化，他们感到措手不及。他们想去了解自身的成长、适应自身的身心变化，倘若没有足够的引导，他们必将力不从心。他们有自身的烦恼，也有自身的渴求，当他们的持续烦恼得不到正确的引导，当他们的渴求长久得不到满足而又无人关心时，他们的心理健康就不可避免地出现各种偏差，健康成长自然难以保证。

2. 帮助中职学生正确交往

当代中职生们早已习惯了家庭的宠爱，遭遇打击时常常无所适从，没有面对挫折的力量和勇气。离开家进入独立的住宿生活，他们就像离巢的小鸟，失去了呵护，他们会有孤独压抑的情绪，他们需要人陪伴，无论对的错的，也无论同性异性，更无论对方的人品做派。中职生群体需要健康成长，而诸如此类心理所隐含的问题必须得到正确的疏导。

3. 避免中职生情绪波动所引起的意外情况

中职生由于早恋、人际交往、学习生活方面的刺激和打击等因素而引发的各类突发事件早已屡见不鲜，其中相当一部分最终产生了严重的后果。为了避免中职生情绪波动所引起的意外情况，有必要对他们进行心理健康教育。

4. 促进社会稳定

中职学生正处于思想和身体的成长时期，自认为自己长大了，可以独立解决问题，这往往会造成他们对自己的行为欠缺认真冷静的分析和思考，一部分过激的行为甚至会触犯法律，对社会和谐稳定造成深远影响。中职学生作为社会大环境的一分子，他们的情绪波动和心态失衡必然会影响到整个社会的稳定，而对广大中职学生心理的疏导和关注恰恰是控制他们情绪和行为的最直接手段。

5. 维护家庭和睦

每个孩子都是家庭的未来，而一部分中职学生的行为使得他们的家人一次又

一次地失望，甚至极少数中职学生的过激举动把整个家庭都带入了困境。在成长的路上，一百个成功的孩子讲述着一百个相似的故事，而一百个失败的孩子却记忆着千百种不同的伤痛。及时地关注和疏导中职生的心理问题能够帮助他们在成长中增进成功而减少伤痛，更重要的是在这些病态心理得到正确的引导之后，整个家庭都会因此而少些烦恼、多些幸福和谐。

（二）中职学生心理健康教育的目标

针对中职学生的心理健康教育，其根本目标就是促进中职学生成长，自立自强，使其能够独自面对和处理个人生活中的各种问题。其中主要包括：

1. 情绪成熟

使广大中职学生能够学会稳定自己的情绪，在学校、社会、家庭等诸多因素的影响下保持健康的情绪，并能成熟应对现实生活的顺境和逆境，这是我们进行中职生心理健康教育的重要目标。

2. 道德观树立

道德的本质是处理自身与他人、个人与集体的利益关系，心理健康的一大标准就是能够平和地认识并处理这层关系。所以对广大中职生进行心理健康教育的另一目标就是培养健康的道德观。

当代中职生有一定的道德认知，但道德行为能力偏低。他们总体上能够接受普遍的道德规范，但是对一些道德观念存在困惑，意志力薄弱，道德行为执行力不强。只有从心理健康层面进行疏导才能有效地解决根本问题。

3. 认识清醒

中职生心理健康教育的另一重要目标是使学生对自我和环境都有清醒、客观、积极向上的认识。

心理健康是人的基本心理活动的过程内容完整、协调一致，即认识、情感、意志、行为、人格的完整和协调。引导学生有一个正确的认识是我们能够施加影响并最直接地促成这种和谐的手段。在中职生心理健康教育的过程中，使广大中职生有一个清醒、正确、积极向上的认识至关重要。当学生有了足够的自我认识，他们就能最大限度地开发自己的潜能，把握好自己的人生，少走一些弯路；正确认识身边事物能够帮助他们更好地融入环境、适应环境。

4. 人际关系融洽

良好的人际关系是展现个人心理健康的一面镜子。人际关系问题是影响中职生心理的最常见的问题，是导致各种神经症的主要因素。它影响学生的正常学习和生活，妨碍他们的健康成长和顺利成才，是造成留级、休学、退学的主要原因。由于社会影响、家庭教育和自身素质的原因，相当多的学生都存在着不同程度的人际关系不良和心理障碍问题。他们一方面十分渴望获得友谊和建立良好的人际关系；另一方面他们又有很强的自我意识与独立性，加之他们大多数第一次远离家乡亲人，较缺乏社会生活经验和自制能力，使得不少学生，尤其是心理素质较差的同学较难适应学校生活环境和较为复杂的人际关系。

每一个人都有进一步发展人际关系的内在需要，而且每一个人也都有这方面的潜能。作为一个社会人必须走出封闭、狭隘的自我，树立良好的群体意识，把自己真正融于集体之中。帮助学生努力塑造并自觉完善自己的人格、品质，在广泛的人际交往中，在多姿多彩的人生实践中锻炼提高，就一定能够建立起和谐美好的人际关系，获得人世间最珍贵的友谊。

（三）中职学生心理健康教育的原则

1. 教育性原则

教育性原则是指在进行中职生心理健康教育的过程中，要根据具体情况，提出积极中肯的分析，始终注意培养学生积极进取的精神，帮助学生树立正确的人生观、价值观和世界观。

2. 全体性原则

全体性原则是指心理健康教育要面向所有学生。全体学生都是心理健康教育的对象和参与者，学校的一切教育特别是心理健康教育的设施、计划、组织活动，都要着眼于全体学生的发展，考虑到绝大多数学生的共同需要和普遍存在的问题。教育是面向大多数人的，尽力不去忽视特殊人群，在关注特殊人群的前提下不能忘记“全体学生都是我们的工作课题”的教育理念，不能只见树木不见森林。忽视全体性的结果是片面工作成绩被全面的失败所掩盖。

3. 差异性原则

差异性原则是指心理健康教育要关注和重视学生的个别差异，根据不同学生的不同需要，开展形式多样、针对性强的心理健康教育活动，以提高学生的心理健康水平。

4. 主体性原则

主体性原则是指心理健康教育要以学生为主体，以学生为出发点，使学生的主体地位得到实实在在的体现，把教师的科学教育与指导和学生积极主动的参与真正有机地结合起来。过多一厢情愿的做法只会带来更多的失望，教师应把握好中职生心理健康教育的中心——学生。只有以学生为中心去思考，以学生为中心去行动，才能使工作效果事半功倍。

5. 整体性原则

整体性原则是指在心理健康教育过程中，教育者要运用系统论的观点指导教育工作，注意学生活动的有机联系和整体性，对学生的心理问题作全面考察和系统分析，防止和克服教育工作中的片面性。我们的研究对象是人而不是机器零件，全面客观地深入了解、具体分析之后才能取得良好效果。

6. 发展性原则

发展性原则是指在心理健康教育过程中，必须以发展的观点来对待学生，要顺应学生身心发展的特点和规律，以发展为重点，促进全体学生获得最大程度的发展。学生不是一成不变的，随着社会环境、经济条件的改变，中职生的心理也会出现相应的改变。停下发展的脚步也就意味着失去教育的先机，只有与时俱进地看待问题才能贴近学生实际，从而取得良好的教育成果。

7. 活动性原则

活动性原则是指心理健康教育要把学生作为活动的主体，重视通过活动来促进学生的发展。当代中职生已经习惯了多媒体时代直观的视觉和听觉冲击，他们对教条的说教有着特殊的反感。在活动中接近他们，在无形中引导和教育他们才是更加有效的方式。

8. 保密性原则

保密性原则是指在心理健康教育过程中，教育者有责任对学生的个人情况以及谈话内容等予以保密，学生的名誉和隐私权应受到道义上的维护和法律上的保护。当我们真正做到保护孩子们的时候，所谓的问题学生才能把真正的自己展现给我们，我们才能通过分析研究找到中职生心理方面的特性和问题。

二、中职学生心理健康教育的内容

（一）自我意识指导

自我认识是对自己存在的觉察，即认识自己的一切，包括自己的生理状况、心理特征、自身能力以及自己与他人的关系等。心理学家把自我区分为主观自我和客观自我。主观自我指自己对自己的认识，如认为自己相貌好、能力强、人际关系好，或认为自己没人喜欢、不聪明等。而客观自我是指“我”实际上是个什么样的人。一般而言，个体对自我的认识有两种情况：一是主观自我和客观自我相符相合，就会产生积极、肯定的情绪体验，表现为自尊自爱、自立自强；一是主观自我相对于客观自我太高或太低。主观自我太高则会变得狂妄自大，自命不凡，容不得他人任何的批评，一旦遭遇失败就可能使主观自我坍塌，自轻自贱；太低则会产生各种消极、否定的情绪体验，对学习和生活提不起精神，觉得自己一无是处，从而自怜自卑，自恨自怨。

（二）培养良好的性格

印度有一句谚语：“播种行为，收获习惯；播种习惯，收获性格；播种性格，收获命运。”性格对一个人成长和发展的意义从中可见一斑。性格是指个人对现实的态度和行为方式中稳定的心理特征。所谓对现实的态度，反映了人们追求什么，拒绝什么，表明人们活动的动机和方向。行为方式指在其态度下与之相适应的行动，即指人们如何去追求他所要得到的事物，如何避免他所要拒绝的事物；并且这种态度具有一定的稳定性，而且行为方式也是习惯化了的行为模式。

（三）积极面对困难与挫折

人们在日常生活中遇到的许多事情，如工作、学习、家庭、人际交往等，都存在着各种各样的矛盾和冲突，如果不能很好地应付和解决，都会导致挫败感。面对挫折，如果不能较好地处理并调节自己，其消极后果会远远大于挫折本身给生活带来的不良影响。

（四）人际交往指导

健康人际关系的首要特点是，交往的双方都能在人际关系中得到满足和乐趣。指导中职生在交往中坦诚相见，心胸坦荡，言行一致，表里如一，不搞阳奉阴违，不搞两面派，正确处理争论，善于理解对方，容许差异存在，用宽容化解矛盾。宽容不是纵容，要坚持自己的原则。这里面还有异性交往指导、师生交往指导、亲子交往指导等。

（五）生活与社会适应指导

教育学生学会感恩、学会体谅、学会负责任、学会调节情绪，要开展网络成瘾的心理指导、青春期的性心理指导、学习指导等。

三、中职学生心理健康教育的实施途径

（一）调查研究

开展心理需求调查。中职生的需求是多种多样的，最主要的是求知、求助、健康、娱乐等方面。根据青年学生的特点，我们应进行心理需求调查，包括生理、安全、归属和爱、尊重、自我实现等调查内容，以问卷的形式在学生中定期进行调查。在调查基础上，组织有关人员进行分析整理，认真研究，为有针对性地进行德育工作和开展心理健康教育奠定基础。

（二）心理辅导

开设心理辅导课，通过向学生传授心理学的基本知识，教育学生运用心理学有关知识正确分析青春期遇到的问题。如遇到困惑现象时，了解自己正处于什么心理需求水平阶段，应该如何面对目前的心理需求，怎样克服和纠正心理需要方面产生的心理障碍，怎样把正常的心理需要与动机转换为良好的、健康的、积极的人格行为，去实现、满足自我的心理需要。

（三）心理咨询

在学校设置心理咨询门诊，由心理医生或具有心理学本科以上学历的教师长期为学生服务。学生遇到困惑、受到挫折、心情不舒畅时都会找辅导老师倾诉，寻求帮助。目前，学生前来咨询的大多是他们在学习生活中遇到的有关人际交往、情绪情感、学习压力、个性发展等方面的问题。心理咨询门诊的开设，受到

了学生的广泛欢迎。

（四）专题讲座

为了有针对性地解决好学生中普遍存在的心理问题，提高学生思想认识水平，可根据学生在不同时期的心理需要，举办一些专题性的讲座和座谈。如在学生毕业前夕，聘请老毕业生或者有成就的企业家来校进行就业观念教育；新生入校，进行“少女课堂”知识讲座；每学期进行法律讲座；不定期举办时事政策讲座，分析学生关心的社会热点问题；开展多种形式的主题班会、“谈心广场”等活动，让学生互相交流有关交友、考试等问题的看法等等。这些都对正面教育学生，使其进行客观的自我评价、面对现实提高心理承受能力有积极作用。

（五）课堂渗透

各学科在课堂教学中做好心理健康教育渗透，是课堂教学中不可忽视的一个重要方面。任课教师要积极参与心理健康教育工作，开展心理健康教育进课堂活动，挖掘学科教学中潜在的心理健康教育资源，适时地渗透到学科教学中去。如激发学生对所学学科的兴趣，端正学习态度；进行学法指导，养成良好的学习习惯；减少对学生的不良刺激，多鼓励、多表扬、多信任等，使学生心情愉快、轻松地学习。在课堂活动中有意识地培养学生的胆量，给自卑、抑郁的学生提供成功表现的机会，帮助他们树立信心。这些都会对学生提高学习兴趣、减轻学习压力创造良好条件。

（六）文体活动

开展多元化的文体活动，营造积极健康的校园文化，可提高学生人际交往能力，使学生建立起团结合作、友爱互助的同学关系。如各种体育比赛、知识竞赛、演讲会、联欢会、社会模拟活动等。为了提高学生的意志品质，举办徒步旅行、军训等教育活动。健康、积极向上的校园环境可潜移默化地影响学生的心理素质。如以治学名言为主题，让学生自己动手制作一些书画和手工艺品在教室中展出，既可提高学生综合素质又可为学生提供一个展现自我的机会。

（七）心理档案

建立心理档案，可以为心理健康教育的因材施教提供科学依据。教育者只有在全面了解教育对象的基础上，才能提供适合其发展需要的教育。建立心理档案的目的是向班主任、任课教师、家长以及管理者提供资料（包括智力、能力倾向、性格、气质、兴趣、爱好、特长、职业倾向、心理健康水平等），以全面了解教育对象的心理状况，从而开展有针对性的教育，并可预防各种心理与行为问题的发生。

【建议参考资料】

1. 刘视湘，马利艳．中学生团体心理辅导：心理游戏与心理剧［M］. 北京：开明出版社，2009.

2. 黎龙辉，刘良华．我国中小学心理健康教育发展的历史与现状：基于文献研究的思考［J］．中小学心理健康教育，2006（5）：4－7.

3. 姚本先．我国学校心理健康教育：现状，问题，展望［J］．课程·教材·教法，2003（2）：41－42.

【问题与思考】

1. 心理健康的评价标准是什么？
2. 中职学生心理健康问题的对策有哪些？
3. 学校心理健康教育的内容包括哪些方面？
4. 结合一个中职学校的实际情况，制订在该校开展心理健康教育的计划。

第二章　中职学生心理健康教育的组织管理

【本章提要】

本章主要涉及中职学生心理健康教育的组织管理，主要包括组织机制、场地建设、档案建立、教师管理和绩效评估。要在中职学校有效开展心理健康教育工作，需要有健全的组织机制，管理模式要有创新；要为心理教师提供开展心理活动的场所，建设有特色的心理辅导中心；要为学生建立心理档案，完善心理预警机制；要规范心理教师的岗位职责，对心理教师进行有针对性的培训；要有绩效评估的方法和手段，及时巩固成果，及时总结。

【学习重点】

1. 中职学生心理健康教育的法律法规
2. 中职学生心理健康教育的管理模式
3. 心理辅导室的规划、设备与制度
4. 心理档案的建立
5. 心理教师的工作职责、素质要求与培训
6. 绩效评估的含义、原则与过程

【重要术语】

全面渗透模式　心理辅导室　心理档案　绩效评估　4P 模式

第一节　中职学生心理健康教育的组织机制

一、关于中职学生心理健康教育的法律法规

(一)《中共中央国务院关于深化教育改革全面推进素质教育的决定》

1996 年，《中共中央国务院关于深化教育改革全面推进素质教育的决定》明确指出，要“加强学生的心理健康教育，培养学生坚韧不拔的意志、艰苦奋斗的精神，增强青少年适应社会生活的能力”。

（二）《中共中央国务院关于进一步加强和改进未成年人思想道德建设的若干意见》

2004 年，《中共中央国务院关于进一步加强和改进未成年人思想道德建设的若干意见》出台，该文件指出：要加强心理健康教育，培养学生良好的心理品质。

随后，教育部在《关于学习贯彻〈中共中央国务院关于进一步加强和改进未成年人思想道德建设的若干意见〉的实施意见》中指出："进一步加强中小学生的心理健康教育和青春期教育，有条件的中小学校要开设学生心理辅导咨询室，建立中小学心理健康专兼职骨干教师队伍，加强对心理健康教育骨干教师的培训，积极化解学生各种心理问题。"

（三）教育部《中等职业学校学生心理健康教育指导纲要》

2004 年，教育部颁布《中等职业学校学生心理健康教育指导纲要》。纲要指出：

心理健康教育的目标是提高全体学生的心理素质，帮助学生树立心理健康意识，培养学生乐观向上的心理品质，增强心理调适能力，促进学生人格的健全发展；帮助学生正确认识自我，增强自信心，学会合作与竞争，培养学生的职业兴趣和敬业乐群的心理品质，提高应对挫折、匹配职业、适应社会的能力；帮助学生解决在成长、学习和生活中遇到的心理困惑和心理行为问题，并给予科学有效的心理辅导与咨询，提供必要的援助，提高学生的心理健康水平。

心理健康教育的主要内容包括：普及心理健康基本知识，树立心理健康意识，了解简单的心理调适方法，认识心理异常现象，正确认识和把握自我，以及掌握一定的心理保健常识。其重点是根据学生特点和他们在成长、学习、生活和求职就业等方面的实际需要进行教学、咨询、辅导和援助。

将心理健康教育纳入德育课课程体系之中，开设心理健康教育选修课程，一般每学期不少于 10 学时。

学校要积极创造条件，建立心理咨询（辅导）室，并通过团体辅导、个别咨询、心理行为训练、书信咨询、网络咨询、开设热线电话等多种形式，对学生在成长、学习和生活中出现的心理行为问题给予指导，帮助他们排解心理困惑。对于个别有严重心理障碍和心理疾病的学生，应该及时识别并转介到专业诊治部门。

二、中职学生心理健康教育的管理模式

加强心理健康教育是全面管理学校的重要内容，也是提高学校管理质量的重要举措。同时，心理健康教育工作需要一定的制度和组织领导机构作为保证，以

提高心理健康教育的规范性、科学性和实效性。教育部在《中等职业学校学生心理健康教育指导纲要》中指出："学校要把心理健康教育纳入德育工作体系，逐步建立起分管校长负责，德育工作教师为主体，班主任和专兼职心理健康教育教师为骨干，全体教师共同参与的心理健康教育工作体制。学校可配备必要的专职心理健康教育教师，其编制从学校总编制中统筹解决。"

根据教育部的文件精神，结合学校的实际情况，我们推荐由姚本先、伍新春提出的"全面渗透模式"。

全面渗透模式即将心理健康教育工作提升到整个学校层面上来考虑。建立与学校其他处、室平行的心理健康教育中心（或处、室），由分管校长直接管理。该中心负责人与成员应该是经过学校心理学系统培训，具有相当的实践经验与一定学历的教师。其工作领域是整个学校，服务对象是学校所有学生、教师、家长、职工、管理者等。他们的任务包括：帮助存在身心缺陷的特殊学生，也帮助正常学生解决发展问题，为教师、学生、家长提供专业化的心理咨询；对学生的学习、个性、情绪等方面进行诊断与评估；研究学校管理中的管理心理学问题，对教师的教学策略与方法进行研究与指导；指导教师帮助学习困难、品行不良的问题学生；帮助教师、家长解决在教育学生中遇到的问题等。这种管理模式要求教育领导部门及学校的大力支持，包括教师的编制、工资、津贴、办公条件、职称等方面。

这种管理模式的局限在于需要学校投入大量的人力物力乃至继续教育资源，要求心理健康教育工作者具有较高的素质，心理健康团队中要有兼具擅长心理教育、心理测评与诊断、心理咨询与治疗以及教育心理、管理心理的专业心理学工作者。校长需给予心理健康教育中心较大的工作权限，并协调好心理健康教育中心与其他处、室的协作和互动关系，对校长要求较高。优点是将心理健康教育工作全面渗透到学校工作的各方面，极大地提高了心理健康教育工作在学校中的地位。心理健康教育的负责人在校长的领导下，可以将心理健康教育工作与其他教学、德育、科研、总务、咨询辅导等工作有机结合起来。这种管理模式符合心理健康教育工作在素质教育中的地位，有利于学校建设，有利于学生的全面成长和教师专业化的持续发展。

第二节 中职学生心理健康教育的场地建设

为了保证心理健康教育工作有效开展，除心理教师队伍之外，还需要有相应的场地。标准化、规范化的场地是心理健康教育工作必不可少的硬件。我们一般将开展心理健康教育的场地称为心理辅导室。

学校心理健康教育工作要取得良好的效果，既需要有专业化的硬件设施，也需要有健全的管理制度。总的说来，心理辅导室的建设应遵循以下原则：

1. 科学性。心理辅导室不是简单的办公室、会议室，其设计除具备办公、会议等功能之外，还应有心理辅导的氛围。例如，应当有心理辅导的专门区域，要配备专门的心理辅导工具。

2. 生本性。以学生为本，以教师为执行者。心理辅导室的建设应从学生的角度充分考虑，关注他们的所思、所想、所喜、所爱。学生是心理辅导室的主体，教师应充分启发和调动学生的积极性，激发学生的参与热情。

3. 通用性。心理辅导室应面向全体学生，通过普遍开展团体辅导活动，使学生对心理健康有积极认识，使心理素质逐步得到提高。其场地应通透宽敞，适合开展团体活动。

4. 针对性。心理辅导室的建设应遵循学生的成长发展规律，符合学生的年龄特点。同时，关注学生的个体差异，针对不同特点的学生，开展不同形式的心理辅导。

5. 独特性。心理辅导室的建设不能像肯德基、麦当劳一样千篇一律、千人一面。除具备基本的心理辅导功能外，每个学校都应当考虑心理辅导室建设的差异化和个性化，强调独特性。独特性可以根据本校心理教师的专长进行设计，可以从校长的办学理念引申，也可以是学生比较关注的方面，例如北京市昌平职业学校的积极心理健康教育中心。

一、心理辅导室的规划

（一）位置

心理辅导室地点的选择应本着安静和方便的原则，尽量避开教学区、学生活动区等热闹场所，去心理辅导室的道路也不应经过学校领导、班主任、学科老师的办公室。

心理辅导室地点的选择也要避免另一个极端，不能选择太偏僻的地方。如果某一条道路的唯一目的地就是心理辅导室，也会增加来访者的心理负担，因为来访者一般不愿意让同学和老师知道自己在寻求心理辅导。

心理辅导室最好邻近学校的图书馆、卫生医疗室等场所，这样既安静又便于寻找。

（二）面积和布局

心理辅导室的布局对整个心理辅导的气氛协调是有影响的。布局整齐、协调有助于提高辅导效果。

一般说来，中职学校心理辅导室必须具备办公接待区（兼档案区）、团体游戏区、个别辅导区三个区域。有条件的学校还可以设置心检阅览区、社团生涯区、潜能开发区、中控督导区、艺术放松区、情绪疏导区等区域。这些区域也可以单独建室。如果单独建室，则可称为心理辅导中心。比较完善的心理辅导中心功能布局如图 2 - 1 所示。

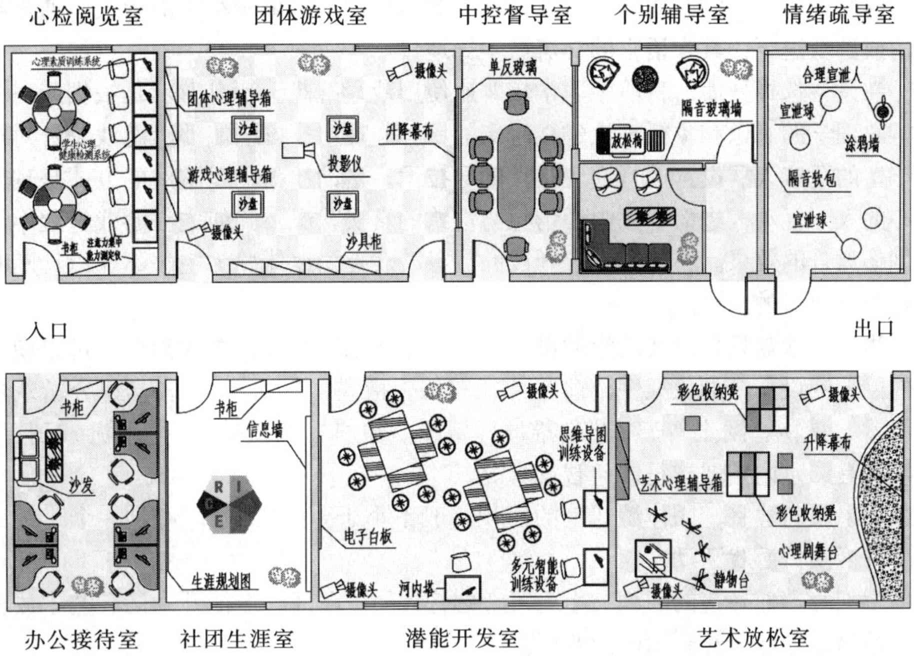

图 2 - 1　心理辅导中心功能布局图

1. 办公接待区（兼档案区）

办公接待区的设计有三个功能：第一，心理教师的办公场所；第二，接待来访者；第三，可以作为心理教师整理学生心理档案、保存心理档案的场所，为了便于管理和查找，最好使用电子档案，不提倡纸质档案。

如果单独建室，办公接待室的面积一般应不小于 20 平方米，可供 1—6 名心理教师办公。

根据心理辅导室的面积大小，可考虑将心检阅览区合并到办公接待区。

2. 团体游戏区

团体辅导活动是中职学生心理健康教育的一个重要途径。团体游戏区以游戏、心理拓展为主要方式，利用沙盘、布偶、棋类、电子游戏、室内拓展器材等设备，来开展班级心理活动和小型团体辅导。团体辅导可以针对一个班级一个主题进行，也可以针对具有相同问题的团体进行。团体是一个神奇的圆圈，一群人围坐在一起，经过一段时间密集的活动，每个人都会产生一些改变，这是团体令人着迷的地方。在团体中，学生被接纳被包容，有机会充分表现自己，练习人际行为，探讨认知的合理性，宣泄和整理情绪。在领导者的催化及成员的互动反馈下，学生的知、情、意得以伸展整合，成长的障碍获得排除，复原的力量得以充分展现。

针对中职学生的心理发展特点，学生的团体活动多采用小组的形式，通过秘密信或游戏进行，其中语言的交流占主导地位。

在设备选择方面，目前中职学校普遍使用沙盘游戏。沙盘游戏是根据荣格的分析心理学的心像和象征理论建立起来的一种心理治疗方法。沙盘游戏是针对情感丰富的适应人群设计的行为表达性辅导技术，借助沙盘，以游戏的方式呈现其内心的人际互动，进而了解内心情感与情绪的真实状况，并使之在游戏过程中产生创伤愈合的效果。在中职学校开展的沙盘游戏提倡以体验为主，不应以诊断和治疗为主要目的。

当然，沙盘只是游戏治疗的设备之一。除使用沙盘外，游戏治疗还可以使用其他的游戏设备，如象征性游戏器具（布偶、指偶、积木等）、自然媒介游戏器具（水、食物、泥土等）、棋戏器具（跳棋、象棋、围棋等）、电子游戏器具、感统玩具、室内拓展器材、益智玩具等。

如果单独建室，团体游戏室的面积一般不小于 40 平方米，可供一个班级的学生开展团体游戏活动。

根据心理辅导室的面积大小，可考虑将社团生涯区、潜能开发区、艺术放松区、情绪疏导区合并到团体游戏区。

3. 个别辅导区

个别辅导区是心理辅导室的一个重要区域，心理教师主要通过谈话、角色扮演、绘画、游戏等方式，采用认知、行为方面的心理咨询与辅导技巧，解决个别学生出现的心理困惑或问题。针对中职学生心理特点，多采用艺术放松疗法、理情疗法、认知疗法等。中职学校个别辅导区对私密性要求相对较高。

学生心理问题大多由家庭引起，为了从根本上解决学生的心理问题，往往需要会同家长一起进行心理辅导。这就是家庭心理辅导的概念。所以，个别辅导区可兼顾家庭心理辅导，建立家校合作，共同关注学生的心理健康教育。

如果单独建室，个别辅导室的面积一般为 10—15 平方米，面积太小，会给来访者带来压抑的感觉；面积太大，会给来访者带来无法控制、不安全的感觉。

根据心理辅导室的面积大小，可考虑将中控督导区合并到个别辅导区。

4. 心检阅览区

心检阅览区有六个功能：第一，通过学生心理检测系统，普查学生的心理健康状况，建立学生心理档案；第二，根据测评结果，筛查个案，建立预警机制，对有心理困扰的学生进行重点关注，开展个别辅导；第三，根据测评结果，寻找有相同心理困扰的学生，进行小团体心理辅导；第四，评价教师心理健康教育的效果；第五，利用心理素质训练系统，对学生的注意力、思维能力等进行训练；

第六，为学生提供阅览场所，培养学生良好的学习和阅读习惯，通过图书的暗示和教育作用，提高学生的心理健康水平。

心理辅导室的阅览区要与图书馆有所区分。这种区别不仅仅表现在图书种类偏向于心理健康教育主题，而且环境设计上要以轻松为主题，营造一种乐学的氛围。

如果单独建室，心检阅览室的面积一般不应小于 20 平方米，可供 10 人左右同时测评和阅览。

5. 社团生涯区

社团生涯区有两个功能：第一，为心理社团提供活动场所；第二，对学生进行生涯规划的教育与辅导。

社团生涯区应以学生自主管理为主，是进行同伴教育的场所。应当设置专门的信息区域张贴学生的感想和作品。

如果单独建室，社团生涯室的面积一般不应小于 20 平方米，可供 20 人以上同时活动。

6. 潜能开发区

目前，中职学校普遍强调知识和技能的学习，对于潜能的开发不太重视。但是，要想获得成功，创造能力、逻辑思维能力等潜能起着更为重要的作用。所以，我们应当注重开发中职学生的潜能，为他们将来的成功奠定基础。

在此区域可以进行多元智能的测评和培养，利用思维导图进行记忆、快速阅读等方面的训练。这些训练将有助于提高学生的学习成绩。学习成绩提高了，学生的自信心增强了，有些心理困扰也就迎刃而解了。

如果单独建室，潜能开发室的面积一般不应小于 40 平方米，可供一个班级的学生开展活动。

7. 中控督导区

心理教师的专业知识要不断提高，就需要专家进行督导。同时，心理教师自身的心理也需要及时调整，这也需要专家的帮助。督导区的建立，可以起到这些作用。

同时，心理辅导室的数字化是非常重要的。对团体辅导、个别辅导需要进行适当的录音和录像，以便于后续的分析和督导工作。当然，录音和录像是经过来访者同意的。中控区就起到了这样的作用。

如果单独建室，中控督导室的面积一般不应小于 20 平方米，在进行中控和督导的同时，可召开小型研讨会议。

8. 艺术放松区

艺术放松区可以通过聆听舒缓和轻松的音乐、观看心理学影片、排演心理剧来缓解学生和教师的焦虑和紧张情绪，通过生理上的放松和心理上的放松，提高复原力，也利于咨询关系的建立。同时，可以在此区域内进行艺术心理辅导。

艺术心理辅导包括音乐、绘画、舞蹈、戏剧、书法等多种形式，因其轻松愉快的呈现方式，易被中职学生所接受。建议中职学校广泛开展这种形式的心理辅导活动。

如果单独建室，艺术放松室的面积一般不应小于40平方米，可供一个班级的学生开展活动。

9. 情绪疏导区

德国社会学家齐美尔（G. Simmel）提出的心理宣泄理论认为，人的需要、动机、本能、行为等受到挫折后会产生消极情绪，给人造成心理压力，如果不能及时排解，心理压力就会转化为行为的反向动力，使人出现反常行为，如侵犯与攻击他人。情绪疏导区的作用就是将消极情绪及时排解，这样不但使学生当时的情绪得到了缓解，并且可以避免出现暴力侵犯。宣泄一定要与心理辅导相结合，寻找一个理性的、科学的、健康的情绪出口。了解情绪、压力背后的成因才是解决心理问题的根本。

如果单独建室，情绪疏导室的面积一般不应小于20平方米，可以让学生有充分的空间疏导和放松，如果过分局促，反而达不到预期的效果。

（三）环境

没有什么地方比心理辅导室更需要重视环境布置的了，因为心理辅导环境的布置不仅仅要考虑到心理辅导人员的工作状态，还需要考虑来访者的情绪和认知。来访者对心理辅导环境的感觉将在很大程度上影响辅导的效果，也将大大影响来访者是否再次来访。

心理辅导室建设的环境要素包括外环境和内环境。

1. 外环境

心理辅导室的周围环境应当比较整洁、幽雅和清静，不宜设在肮脏、污秽不堪的地方。

心理辅导室的外部环境要富有生机和亲切感，应适当放置一些花草植物、观赏鱼类等。室外应张贴一些轻松热情的欢迎标语和图示图标。

2. 内环境

心理辅导室的内部环境要温馨、健康、舒适，让来访者有足够的安全感，愿意再来。个别辅导等区域要有私密性。应当运用色彩心理学、光环境、心理声学等理论和技术进行设计、装修和装饰。

色彩心理是客观世界的主观反映。不同波长的光作用于人的视觉器官而产生色感时，必然导致人产生某种带有情感的心理活动。事实上，色彩生理和色彩心理过程是同时交叉进行的。在有一定的生理变化时，就会产生一定的心理活动；在有一定的心理活动时，也会产生一定的生理变化。比如，红色能使人生理上脉搏加快，血压升高，心理上具有温暖的感觉。因此色彩的美感与生理上的满足和心理上的快感有关。色彩心理与年龄、性格、民族也具有重要的联系。如果能掌握色彩给人带来的影响，可以减少因色彩使用不当给人带来的困惑，从而更好地使用颜色。再进一步讲，还可以通过借助色彩的魔力来影响他人。根据色彩心理学理论，我们应根据学校特点和学生特点为心理辅导室配置不同的色彩，以求达到最好的效果。同时根据个体对色彩的感受，可以了解孩子的情绪和性格特征，为心理教师进一步辅导学生提供帮助。

光环境也叫视觉环境，指的是我们日常活动视线范围内的光环境，包括光的强度、颜色、照射方向、反射、物体形状、光的变化等综合因素。我们主要生活在一个人工视觉环境中，不论是学习、办公，还是居家、娱乐。由于之前大多没有注意视觉环保，所以很多环境达不到视觉环保标准，眼睛和身体容易疲劳。这也是近年近视、青光眼、白内障等眼病急剧攀升，以及颈椎病、心情烦躁、身心疲乏等身心疾病激增的直接原因。如果我们注重视觉环境，使其达到一定的视觉环保标准，我们的视觉和身心的健康就会有保证。人生活在动态的环境中，总在接受环境的刺激，并由此引发一系列身心反应。这些外部信息，90%以上是通过眼睛来接收，所以在环境心理学中，光和色彩构成视觉光环境，对人的行为、情绪情感会产生很大影响，不好的视觉光环境不仅会带来视觉疲劳、大脑及身体疲劳，同时会引发烦躁、压抑等心理反应，从而加重躯体化反应。我们通过塑造好的视觉光环境能使来访者在心理状态不佳时更快安静下来，因为不当的视觉光环境不仅不减压，甚至会增加压力。所以，心理辅导室的光线运用要符合学生生理上和心理上的舒适、健康、卫生的要求。心理辅导室在设计之初就应当考虑光环境要素。合格的光环境对于学生生理和心理有很好的调节作用。

心理声学是指“人脑解释声音的方式”。声音听觉心理的主观感受主要有响度、音高、音色等特征。在心理声学方面，心理辅导室建设对声场的均匀度、声音的响度、清晰度、丰满度、亲切感、温暖感等方面都有一定的要求。声音与心理的关系既微妙又复杂。一般说来，声音可以包括音乐和噪声等。音乐是心理的外化。音乐通常表达一种意境，传递一种感情。它能在人的生理上、心理上引起一系列变化。例如，适当地播放音乐，不断变化节奏、节拍、旋律、调式等，能使人增强愉快感。而噪声则会使人烦恼，对人的健康有害。现代人抵抗都市生活的噪声要耗去很大的精力。如何消除噪声对心理的影响，也已成为一门学问。

综上所述，心理辅导室建设要充分考虑色彩心理学、光环境、心理声学等理论和技术。色彩要柔和，以淡黄、淡橙、米色、粉红等暖色调为主，也可适当使用淡绿和淡蓝色；光线要适中，自然光及灯光的强度、颜色、照射方向要合理；声音要和谐，声场的均匀度、响度、清晰度、丰满度要合适，室内外的隔音要好，某些房间要适当使用隔音板和双层玻璃。

二、心理辅导室的设备

心理辅导室的设备包括心理学软件和硬件设备、通用设备、办公家具等。对于不同的区域，需要使用不同的设备。

（一）心理学软件和硬件设备

中职学校心理辅导室心理学软件和硬件设备的详细配置如表2－1。

表2－1　中职学校心理辅导室心理学软件和硬件设备配置

序号	设备名称	技术参数和规格
1	**心理学软件**	
1.1	中职学生心理健康检测系统（局域网版）	**一、心理学技术** 1. 科学性 （1）拥有心理学量表完全自主知识产权； （2）拥有软件著作权； （3）通过国家一级心理学学术机构鉴定，如中国心理卫生协会鉴定； （4）通过相关质量标准认证，如ISO 9000国际质量标准认证； （5）有内在的理论架构，非零散量表堆砌而成。 2. 适应性 （1）符合中国学生特点，题目不是国外文化背景； （2）符合中职学生特点，中职学生量表题目不是小学生或成人表述方式； （3）报告以积极心理学为导向，不仅包括结果解释，而且有发展建议、培养建议等； （4）能够对学生、教师、家长不同角色进行测评。 3. 量表 （1）学生心理测评包括心理健康、品德、情绪、性格类型、兴趣、创造性、学习态度、学习方法、考试焦虑等人格和能力量表； （2）教师和家长等成人心理测评包括心理健康、职业倦怠、家庭教养方式、情绪、性格类型、兴趣、创造性等人格和能力量表； （3）常模为近五年修订； （4）信度和效度符合心理测量学标准； （5）为了保证准确性，避免学生作假倾向，心理健康从学生、教师、家长三视角进行评价； （6）量表设有测谎题； （7）可以自定义量表。 **二、软件技术** 1. 基本功能 （1）包括信息管理、测评管理、群体分析、心理咨询室、数据管理、网站建设等功能模块； （2）将使用者分为不同角色（如领导、班主任、心理教师、科任教师等），每个角色有不同权限； （3）包括足够进行心理分析的背景资料，心理教师可动态添加背景资料；

（续表）

序号	设备名称	技术参数和规格
1	**心理学软件**	
1.1	中职学生心理健康检测系统（局域网版）	（4）B/S架构。 2. 数据安全 有数据备份功能。 3. 报告 （1）学生完成测试后系统可自动生成个性化的文字报告； （2）结果报告区分阅读对象，分为学生、教师和家长等不同版本的报告形式，做到有针对性； （3）采用同义词库，即使某些学生的结果相同，测试报告的文字表述也不同，以增加新颖性，避免阅读报告时的枯燥乏味； （4）能够进行群体分析，包括描述统计、差异分析、相关分析等。 4. 学校管理便利性 （1）有学校心理预警机制； （2）满足心理咨询室无纸化办公需求，有预约、咨询记录、工作情况分析、网上咨询等功能； （3）有心理档案保存、查找功能； （4）满足学校建设心理网站的需要； （5）为了缓解机房压力，提供纸笔测试数据导入功能； （6）有数据和档案导出功能。 5. 教委管理便利性 系统具有群体分析功能，不但能分析单个学校的数据，还能对全区的数据进行分析，有助于教委合理配置心理教育资源，帮助学校全面发展。
1.2	心理学设备管理系统	（1）能针对心理咨询室标准配置的沙盘、团体心理辅导箱、艺术心理辅导箱、放松椅、游戏心理辅导箱、合理宣泄人等硬件进行管理； （2）能针对使用情况进行统计分析； （3）能进行日常的库存管理； （4）可上传视频和图片； （5）可与“学生心理健康检测系统”对接； （6）产品通过相关质量标准认证，如ISO 9000国际质量标准认证。
1.3	心理素质训练系统	（1）能够训练注意力、思维品质、记忆力、阅读能力等心理素质； （2）产品通过相关质量标准认证，如ISO 9000国际质量标准认证。
2	**心理辅导辅助器具**	
2.1	沙盘	（1）团体沙盘：内侧的尺寸为910mm×910mm×80mm，高度为860mm，实木喷漆，外侧涂木本色，内侧涂海蓝色； （2）个体沙盘：内侧的尺寸为720mm×570mm×70mm，高度为860mm，实木喷漆，外侧涂木本色，内侧涂海蓝色； （3）沙子为黄色、白色或茶色环保安全的专用水洗沙；

（续表）

序号	设备名称	技术参数和规格
2	**心理辅导辅助器具**	
2.1	沙盘	（4）沙具按一定的分类标准，可分为九大类43小类； （5）产品通过相关质量标准认证，如ISO 9000国际质量标准认证。
2.2	艺术心理辅导箱	（1）音乐心理辅导器具，包括有旋律的和无旋律的奥尔夫乐器、活动音乐等，适合团体和个别心理辅导使用； （2）绘画心理辅导器具，包括各种纸张、各种画笔、各种颜料、画板、画架、调色盘、橡皮等，适合团体和个别心理辅导使用； （3）舞动心理辅导器具，包括蹦床、舞动游戏、跳舞毯、绸子、皮筋、瑜伽球、瑜伽垫等，适合团体和个别心理辅导使用； （4）还包括戏剧心理辅导器具、书法心理辅导器具等； （5）产品通过相关质量标准认证，如ISO 9000国际质量标准认证。
2.3	团体心理辅导箱	（1）包括围绕心理健康教育的主要内容（例如自我成长、情绪管理、人际交往、学习管理、生涯规划等）设计的团体活动所必须用到的器具； （2）产品通过相关质量标准认证，如ISO 9000国际质量标准认证。
2.4	游戏心理辅导包	（1）象征性游戏器具，包括布偶、指偶、积木等，适合团体和个别心理辅导使用； （2）自然媒介游戏器具，包括沙、水、食物、泥土等，适合团体和个别心理辅导使用； （3）棋戏器具，包括跳棋、象棋、围棋等，适合团体和个别心理辅导使用； （4）电子游戏器具，适合团体和个别心理辅导使用； （5）产品通过相关质量标准认证，如ISO 9000国际质量标准认证。
2.5	放松椅	（1）满足心理放松的要求； （2）产品通过相关质量标准认证，如ISO 9000国际质量标准认证。
2.6	合理宣泄人	（1）包括人形设计、脸谱、拳击手套、合理宣泄棒、护腿、护面等； （2）产品通过相关质量标准认证，如ISO 9000国际质量标准认证。
2.7	心灵加油站	（1）硬件支持系统（主机、立式触摸屏、机壳）； （2）心理内容系统（心理知识、心理影片、放松音乐、悦心图片、心理诊所、心理调节方法等）； （3）产品通过相关质量标准认证，如ISO 9000国际质量标准认证。
2.8	涂鸦板	（1）满足绘画、涂鸦功能； （2）产品通过相关质量标准认证，如ISO 9000国际质量标准认证。
2.9	心理信箱	（1）卡通外形，安全便易； （2）产品通过相关质量标准认证，如ISO 9000国际质量标准认证。
2.10	益智类玩具	（1）开发多元智能、培养积极心理品质； （2）产品通过相关质量标准认证，如ISO 9000国际质量标准认证。

（续表）

序号	设备名称	技术参数和规格
2	**心理辅导辅助器具**	
2.11	哈哈镜	产品通过相关质量标准认证，如 ISO 9000 国际质量标准认证。
3	**心理学专用仪器**	
3.1	潜能检测仪	（1）可进行多元智能的检测； （2）以皮质脑科学为依据； （3）通过手指指纹、皮温、生物磁等的识别，再比对计算机中存储的上亿笔皮纹数据库； （4）产品通过相关质量标准认证，如 ISO 9000 国际质量标准认证。
3.2	注意力集中能力测定仪	（1）可进行视觉动作学习和注意力品质的测验； （2）可用于射击等体育运动的心理训练和测试，以培养运动员的注意力、集中能力以及抵抗外界干扰的能力； （3）能研究和测定各类职业人员的注意力集中水平； （4）适用于儿童多动症等临床医学的测试； （5）产品通过相关质量标准认证，如 ISO 9000 国际质量标准认证。
3.3	记忆广度测试仪	（1）通过数字递增来检测被试者的再现能力，以此判断个体的短时记忆能力； （2）适用于记忆广度的心理实验和提高记忆力的训练； （3）可用于对视觉、记忆、反应速度三者综合能力的测量； （4）产品通过相关质量标准认证，如 ISO 9000 国际质量标准认证。
3.4	河内塔	（1）训练思维方向与运用策略； （2）包括圆盘、小柱等器具； （3）产品通过相关质量标准认证，如 ISO 9000 国际质量标准认证。
4	**心理学图书视听资料**	
4.1	心理学图书、杂志	（1）适合于学生阅读的心理学、教育学图书和杂志； （2）适合于心理教师阅读的比较专业的心理学、教育学图书和杂志； （3）适合于一般教师阅读的通俗的心理学、教育学图书和杂志。
4.2	心理学挂图	（1）管理类：心理辅导室规章制度、教师守则、开放时间等； （2）心理学类：心理双歧图、幽默图片、格言警句等； （3）资料类：风景图片、学生作品等。
4.3	心理学视听资料	（1）心理电影类：有心理学内涵的国外、国内知名电影； （2）心理音乐类：放松音乐、团体活动素材等； （3）资料类：团体心理活动示范课、个别辅导案例、专家讲座等。

（二）通用设备

通用设备包括电脑、传真机、复印机、打印机、扫描仪、投影仪、电子白板、电视机、影碟机、组合音响、摄像机、照相机、视频音频监控设备、空调机、录音笔、电话机、秒表、饮水机、石英钟、隔音设备等。

（三）办公家具

办公家具包括办公桌、办公椅、电脑桌、电脑椅、操作台、柜子、期刊架、书架、置物架、收纳箱、沙发、茶几、坐垫、垫子、抱枕、办公用品、木地板、软包装修等。

三、心理辅导室的制度

（一）行政制度

各级教育行政主管部门应重视心理健康教育工作。地方教育局可成立心理健康教育指导小组，负责将学校心理健康教育纳入学校教育工作的考核、评估中来，以促进心理健康教育工作的开展。

学校心理健康教育应由校长直接负责，成立与学校其他管理部门平行的学校心理健康教研室，教研室主任由分管副校长兼任，副主任由心理教师担任，教研室成员由教导主任、德育主任、年级组长、班主任、少先队辅导员、共青团干部以及心理教师等组成，这样的组织结构有利于将心理健康教育工作渗透到学校工作的方方面面。

学校心理健康教育工作必须纳入学校的总体工作计划，并给予必要的课时保证。中职学校可适当利用班会、团会和其他课外活动时间开设心理健康教育课，原则上双周保证一课时。

学校心理教师的待遇平时以工作量为基本考核标准，年度考核参照学科教师和班主任奖励制度进行。学校每年应列出心理健康教育专项经费，保证专款专用，以满足师资培训、添置设备等需要。

（二）专业制度

心理辅导室应有专业制度，包括心理辅导章程、心理教师工作守则、心理辅导室值班制度、心理档案管理规定等。

心理辅导章程包括心理辅导宗旨、原则、内容、途径等方面，是心理辅导室的纲领性文件。

心理教师有其职业伦理，主要包括平等性原则、告知性原则、保密性原则、中立性原则、责任性原则。心理教师要善于把握“教学”和“咨询”的不同角色，有机统一，不可偏废。

心理辅导室的开放时间每周应不少于 10 小时。应当有明确的值班制度，并公之于众。

心理档案的管理工作是十分重要的，因为心理档案有一定的保密性，不能随意借阅。心理档案要有明确的管理规定，心理健康教研室的所有工作人员必须严格遵守。

第三节　中职学生心理健康教育的档案建立

随着学校心理健康教育的发展，发展性、预防性的心理健康教育工作模式得到了学校心理健康教育者的普遍认可，建立学生心理健康教育档案逐渐成为开展学校心理健康教育的重要内容之一，作为一种面对全体学生、主动预防的工作模式的主要体现，为学校心理健康教育工作形成有力的支撑。

从起始年级做起，掌握学生整体的心理状况、提早甄别心理困惑及心理问题较为严重的学生、开展有针对性和指导性的心理健康教育是十分必要的。在学生心理辅导过程中，心理咨询教师们也发现应该更多地掌握学生家庭、身心状况的资料，以便提供更加准确、系统的心理健康服务。

一、心理健康教育档案的含义

心理健康教育档案有广义和狭义之分，狭义的学校心理健康教育档案是指个体心理发展变化特点、心理测验结果、学校心理咨询与辅导等材料的集中保存，这些材料按照一定的程序排序，组成一个有内在联系的体系，如实反映学生的心理面貌。它是学校为了更好地开展心理健康教育工作，为每个学生在心理健康方面建立起来的档案材料。

而广义的学校心理健康教育档案还包括学校心理健康教育活动的有关资料，如学校心理健康教育的计划、课程开设、活动安排、教研活动、研究课题及成果、效果评估及管理工作等的记录。

二、心理健康教育档案的内容

心理健康教育档案的内容指能从中揭示或了解到有关学生心理状况、心理特点等的材料。学校心理健康教育档案的内容，应尽可能全面地反映中职学生的心理特点，从而为学校教育提供可靠准确的信息。学校心理健康教育档案一般包括两大方面：一是影响学生心理发展的基本资料，亦即学生基本情况，主要包括个人基本情况、家庭生活情况、学校学习生活情况及对个人生活有影响的重大社会生活事件等。二是反映学生心理状况和心理特点的资料，主要包括智力水平、个性特征、心理健康状况、学习心理特征、职业能力倾向类型等。具体内容解读如下：

（一）学生基本情况

学生基本情况主要是提供一些背景资料，以帮助教师深入分析学生心理，正确诊断学生问题产生的原因。主要包括如下几个方面：

1. 个人简介。主要包括姓名、性别、出生年月、籍贯、民族、政治面貌、就读学校、年级、家庭住址、爱好特长等。

2. 身体状况。主要包括一般健康状况、身体发育状况、生理缺陷、个人病史等。

3. 家庭生活环境。主要包括家庭成员的工作性质及职务、文化程度、宗教信仰、家庭的组织结构、家庭的居住环境、家庭的经济状况、家庭气氛、家长的教育方式与态度、亲子关系、是否独生子女、家中排行等。

4. 学校学习生活情况。主要包括学生的学习成绩、学习态度、学习习惯、思想品德、行为习惯、体育运动、交际水平（含师生关系、同伴关系）、担任班干部情况、获奖情况等。

5. 对学生个人生活有影响的重大社会生活事件。如家庭成员的死亡、父母离异、与教师同学关系紧张、生活条件改变、影响生活的重大挫折等。

（二）心理测评资料

1. 能力状况及其教育建议

主要是指学生的言语能力、数学能力、推理能力、音乐能力、创新能力等一般能力和特殊能力的水平，能力倾向鉴定及针对性的教育建议等。

2. 人格特征分析及培养建议

主要是指学生的性格类型及特征、气质类型及特征，个性心理有哪些特征，个性心理中有哪些良好或不良的品质，怎样进行教育，学生的兴趣、态度、人际关系及品德的特点等。

3. 心理健康状况及辅导策略

主要是指学生的心理健康水平鉴定，有无心理问题或心理障碍，程度如何，怎样进行教育或矫治。

4. 学习心理分析及教育对策

主要是指学生的学习态度、学习方法、学习动机、学习意志力、考试心理、学习困难的诊断，学习认知因素分析、学习动力状况分析、学习社会因素分析，怎样优化学生的学习心理等。

5. 生涯发展倾向类型分析及指导

主要是指学生生涯发展兴趣、能力、性格、价值观等的评估，分析其具有从事哪一类别工作的潜质，从而为学生升学与就业指导提供依据。

（三）心理健康教育活动记录及相关作品

心理健康教育活动记录是指学生进行个体心理辅导和团体心理辅导的记录，个体心理辅导记录包括问题表现、原因分析、诊断、时间与次数、方法与过程、辅导效果、追记等；团体心理辅导记录包括团体人数、辅导主题、辅导时间、辅导方法和过程、辅导效果等。

此外，心理健康教育工作中，有时会通过对各种学生作品的分析来了解其心理特征与心理健康状况，因此，在学校心理健康教育档案中，还可以包括学生的各种作业、试卷、沙盘作品照片，甚至学生的日记、作文、自传等资料。

以上是学校心理健康教育档案的一般内容，在建立学校心理健康教育档案过程中，可以根据本校实际选择其中的内容。

三、心理健康教育档案的管理

对档案的妥善保存和有效利用，有赖于对学生资料的科学管理。学校心理健康教育档案的形式主要有文本式和计算机软件式两种。

相对来讲，文本式心理健康教育档案建档工作过程繁杂，在管理与使用上仍然存在诸多不便，大量文本资料占用储存空间且不易保存，查阅资料、重新统计评估结果极为费力。因此，现在更多学校使用计算机系统建立与管理学校心理健康教育档案。与传统文本式心理健康教育档案相比，计算机软件式具有以下优点：减少差错、便于查询、减少物理储存空间、防止资料丢失及损毁、提升规范性、提高工作效率等。

心理健康教育档案应由经过专业培训的心理教师专门管理。心理健康教育档案的管理要严格遵守保密性原则，学校管理者、其他教师、家长不可随意调阅心理健康教育档案。但是，当危及自己或他人生命的征兆出现时，心理教师应当及时与学校有关领导、家长进行沟通，共同解决心理危机。

第四节　中职学生心理健康教育的教师管理

一、心理健康教育教师的工作职责

1. 协助校长开展提高学校全体教师和工作人员的心理健康水平的工作，帮助教师解决自身所遇到的各种心理问题，提高教师的心理调节能力，以保证全体学生能在和谐健康、积极向上的学校心理环境中健康成长。

2. 完成上级心理健康教研室布置的专项任务，发挥心理研究的促进作用，上好心理健康教育活动课。

3. 指导和协助学校班主任、德育工作者和心理健康教育活动课教师开展心理辅导活动，主动为他们提供各种培训和指导，帮助他们提高心理健康教育活动能力和心理辅导能力。

4. 在学生面临各种心理危机时，积极从学生心理发展和心理健康教育的角度提出各项建议、意见和评价，发挥心理指导与顾问的作用。能从心理和教育的角度制定干预、矫治以及预防的措施。在学校统一安排下，为学生建立相关的心理健康档案。

5. 指导和帮助学校各年级开展家长学习的工作，为家长提供家庭教育、学习辅导、升学就业、家庭心理环境建设等方面的心理咨询和心理服务。

6. 做好学校心理咨询室的各项心理服务工作，能为学生在学习能力、人际交往、情绪调控、个性发展、青春期性健康等方面提供各种有效的自我发展方法与策略，为学生心理发展提供科学的指导。

心理教师应当设置专职岗位。要避免以下几种混淆：

1. 心理教师与管理者的混淆

我国一开始就是从学校管理的角度而不是服务的角度来看待心理辅导的必要性的，缺少专业的心理辅导教师，一些学校安排学生管理人员兼任心理辅导教师，学校心理辅导室的教师就是学生工作处主任、德育主任或团委书记，这种混淆，一方面把管理者推向了尴尬地位，妨碍了他们作为管理者处理学生问题的客观性、果断性，妨碍了他们对纪律的贯彻执行；另一方面，也不利于心理辅导的进行。心理辅导教师与管理者的混淆使心理辅导工作的信度和效度大打折扣，使得学生不相信心理辅导，更不敢向其倾诉。

2. 心理教师与德育教师的混淆

受师资力量的限制，许多学校的心理教师多是从德育教师转过来的，没有受过正规的心理学训练，加之旧的品德教育模式在他们的头脑中根深蒂固，使得他们在工作中不自觉地运用传统德育的方式和方法解决学生的心理问题，使学生对心理辅导失去了信任。

3. 心理教师与普通教师的混淆

目前在我国，心理教师与普通教师的区分并不十分清楚。心理教师多是兼职，大多数心理教师往往更加认同自己的普通教师角色，认为心理辅导是业余工作。

二、心理健康教育教师的素质要求

心理健康教师的素质是搞好学生心理教育工作的重要条件，是培养学生成才的可靠保证。具备良好的心理素质，对更好地引导学生认知社会，培养学生的良好个性具有直接的影响。

（一）具备相应的心理教育能力

能力是符合活动要求、影响活动效率的个性心理特征的综合；教育能力是符合教育活动要求、影响教育活动效率的个性心理特性的综合；心理教育能力是符合心理教育活动要求、影响心理教育活动效率的个性特征的综合。心理教育能力是教育能力的核心组成部分。心理教育能力应包括培养一般性心理素质的能力及培养特殊性心理素质的能力。培养一般性心理素质的能力包括：

1. 培养学生观察力、记忆力、想象力、思维力的能力，培养情绪情感的能力，培养意志力的能力，培养个性心理特征的能力等；

2. 上好心理教育课的能力；

3. 进行个别和团体心理咨询的能力；

4. 培养学生自我教育能力的能力；

5. 在学科教学和活动课教学中培养一般心理素质的能力；

6. 对家长进行心理教育的能力；

7. 对学生心理素质发展进行评估的能力；

8. 培养创造能力、交往能力、实践能力等方面的能力。

培养特殊性心理素质的能力，包括培养语文能力、数学能力、音乐能力、绘画能力、体育能力等方面的能力。

以上是从心理教育的任务方面来进行分类的。我们还可对上述各种心理教育能力进行概括，找出一般的因素，从教师自身能力素质的角度进行分类。教师的心理教育能力包括以下的要素：

1. 敏锐的观察力。准确地了解学生的心理是进行教育的前提。学生的心理活动是在大脑内进行的，看不见摸不着，只能透过外显行为进行推测。因此，教师善于察言观色、明察秋毫极为重要。

2. 良好的记忆力。对于学生心理发展变化的信息有很强的记忆力，记忆量大，牢固，便于提取，能为教育决策提供大量准确信息。

3. 深刻而灵活的思维能力。教师要有透过外显行为间接推断学生心理活动规律的推理能力；面对千变万化的心理活动及时作出准确判断的能力，迅速灵活的教育决策能力；能透过现象看本质，对学生心理活动的特点进行抽象概括的能力；善于抓住学生的思路，组织教学的能力。

4. 丰富的想象力。对学生的心理和行为发展的方向和趋势有很强的预见能力，善于规划学生心理发展的未来，有明确的心育计划，并能预料教育措施的后果。

5. 组织能力。教师当班主任、上课、组织各种活动，都是面向一群学生，要有很强的组织能力，才能有效地组织教育教学活动。

6. 创造力。人的心理活动是最复杂、最多变的，每个学生的心理发展水平又是千差万别的。要使每个学生的心理素质都获得良好的发展，会遇到各种各样的问题和困难，教师要有很强的创造力；要有洞察学生心理的直觉思维，富有灵感，善于抓住心理教育的机遇，使学生获得心理发展的成就感，对自己心理发展充满自信心。教育机智是教师创造力的最高表现形态，是多种教育能力优化组合的结晶。心理教育是最需要创造力的工作，因为心理教育的一个重要任务是开发创造力。

7. 心理教育过程的自我监控能力。心理教育以复杂多变的心理为对象。教育有法，但无定法，很难找到现成的答案，没有固定的模式，需要有探索精神。教师要对自己的教育活动具有正确的评价能力，要及时进行调控，探索有效的教育策略方法，促进学生心理的发展。缺乏自我调节能力的教师，心理教育能力难以提高。心理教育能力是教育能力的核心组成部分，但其作用的发挥与语言表达能力、实践能力、操作能力、把握教材的能力等教育能力是分不开的。

（二）重要的人格素质基础

所谓人格是指一个人的整个精神面貌，是具有一定倾向性的、稳定的心理特点的总和，包括气质、性格、兴趣、信念和能力等。心理健康教师应当具备的人格条件有哪些内容呢？

1. 心理相对健康

一个合格的心理健康教师应当是一个愉快的、热爱生活、有良好适应能力的人。那些情绪不稳定的人，经常处于心理冲突状态而不能自我平衡的人，是不能胜任心理咨询工作的。

2. 善解人意

一个合格的心理健康教师能从客观实际出发去理解他人，能同各种不同气质、不同性格的人交往，能体谅人们的处境和困难并恰当地给予同情、支持和帮助。

3. 乐于助人

心理健康教育是一项救助学生心灵的工作，从事这项工作需要付出时间和精力，需要有对学生的理解、同情、关怀及耐心。来询的学生一般是在心里不痛快的时候、遇到麻烦的时候才来找心理教师，心理教师需要耐心地倾听他的诉说，分担他的忧愁和烦恼，需要有一颗乐于助人的爱心。

4. 责任心强

能耐心地倾听来询者的叙述，精力集中不分心。使来询者感到心理教师对他们的困难表示关心。能诚恳坦率地和学生谈心，使他们愿意暴露内心的隐私和秘密，得到他们的信任。那些工作马虎、不能专心致志的人，那些办事拖拉、不负责任，又不能和学生谈心的人，是做不好心理健康教育工作的。

三、心理健康教育教师的培训

（一）心理健康教师的培训方法

1. 采取自学、讲授和实践结合的方式。有些基础课程采用自学方式，有些课程请有关专家进行讲授，而且在讲授时也尽量压缩教师独讲的时间，加入小组讨论、操作示范、角色扮演等方法。培训非常强调实践的重要性，要受训者用较多的时间去体验、实践自己所学的内容，提高培训的效率与效果。

2. 学习与参观考察、学术交流相结合。在培训中除坚持系统的理论学习外还应重视参观、考察和学术交流。组织受训者参观学习国内其他心理教育工作开展较好地区的活动与经验，积极鼓励大家参加学术交流活动，并每年组织一次学术研讨会，出一期论文集，调动大家的学习积极性。

3. 聘请教师。培训教师对培训效果有直接的影响，因此可聘请那些有专业知识技能并有相当教学经验的大专院校、研究机构的专家任中心的培训教师，并充分发挥专家顾问的作用，来保证培训的质量。

（二）心理健康教师的培训内容

培训内容包括知识、技能、道德与人格三个主要方面。知识方面主要有心理学、教育学、社会学、学校心理学的基本理论；技能方面包括咨询、交往、个案分析、心理测验与统计、研究报告的撰写等；道德与人格方面主要有人格调适、道德规范等。具体课程如下。

1. 基本课程

（1）心理学科：发展心理学、学习心理学、人格心理学、变态心理学、心理卫生与心理健康。

（2）教育学科：课程论、教学法、学校管理等。

（3）社会学科：社会文化发展、人类学、社会学。

2. 专业课程

（1）心理咨询的理论。

（2）心理测验。

（3）心理学研究方法。

（4）团体咨询。

（5）活动课的研究与指导。

（6）专业工作者职业道德规范。

3. 技能课程

（1）心理咨询技术。

（2）学生心理资料的搜集与运用。

（3）个别与团体辅导的方法。

（4）行为问题的干预方法。

（5）人际关系的调适。

（6）学习障碍的评价与干预。

第五节　中职学生心理健康教育工作的绩效评估

一、心理健康教育绩效评估的含义

绩效评估又称绩效考核，是指评估者对有关的绩效信息进行观察、收集、组织、储存、提取、整合和实际评价的过程。虽然人们普遍把绩效与绩效评估放在管理学中去研究，但是从绩效的结果论和行为论的定义看，绩效是一种行为或行为的结果。心理教育绩效是可进行衡量的心理教育行为以及在这一行为上生产出的结果记录。学校心理教育绩效评估是指对有关的学校心理教育绩效信息进行观察、收集、组织、储存、提取、整合和实际评价的过程。

学校心理教育绩效评估是学校心理教育工作中十分重要的一环。对于上级教育行政单位来说，通过对心理教育绩效的评估可以了解教育目标的达成情况，了解下一步的教育重点，确定下一步的工作或活动，改进工作方法，提高教育成效。对于学校自身来说，通过评估，一方面可了解工作的困难，获得更多的支持；另一方面，可使学校工作人员获得理论探讨的机会，促使课程、教材、教法得以不断改进。同时，评估工作的集体参与过程，往往还能促进校内各部门工作人员的分工与合作，为日后工作的进一步开展打下良好的基础。对于学生来说，通过评估和学校、教师、自身的努力，可改善他们的心理健康状况，间接地为他们的日常生活、学习打下良好的心理基础，促进他们全面发展。

二、心理健康教育绩效评估的原则

为了更有效地促进学校心理健康教育绩效评估工作的展开，应该从宏观上设计出评估体系，为评估工作提供实施的框架，从而提高评估工作的可行性。在设计学校心理教育绩效评估体系时应遵循以下原则：

客观原则。应根据所拟定的评估计划，设定客观的评估标准与明确的评估步骤，来客观评价心理教育工作的成效。不应有主观的偏见，或受到以前评估结果以及其他因素的影响而产生“晕轮效应”。

动态原则。随着时间和环境的变化，学校心理教育工作绩效也在变化和发展着。评估心理教育的绩效指标要与时俱进，要随着时间和环境的变化给予切合实际的评价，避免旧的印象观念或偏见的干扰。当然，一套比较科学的评估指标在一段时期内应保持其相对稳定性，使学校心理教育能朝着一定的方向稳步发展。

反馈原则。即评估系统必须提供一个连续回路，使评估自如地通过反馈、总结、调整、改进以达到评估的目的。没有反馈的绩效评估容易流于形式，达不到评估的目的。而且，实行绩效评估的反馈原则，更有利于完善评估过程，提高学校心理教育的实效。

三、心理健康教育绩效评估的过程

学校心理健康教育绩效评估包括评估指标的设计、评估方式与方法的选择和应用、评估的实施以及评估结果的分析与反馈几个步骤。

（一）评估指标的设计

设计评估指标是学校心理健康教育绩效评估的第一步，也是进行绩效评估的前提。在确定学校心理健康教育绩效评估指标时，必须遵循可操作性原则。例如，我们通常谈到，心理教育的终极目标是学生心理的健康成长，包括潜能的充分开发和人格的健全完善，但将这作为评价心理健康教育绩效的标准就显得过于抽象而难以操作，为此有必要制定具体且可操作的评估标准。设计评估指标时不仅要从外在的形式和条件上来判断其优劣，更要考虑心理健康教育的内在特征，即从外在和内在两个方面来确定评估指标。各种心理健康教育活动的开展能否符合学生的需要？学生的心理困扰是否有所减少，其程度有无下降？通过心理教育能否有效地预防学生心理问题的产生？事实上这些才是开展心理健康教育更为关注的实质性问题。只有外在体系和内在体系二者兼顾，心理健康教育绩效评估指标体系才能日臻完善。

目前，部分省市教育行政部门设计了心理健康教育的评估指标，在所辖范围内使用。这些评估指标各有特点，但没有统一标准。这里，我们介绍刘视湘博士提出的心理健康教育开展和评估的“4P 模式”。根据多年的实践经验，刘视湘认为心理健康教育的开展和评估应当从四个方面入手：心理教师（person）、心理辅导室（place）、辅导过程（process）、辅导成果（product），如图 2－2 所示。

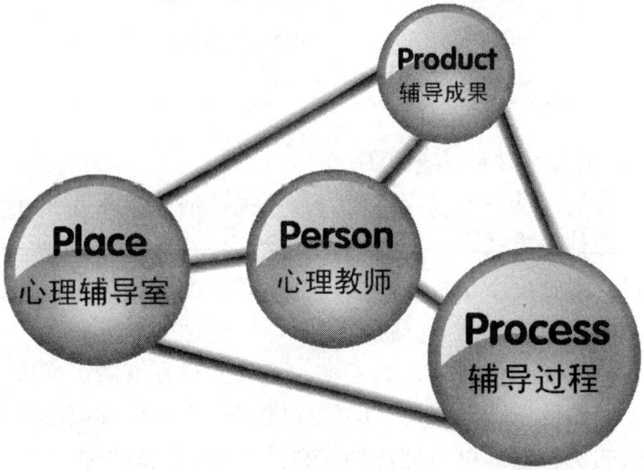

图 2－2　心理健康教育开展和评估的“4P 模式”

心理教师是“4P”的核心。没有心理教师，学校心理健康教育工作就成了无源之水，无本之木。当然，目前条件下，心理教师可由辅导员、班主任、学科教师兼任。心理教师要注重资格和专业成长。在进行评估时，不但要考察心理教师的数量，而且要考察心理教师的质量。

心理辅导室是心理教师的阵地，是开展心理健康教育的场所。因此，其规划、设备、制度都应当纳入评估指标，进行考核。

心理教师有了心理辅导室这一阵地之后，就需要开展心理健康教育工作。心理教师的职责就是要规范辅导过程。辅导过程包括心理辅导的内容、途径和管理，这些都是绩效评估的内容。

辅导成果是指教学和科研成果，涉及评估的内在指标。我们可以辅以心理检测的方式进行评估，考察心理健康教育开展之后的实际效果。

“4P 模式”的含义与内容详见表 2－2。

表 2－2　“4P 模式”的含义与内容

方面	含义	内容
心理教师（Person）	资格	特质、知识、职责、伦理
	专业成长	专业技术、团队建设
心理辅导室（Place）	规划	位置、面积、布局、环境
	设备	心理学软件和硬件设备、通用设备、办公家具
	制度	行政制度、专业制度
辅导过程（Process）	内容	自我意识、人际交往、学习管理、生活适应
	途径	专门途径、渗透途径
	管理	组织机制、预警机制
辅导成果（Product）	教学	心理档案、校本课程、实际效果
	科研	科研成果、校园文化

（二）评估方式与方法的选择和应用

心理健康教育的评估一般采用学校内部自我评估、校际间相互评估、由教育主管部门主办的评估等方式。

学校内部自我评估是由学校负责心理健康教育的人员进行自评，由学校领导进行评估，或由本校学生评估。其优点是：评估计划的制订有助于心理健康教育工作者对自己所从事的工作有深入的了解；评估的过程有助于增进全校教职工对心理健康教育工作的认识；自我评估的结果能够促进心理健康教育工作者的自我改进；借助评估的机会教师可整理各种材料使其更有效地发挥作用；自我评估的结果，还可作为班主任、任课教师及学校领导协助解决问题的参考。但是这种评估方式也有一定的缺点，主要在于各学校自我评估的标准不同，较难进行比较与对照，难以看出自己学校心理健康教育工作开展的优劣之处；其次由于评估人员不是这方面的专家，对某些问题的评估可能较主观。

各校之间相互评估，是由几个学校联合起来，相互参观、相互评估。其优点在于：评估的结果关乎学校的荣誉，因此，平常的工作容易得到学校各方面的支持；借着相互评估的机会，可以充分学习其他学校的长处；通过相互评估，可缩短校与校之间的工作差距，加强校际联系。但这种方法与自我评估相类似，由于评估人员训练水平有限，评估标准的制定可能不够公正客观；并且碍于校与校之间的关系，有时无法作出客观的评价。

由教育主管部门主办的评估一般是聘请有关专家学者对各学校的心理健康教育工作进行评估，其优点是评估结果较为客观标准，评估所提出的建议具有较高的价值，并且容易被学校接受，从而减少心理健康教育工作推行的阻力。同时由于评估结果会给予公布，因此可以引起各级学校的高度重视，积极工作。但由于专家小组评估时间太短，常常无法作更深入的调查，评价有时会流于表面。

评估可采用的方法有测验评价和非测验评价两大类。测验评价主要是借助于各种标准化的心理测验作为测量工具，准确地评价学生的各种心理特征，从而在一定程度上完成对心理健康教育绩效的评估。学校所使用的测验主要有智力测验、成就测验、性向测验、兴趣测验、人格测验五大类。非测验评价是测量个人的内隐性行为，如动机、情绪及个人如何处理这些内在行为等。这种测量方法与测验评价相结合，两者互为补充，即从内隐和外显两方面更有效地评估心理健康教育绩效。观察法、轶事记录、评定量表、学生资料调查表、会谈、个案研究等构成了非测量方法。

（三）评估活动的执行

在评估的具体执行环节中，首先由学校动员，明确评估的目的和意义；其次由评估委员会公布评估指标体系及评估方法和评估程序；再次，评估前准备，包括依据评估指标体系编制评估表，通过听取汇报、实地观察、会谈、问卷调查、测验、查阅有关资料等方法收集资料；最后，进行评估并对评估结果进行整理。要特别注意避免以下几种常见的评估误差：

严格误差——在评估时吹毛求疵、多方挑剔、给分过严。

宽容误差——对任何一个受评估对象都选用较优的评语。给分过宽，不愿给人作出不好的评定，使分数集中在较高的一端。

趋中误差——把被评估者放在量表的中间，尽量避免作出极端的评定。

逻辑误差——把自己认为相互联系的特质都作同样的评定。

晕轮效应——又称光环效应，指对某一方面的强烈看法影响了对其他方面的评估。

（四）评估结果的分析与反馈

1. 评估结果的分析。对绩效评估的结果进行定量分析和定性分析，可以比较全面准确地反映学校心理健康教育的工作绩效。在进行定量分析时可主要采用模糊评价法和关系矩阵法，通过确定指标体系和权重体系、单项评价和综合评价等过程使评价的过程更合理和科学。具体方法在此不加赘述。

2. 评估结果的反馈。通过对评估结果的分析，绩效评估小组可以将最后确定的评估结果通知参与心理健康教育的所有成员。主要让他们了解心理健康教育工作的状况以及学生心理健康的发展情况，并和他们一起讨论今后的发展目标，确定下一个评估期限的目标，指出他们在绩效评估中反映出的问题和不足，帮助他们加以改正和克服，同时对他们在工作中的突出表现加以表扬，以激励他们的进取心。学校心理健康教育绩效评估委员会将对学生的评估结果归入其本人的心理档案，作为今后对他们进行更有效的心理教育的依据，从而有助于达到绩效评估的最终目的。

综上所述，学校心理健康教育绩效评估是一项系统且复杂的工作，建立绩效评估体系，使学校有步骤地、有目的地从事心理健康教育，有助于心理健康教育绩效评估工作的顺利进行，同时也会更有效地促进学生的心理健康。由此可见学校心理健康教育的绩效评估是教育评价中不可缺少的部分，相信它会引起人们日益广泛的重视。

【建议参考资料】

1. 郑日昌，刘视湘．中小学心理健康教育［M］．武汉：武汉大学出版社，2010.
2. 陈国鹏．心理测验与常用量表［M］．上海：上海科学普及出版社，2005.

【问题与思考】

1. 心理辅导室应如何规划？
2. 心理辅导室配置的基本设备有哪些？
3. 学生心理健康教育档案建立的目的是什么？
4. 心理教师的职责和素质要求有哪些？
5. 如何进行有效的绩效评估？
6. 简述“4P 模式”的主要内容。
7. 请结合一所学校的具体情况，进行心理辅导室的设计规划。
8. 请结合所在学校的具体特点，设计一份适合学校的学生心理健康教育档案建档方案。

第三章　中职教师心理健康与心理健康教育

【本章提要】

本章主要涉及中职教师的心理健康及健康管理。主要包括：中职教师心理健康的常见问题、影响教师心理健康的因素、教师心理健康对学生的影响及压力管理、教师心理健康的维护与增进。

【学习重点】

1. 中职教师心理健康的常见问题
2. 中职教师心理健康的影响因素
3. 中职教师心理健康对学生的影响
4. 中职教师心理健康的维护与增进

【重要术语】

中职教师心理健康　压力管理

第一节　中职教师心理健康概述

一、中职教师心理健康的意义

国务院总理温家宝在2010年的《政府工作报告》中强调，要“把发展职业教育放在更加突出的位置，使教育真正成为面向全社会的教育，这是一项重大变革和历史任务”。可以说，国家对职业教育的重视又上升到了一个新的高度，职业教育正逐步走向普及化和市场化。但同时，高等职业教育的迅速发展给中等职业教育带来了很大的压力和挑战，对中职教师也提出了更多、更高的要求。不少中职教师对这一转变难以适应，从而出现很多心理问题。这些心理问题如不能得到及时的解决，将对中职教师知识、技能的正常发挥产生很大影响，进而直接影响到中等职业教育的发展。因此，对中职教师心理健康的关注和维护应引起中职教师自身和全社会的足够重视。

只有具备良好心理素质的教师，才能培养出具备良好心理素质的德智体全面发展的技术人才。中职教师职业角色和所面对的教育对象的特殊性，对他们的心理健康产生了一定的影响。中职教师既要完成教书育人的基本任务，又担负着传授职业技能的艰巨重任。在当前教育体制改革力度大、知识更新快、人才竞争激烈的大环境下，中职教师承受着越来越重的职业压力，其心理健康问题日益突出。

二、中职教师心理健康的常见问题

（一）中职教师心理健康的标准

心理健康是指个体对自身的心理调适能力和良好的发展水平。《简明不列颠百科全书》将心理健康解释为“个体心理在本身及环境条件许可范围内所能达到的最佳功能状态，但不是十全十美的绝对状态”。可见，心理健康是一个内外统一的持续的过程。它协调内外，使个体能适应环境并得到发展。

教师作为特殊的职业群体，其心理健康标准既要遵循一般人所必备的心理健康品质，又要体现教师职业的特殊性。而中职教师又是教师这个群体中的特殊群体，他们面对的学生也是个特殊的群体，因此，中职教师的心理健康问题更为突出。相关调查研究发现，教师的心理健康必须符合如下标准：有效的智力活动、良好的教育认知水平、情绪健康、意志健全、人格和谐、自我意识正确、适应能力良好等。

（二）当前中职教师心理健康常见问题

当前中职教师常见的心理健康问题，归纳起来主要表现为“十缺乏”。

1. 缺乏身份认同

无论从事什么工作，都必须首先承认自己的身份，按照自己的身份进行专业活动。教师只有承认自己的职业身份，按照教师的标准去要求自己，才能满怀信心地投入到工作中去，自觉抵制外界对教师工作的不良刺激与诱惑。正所谓，干一行，爱一行，既来之，则安之，愉快地接受教师的身份，这是教师做好工作的前提。

2. 缺乏和谐的人际关系

良好的人际关系是保持身心健康、具有幸福感的重要条件之一。在教师工作中，人际关系主要有教师与学生之间的关系、教师与教师之间的关系、教师与领导之间的关系、教师与家长之间的关系。如果教师不善于处理这样复杂的人际关系，不能与学生、同事、领导及家长良好沟通，融洽相处，就容易发生纠纷，久而久之，就容易形成孤独、焦虑、自卑等不良心态。

3. 缺乏自信

现在很多青年教师，由于成长过程比较顺利，读书期间依赖性比较强，独立能力较低。参加工作后，面对调皮捣蛋的学生，对能否管好、教育好学生缺乏信心，感到“教师难当”。教师一旦缺乏信心，对做好教学工作就缺乏动力，渐渐地就会缺乏教学兴趣。

4. 缺乏成就感

第一，教师跟自己的同学、同行和朋友比较，地位、职称、收入等不如他们，就会产生自卑感。第二，教师在教育教学实践中，把自己的爱无私地奉献给了学生，但学生“不领情”，感情淡薄，因而造成了教师情感上的失落。第三，现在的学生偏差行为越来越严重，说服教育效果不大，由此教师便产生一种挫折感。在这几种不良心态之下，教师的成就感就很难建立起来。

5. 缺乏休闲时间

由于教师职业本身的特殊性，比如当教师专业要求较高、人们对教育的期望值越来越高和行为偏差的学生越来越多等，教师工作繁重，工作时间过长，没有太多的休闲时间，各种压力得不到及时缓解，心理状态难以有足够的时间进行调节，就容易出现心理问题。

6. 缺乏适应能力

青年教师从社会关系相对简单的大专院校来到社会关系比较复杂的职业学校，往往有一段适应期。尤其是80后、90后的年轻教师，本身在家还是一个轻松自在的“大孩子”，进入中职学校后却突然要适应繁重的职业角色，预期与现实心理落差大，一时难以适应。如果教师自身的综合素质高，适应能力强，就能很快融入到所在学校的群体中，工作上手快。相反，很多新教师综合素质不高，适应能力较弱，在工作和人际关系中遇到的问题较多，适应期相当长。

7. 缺乏自控能力

教师在工作和生活中，免不了受到各种挫折和打击，可是，许多教师缺乏心理学知识和自我心理调节能力，心理问题得不到及时解决，不良情绪长期得不到释放，导致恶劣情绪突破心理承受的极限而爆发，表现为行为冲动、易发怒、精神抑郁等。因此，教师要保持积极乐观的心态，不能将生活中不愉快的情绪带入课堂，不能将工作中的不良情绪带入家庭。

8. 缺乏持久力

教师缺乏对教师职业的持久力，也就是产生教师的职业倦怠，主要原因是纵向比较和横向比较。纵向比较表现为，每天工作重复、单一、劳累，没有新的刺激，没有成就感。横向比较表现为，与同学、朋友比较，别人的工作轻松，收入高。职业倦怠是教师最常出现的问题，如何克服职业倦怠，保持对工作的热情，对每一位教师都是一种考验和挑战。

9. 缺乏能力与方法

要成为一名合格的教师，需要具备各种能力，要有丰富的专业知识、流畅的表达能力、较强的组织管理能力和有效的教育教学方法等。缺乏某一方面的能力，都会影响教育教学的效果。然而，很多教师有知识，却缺乏能力，更加缺少教学方法，教学难以取得满意效果。

10. 缺乏心理培训

教学是一项系统工程和创造性的工程，教师只有不断提高，才能发展自己、成长学生，才能适应当前的教育教学要求。长期以来，学校只懂得用教师，向教师加压，而未能有效地培养教师，特别是对教师心理问题未能给予足够的重视，致使教师心理问题得不到及时解决。

三、中职教师心理健康的影响因素

针对中职教师心理健康中出现的职业压力大、职业倦怠、职业枯竭等现状，需客观地从社会层面，学校层面，教师自身在教学工作、家庭、子女教育、人际关系层面，其他因素等方面阐释影响中职教师心理健康的原因。

（一）来自社会的压力

教师被社会以“人类灵魂的工程师”的标准来要求和约束，中职教师面对的基本全是未成年的学生，社会对他们的要求更高。由于职业的特殊性，中职教师对学生要始终保持心平气和的态度。即使学生犯了错误，教师也不能对其发泄内心的不满，长时间的压抑必然会给教师带来心理上的困惑。

（二）来自工作的压力

学生的教育难度增加是导致中职教师工作压力大的重要原因。目前，“普高热”已经影响到中职生源的质量。中职学校的生源主要是初中毕业没有升入普通高中的学生，这些学生存在文化基础比较差、厌学、自我约束和控制能力弱、易冲动、不良行为习惯多等特点。中职教师不仅要进行专业技术的教学，还要全方位地对这些学生进行品行教育和日常管理。有些时候教师的付出得不到学生的理解，使很多教师的成就感受到挫伤，出现工作倦怠等反应。另外，中职学校专业与课程门类繁多，而且随着人才市场的需求不断调整，造成教师工作量大幅增加，教学任务过重。

（三）来自自身发展的压力

随着职业教育的改革和快速发展，社会及学校对教师的要求越来越高，需要“双师型”教师、名牌教师、专业负责人、学科带头人、骨干教师等，教师必须不断提高自己的专业理论和专业技能水平，在工作之余进行学历提高和职称晋升等。目前，职业技能大赛已被提到职业教育的一个重要位置，教师在这种激烈的竞争中，如不能正确处理好教育教学与竞赛的关系，不能正确认识技能大赛的目的，必将给自己带来很大的压力和困惑。

（四）来自学校生存与发展的压力

近几年高校扩招和普高热的升温，对中职学校的生源造成了很大影响，中职生源的质量和数量急剧下滑。教师在教书育人的同时，还负担着学校的招生宣传任务，须完成学校的招生计划。一些实力差、缺少竞争力的中职学校开始出现生存困难，规模缩小，甚至合并和资源重组，出现教师过剩现象。竞聘上岗、末位淘汰等管理制度给教师带来了很大压力。

除了招生的压力，还有来自就业市场的压力。随着科技的发展和社会的进步，设备的自动化程度越来越高，就业单位对人才需求的标准也越来越高。技术工人不仅须具备良好的心理素质和扎实的文化基础，还须具有获取新知识、新技能的意识和能力，能适应不断变化的职业社会，有团队协作精神和良好的人际关系。因此，中职教师的责任越来越大，不仅要教学生做人，还要教学生掌握扎实的专业技能。中职学校的教学改革如火如荼地展开，项目教学、理论实践一体化教学等要求教师以学生为主体，不断尝试新的教学方法和教学手段，培养出满足企业需求的学生，繁重的任务势必造成中职教师心理压力大增。

第二节　中职教师心理健康的管理

一、中职教师心理健康的现状

（一）国内外教师心理健康状况调查

国内外相关调查发现：教师这个职业一直被认为是压力最大的职业之一，美国压力研究机构列出的十个最具压力的职业中，城市中学教师名列第一位。由于教师在工作性质、工作对象、工作形式和工作责任等方面的特殊性在各个国家的表现大体一致，其职业压力的普遍性也被世界各国学者所接受。英国、美国、澳大利亚、马耳他以及西印度群岛等地的教师职业压力研究结果表明，教师压力普遍存在而且并不局限于某一文化背景。

在国内，教师压力问题也日渐引起了教育学和心理学工作者的关注。北京教育科学研究院基础教育研究所从北京城区和郊区随机抽取了300份教师调查问卷发现，93.1%的教师感到“当教师越来越不容易，压力很大”，并认为这已成为普遍性的重大的生活和生存问题。杭州市教育研究所对杭州市随机抽取的31所中小学的调查显示，76%的教师感到职业压力太大，13.25%的教师不太喜欢或很不喜欢自己的职业，50.8%的教师表示如果有机会会考虑换工作，只有49.2%的教师表示喜欢这一职业，愿意选择终生做教师。

国家中小学心理健康教育课题组对外公布了一项不太乐观的调查结果：使用SCL－90心理健康量表对辽宁省14个地市、168所中小学的2 292名教师的抽样检测结果表明，有51.23%的教师存在心理问题，其中32.18%的教师属于“轻度心理障碍”，16.56%的教师属于“中度心理障碍”，2.49%的教师已构成“心理疾病”。而且，从分布态势上看，小学教师的心理健康问题最为突出，其次是初中、高中。

（二）我国中职教师心理健康状况

当前，中等职业教育作为我国教育的战略突破口，在以就业为导向、以服务为宗旨的办学方针指引下，取得了长足发展，但急速发展与中职生难管理的现状给教师队伍带来了诸多心理问题。中等职业学校出现的学生管理困难的现状表现为“两低”、“两难”现象。“两低”是学生的文化素质低、思想素质低，导致学生是非辨别能力弱，在行为上自控能力差，一些违反校纪校规及不符合道德规范的事件频繁发生；“两难”是中职学校常规教学遇到困难，常规管理也遇到了困难。所以，中职教师的职业境况远比中小学教师困难和复杂得多。如何关注和维护教师的心理健康，以及如何开发教师积极正向的心理资本成为中等职业学校管理的一个新命题，值得深度关注。

1. 职业教育社会认可度低，社会话语权缺失，社会上轻视职业技能、鄙薄职业教育的认识仍根深蒂固，使中职教师职业身份的认同感普遍较低。

人们普遍认为到职业学校上学的学生是学习成绩不佳、心理素质不高的双差生，来职业学校读书实属无奈之举。同时，职业教育面向大众，学生成分复杂，素质良莠不齐。加之，技能人才成长周期较长，短期绩效不明显。导致多数人认为职业学校就是“少管所”，是替父母看管孩子的地方，是由学生身份向社会人身份转换的缓冲区，是教不出人才的，不对职业教育抱太大希望。

2. 招生引入市场化操作，校际间同质化竞争激烈，使得中职教师人人自危，自尊心和自信心偏低。

每到招生时节，全校师生全员参与，走村入户，逐人动员。有些院校为保证办学基本规模，强行给教师摊派招生任务。教师为完成任务托朋友找关系，四处奔波，教师之间为落实一名生源产生纠纷，伤害感情，严重冲淡教师主人翁意识。更有甚者，采取支付回扣、聘用社会招生贩子、地方保护等不正当的办法招揽生源，这些做法虽然取得短期效应，但从长远看，不断考量、突破教师的心理底线，使教师的自尊心受到伤害，损伤教师对学校的感情，也恶化了职业院校的社会环境和社会公信力。

3. 学生现状堪忧，问题生较多，使中职教师心理压力大，情绪失调及职业价值感降低。

多数学生对个人职业生涯认识浅薄，对社会心态消极，失去明确生活目标；学科心智较差、沉迷网络虚拟世界、心理偏执，单亲家庭和崇尚非主流文化的学生占一定比例，致使教育管理难度大、见效微，学生流失严重。另外，就业压力巨大，为促使学生及早就业，学校教育一再让步，迫使教育质量严重缩水，在一定程度上导致了教师的消极情绪。这些表象不同程度上损伤了教师对职业教育前景的认同感，感到教育失败和无能为力，忧虑职业教育的前途。

4. 学生的厌学和习得性无助使教师教育成就感差。

课堂教学中学生表现出极大的无趣，不注意听讲，不认真实习，不完成作业现象极其普遍。为调动学生学习积极性，多数教师在课堂教学的形式上煞费苦心，荒废了该有的理论研究与实践，教学测评形同虚设，流于形式。同时，学生在团队意识、沟通协作能力等方面的缺失给教师带来无可奈何、进退维谷的悲观情绪体验，对学生产生抵触和厌倦感，而自我评价降低，得过且过，应付差事，使职业教育进入误区，也使教师自己产生职业倦怠，职业预期消退，缺乏应有的职业进取精神。

二、中职教师心理健康对学生的影响

中职教师心理健康水平不仅影响其自身生理、心理的健康发展，而且还对中职学生的心理健康水平和中职教育教学质量高低有着重要影响。

随着中职教育的发展和改革的不断深入，为了培养数以亿计的高素质的劳动者，优化积极的心理环境显得尤为重要，而心理环境的优化，其主导作用在教师，教师起着决定性的作用。一个教师有没有良好的心理素质，能否有效地优化教育教学的心理氛围，直接关系到教育教学的效果和学生的成长。健康的心理是教师从事教育教学工作，完成教书育人任务的基本条件。要培养学生具有良好的心理素质，教师自身就必须有良好的心理素质，以性格影响性格，以情感陶冶情感。

（一）中职教师不健康心理对学生的消极影响

一位心理学家说过："教师每天每时都在接触学生，心理不健康的教师对学生心理健康的危害不会低于身患传染病的教师对学生身体健康的危害。"

这就是说，教师的情绪会感染学生的情绪。有调查表明：学生的不良情绪有80%来自身边的长者，这其中也包括教师。有些教师有时不知不觉地把不良情绪带进了课堂，把学生当成"出气筒"，无缘无故地对学生发火，使学生的心灵受到伤害，有的教师有意无意地贬低学生，甚至伤害学生的自尊心，使学生由此产生自卑感，失去自信，造成厌学、弃学的后果。前苏联教育家苏霍姆林斯基说过："尊严是人类心灵最敏感的角落，保护儿童的自尊心，就是保护儿童前进的潜在力量。"有些教师的偏心也极大地伤害了学生，致使后进生自暴自弃或产生逆反心理，与教师"对着干"。当学生很少得到教师的赞许和肯定，积极性就会被挫伤，师生关系会疏远，而受到教师偏爱的"好学生"中也有不少人对教师的不公平做法表示不满。

（二）中职教师健康心理对学生的积极影响

教育教学活动是师生双向互动的过程，具有良好的心理素质的教师，会用自己的行为、语言、情绪创设一种平等、民主、和谐的课堂氛围，使师生间、同学间形成良好的人际关系。教师会用饱满的情绪和热情的话语来鼓励学生、感染学生，使学生产生积极的心理状态和强烈的求知欲望，从而主动地参与教学活动，愉快地接受教育，积极地探究问题。

我们常说："教师的人格对学生的影响极大。"曾经有人指出："教师的人格，就是教育中的一切"，"教师的人格魅力是无穷的"，"言教不如身教"。黑格尔有句名言："教师是孩子们心中最完美的偶像。"教师有什么样的人格，就有什么样的教育；有什么样的教育，就有什么样的学生。只有人格才能塑造人格，教师人格对学生的影响是任何东西都不能代替的。

学生具有"向师性"，什么都会向教师学习，教师的一举一动自然都逃不过学生的眼睛，教师如果具有双重人格，不仅本身会成为道德上的伪君子，而且会对学生产生巨大的影响，使其对道德规范产生怀疑，对教师的品行产生怀疑，使教师的教育不但无效甚至产生负效应。有时教师的"一个镜头"就会胜过一周的教育，因此，教师的人格会影响学生的人格。

我们会看到，受学生喜爱的老师，常常拥有健康的心态、积极的人格魅力和感染力。

健康心态，是一种积极向上的心态，是一种乐观、感恩、年轻的心态。对事业有责任感和进取心，对学生有信心，对自己的错误有勇气承认，有稳定的情绪，并能及时剔除苦恼。

健康心态，一个方面就是要求自己要有良好、积极乐观的心态，看得开才能有好的工作态度，才能给家人、亲戚、朋友、同事、学生、家长带来轻松和快乐。多为别人着想，做事要努力让身边的人感到轻松、快乐；不斤斤计较，淡泊名利，甘为人梯；讲究社会公德，注意礼貌，平等待人。同事关系好了，师生关系融洽了，自然心情就好，做起事来就会干劲十足。

做一个学生喜欢的老师，培养良好的健康心态，才能面对复杂的问题，尤其是现阶段中职学生参差不齐的知识基础，个别学生心理发展不健全、思想道德品质不良、与老师的心理沟通存在障碍、行为习惯无规律、学习成绩不佳、不思进取和拥有大量奇怪的想法及做法等问题。老师要诚恳对待学生，与学生做朋友，对真、善、美有执着的欣赏和追求；要胸怀坦荡，能采纳不同的意见，勇于接受各种批评与自我批评，勇于改正错误，充满爱心与责任感，等等。周末可以让自己放松一下，带上照相机，拍摄些风景照片，根据学生的近况，做些明信片并附上祝福语或勉励语、劝说语，发到学生的邮箱等，不仅让学生感觉得到老师的关注，拉近师生的距离，还可以通过网络和学生沟通，了解学生近况，鼓励学生，寻找开心快乐的话题，让自己心情放松，享受一下生活的乐趣，这样更有利于教师怀着愉快的心情去面对每天的工作。

三、中职教师心理健康的维护与增进

要使中职教师有良好的心理素质，离不开社会的关注、学校的关心和教师的自身调节，需要社会认识的提高和学校整体管理对策的改进，特别是要形成以人

为本的管理模式，创设健康向上、开拓进取的良好的教学环境，促进教师健康地工作和生活。但是，最关键的还是要教师加强对自身心理健康的维护。

（一）自我认知和人格修养提升

1. 把握自我意识，完善内心和谐

作为中职教师，做到言行一致、知行合一，是心理健康的需要，也是职业的要求。自我意识是指一个人对自己的认识和评价，包括正确地认识自己、悦纳自己以及通情能力。只有正确把握自我意识，才能控制和调节自己的思想和行为，形成完整的个性，具备健全的心理。自我意识不仅是人自身的意识与行为，也受人与人之间关系的影响。中职教师对自己的能力、性格、情绪等应有适当客观的评价；善于弥补自身的缺陷，发展自身潜能；尊重他人，承认他人与自己的不同。中职教师的价值在教书育人的教育教学过程中体现，须深信教育对社会的贡献，热爱教师职业，关爱学生。在经济飞速发展的时代，市场对技能型人才的需求不断变化，中职教师须不断更新教育理念和教学方法，不断提高自己的业务素质和业务能力。面对如此繁重的付出，很多教师会有不平衡感，易受到经济利益的冲击，感觉教师这个职业的经济回报不足以满足自己的生活需要，会产生职业倦怠。为此，教师要找到自身的支撑点和平衡点，找到从事教师职业的荣誉感和责任感，从而产生高度的奉献精神和责任感。

2. 调整期望值，提高自信心

教师被誉为“人类灵魂的工程师”，教师是博学的、高尚的、无私的、智慧的，这些“高帽”给教师带来了很大的心理压力。许多中职教师对自己的要求很高，追求完美，希望在学生面前的形象完好，随时随地接受着监督。其实，教师也是平凡人。随着中职教育的快速发展，教师对中职教育的成果期望很高，但由于受到经济条件的限制和生源质量的影响，往往很难达到预期的教育目标。教师对自己所培养的对象设定的目标如达到了，自信心会增强，一旦达不到，就会受挫，容易失去工作热情。面对这种情况，教师首先要学会适时调整期望值或延迟期望的实现，对没有实现的目标、没有教育好的学生要分析原因，不要急于求成，通过进一步的尝试，或许就会收获成功的自信。

3. 培养良好的个性和广泛的兴趣

对中职教师而言，教书育人是工作的核心，工作是人生的主要内容，但是要知道工作不是人生的全部。在工作过程中，要注意自己个性的培养，要保持良好的心理状态和自我评价，不能人云亦云。个性上的弱点往往是产生心理问题的主要原因，因此，中职教师要学会扬长避短，保持良好、稳定的心理状态。在工作中难免会遇到一些不如意，要在工作之余多参加一些自己感兴趣的活动，培养自己广泛的兴趣和爱好，陶冶自己的情操，能够把一切烦恼抛在脑后，这也有利于提高工作热情和人际交往能力。

4. 学会建设性地宣泄和排解不良情绪

中职学生是一个特殊群体，中职教师来自教学和学生管理方面的压力很大，必然会产生一些不良情绪。不良情绪长时间积累将会影响中职教师的正常工作和生活，中职教师要学会适当宣泄和排解不良情绪。可以从两个方面入手：一是在身体方面，经常参加一些体育锻炼和户外活动，亲近大自然，呼吸新鲜的空气，靠自然的力量来放松自己的身体和心情，开阔心境；二是从心理上放松，找朋友聊聊天，必要的时候甚至可以大哭出来，或用日记宣泄一下不良情绪，或听听音乐等，让自己从工作的压力中走出来，换一个视角看世界，会发现别样的风景。

（二）有效的压力管理

1. 认识压力

（1）什么是压力

形形色色的压力，其本质都包含三个要素：压力是由某种刺激引起的（压力源）；压力是个体所察觉到的一种威胁，是一种主观感受（担心不能承受）；压力是一种反应（保护性和适应性）。当一个人面对压力情境时，他的身体、认知、情绪、行为等各方面都会出现一系列变化，这些变化有助于人体进行自我保护和适应环境要求。

（2）压力存在的意义

心理学上有一种感觉剥夺实验证明：生命活动的维持需要一定水平的外界刺激。只要一个人活着，压力就不可避免，而且是必需的。实验告诉我们：没有压力，就没有成长。一个人如此，一个地区、一个国家的发展亦是如此。

心理研究还表明，适度的压力可以使人更高效地工作，但长期超负荷的压力会使人身心疲惫、厌倦、沮丧、悲观、失望，会使人失去创造力和工作的活力，严重的甚至出现自杀、伤人现象。

（3）压力的特性

了解压力的特性，有助于中职教师采取正确态度和有效的方法应对。压力是有积极作用和消极作用的；压力是有累积效应的；压力是可以转移到躯体状态的，比如公开课或重大比赛前的心理紧张会引起腹泻、口腔溃疡等，长期的工作量过大、忍气吞声，会引起头晕、乏力、易疲劳等状态；压力也是可以向不同对象转移的，如一个人在工作中生气，回家向家人发怒或打骂，形成转向他人的攻击或者对自身伤害的自残行为。

（4）压力对健康的影响

压力与心血管疾病有着密切关系。因为在压力状态下为了促进身体的能量应用，肾上腺受到刺激排放肾上腺素和去甲肾上腺素，其作用在于增加心血管活动，结果使得心脏负担加重，甚至导致心血管疾病，如心脏病和高血压。临床发现，巨大的或长期的压力可以直接导致心血管疾病，或者使已有的疾病迅速恶化，最极端的情况就是猝死。压力使中枢神经兴奋性增强，生物节律被打乱，导致失眠、多梦、早醒等症状。长时间压力过大得不到缓解，可引起神经紧张和肌张力增强，时间一长，就会出现肌肉疼痛、僵硬，导致紧张性头痛和偏头痛等症状。

压力与心理状态。压力影响个体的认知能力（反应过敏，注意范围狭窄，不能全面分析问题，不能有效解决问题）；压力影响个体的不良情绪（焦虑、抑郁、恐惧、愤怒）。

压力与社会适应。压力会导致行为改变，产生自我保护和防御；压力会导致敌对和攻击性行为；压力会引起逃避、信赖和被动攻击；压力会影响个体的社会适应，使自己孤立无援，脱离社会。

压力与家庭关系。压力会使人对家庭的兴趣和关心减少；对家人缺乏耐心，态度冷淡；使家庭生活质量下降等。

2. 分析压力源

（1）生活中的压力

个人发展：儿童和青少年阶段——完成学习任务、处理同伴关系和亲子关系；青年期——找工作、谈恋爱、结婚、生育、衣食住行；中年期——事业发展、赡养老人、养育子女、生理功能衰退产生的力不从心、挫折失败等。

家庭方面：经济负担；夫妻生活习惯、价值观、个性爱好、交往方式、相互信任、性生活、心理需求和行为方式的差异；与老人的关系；子女教育；家务劳动；其他（家人生病或残疾需要照顾，亲戚有困难需要资助等）。

人际关系方面：社交恐惧，孤独，敌意和冲突，过分顺从等。

（2）工作中的压力

工作本身：个人能力、个性与工作要求不匹配（如：从任课教师到班主任）；角色模糊、角色冲突；工作超负荷或负荷不足；缺少有关绩效的反馈信息；工作责任大；对工作缺乏控制感。

人际关系：同事、上下级、客户、合作伙伴关系等。

工作环境：组织文化、组织结构、物理环境不良。

职业发展前景：对未来迷茫，看不到希望。

3. 压力管理策略

运用情绪 ABC 理论进行认知改变：

A——activating events，诱发事件；

B——beliefs，对这一事件的评价或信念；

C——emotional and behavioral consequences，情绪反应及行为后果；

D——disputing irrational beliefs，驳斥干预；

E——effect，效果（新的认识）；

F——new feeling，新的感觉（情绪的改变）。

应用步骤：

（1）弄清什么是非理性观念——片面的、不合理的固有观念。

（2）掌握辨别合理观念与不合理观念的界限（见表3－1）。

表3－1　合理观念与不合理观念的界限

合理观念	不合理观念
大都基于已知的客观事件	包含着更多主观臆测成分
使人能保护自己，让自己愉快地生活	让人产生情绪困扰
使人更快地达到自己的目标	使人因无法达到不合理的目标而烦恼
使人不断调整自己，积极面对困难	使人把责任推向他人，自己陷入无奈的境地
使人阻止或很快消除情绪冲突	使情绪困扰持续相当长的时间并造成不良反应

（3）找出引发不良情绪的非理性观念及关键词。

非理性观念具有以下三大特征：

绝对化的要求。关键词为“必须，应该，一定，绝对”；

过分概括化。关键词为“总是，从来都，天生如此”；

糟糕至极。关键词为“灾难化，彻底失败了，世界末日到了，全完了”。

（4）通过对非理性观念的认识和纠正，找出合理的观念。

（三）在积极心理学指导下建立职业幸福感

在积极心理学理念的指引下，建立“做幸福的教师，传递幸福的教育，享受教育的幸福”的职业价值观和职业幸福感。

幸福的教育需要幸福的教师：有了幸福的教师，才可能有幸福的学习，才可能有幸福的学生。做幸福的教师，教师要有职业幸福感；做幸福的教师，就要积极创造性地实施幸福教育；做幸福的教师，就要学会享受教育的幸福。教育不是一种谋生的职业，而是一种幸福的事业；教育不是简单的重复，而是艺术的创造；教育不是无私的奉献，而是自我的实现！

总之，教师的工作不是机械性的重复，教育是个性和创造性极强的工作，它需要旺盛的体力，良好的心态。中职教师面对的学生正处在身心发育的关键时期，他们的人生价值观和认同感还不够成熟，不善理解教师的教导和付出，叛逆感强烈。每天都会有不确定的因素影响着教师的工作和生活。此时，中职教师更需要组织的理解和鼓励，需要社会的认可和支持，需要家人的关心和体谅。社会要重视中职教育的必要性和重要性，学校领导要全面认可教师的劳动和付出，给教师适当的物质和精神鼓励，让教师感受到成就感。政府及教育主管部门，都应该密切关注教师的生理、心理健康，不但要大力倡导尊师重教，还要将着眼点放在作息时间、工作量、工作状态等一些具体、实在的内容上。对教师进行定期或不定期的体检固然重要，更重要的是要让他们病有所医，享有较好的医疗卫生服务，为他们创造宽松和谐、心情舒畅的工作和生活空间，使他们能够保持良好的工作、生活状态。教师自身更要学会建立自己的支持系统，建立和谐的人际关系，拓宽自己的生活接触面，丰富自己的生活。

【建议参考资料】

1. 朱慧春，江连凤．塑造成功心理［M］．北京：开明出版社，2003.

2. 张力．职业院校教师心理资本开发策略的思考［J］．邯郸职业技术学院学报，2010，23（2）：50－52.

3. 王波涛，王义荣．关于中职教师心理压力的调查研究［J］．职业，2011（26）．

【问题与思考】

1. 教师的积极心理状况对学生有何积极影响？其消极心理状况对学生的危害有哪些？

2. 讨论压力对于个人职业成就影响的利与弊。

3. 评估自身的压力状况，分析压力源后，交流适合职校班主任的压力管理对策，彼此分享一些简单实用的减压方法。

第四章　中职学生
心理健康教育的实施途径

【本章提要】

本章主要介绍针对中职学生心理健康的教育实施途径，通过个别心理咨询、团体心理咨询，以及心理健康课的开展等使学生得到帮助，使其困扰得到解决。还介绍了学校以班级为平台在班级管理中如何渗透心理健康教育，在教育教学中如何帮助学生缓解心理压力，以及相应的在校园文化建设中心理健康教育的渗透。

【学习重点】

1. 在教育教学中心理健康教育的实施
2. 个别心理咨询和团体心理咨询的开展
3. 班级管理中如何应用心理学原理
4. 学科教学中对学生心理健康的关注

【重要术语】

心理咨询　个别心理咨询　团体心理咨询

第一节　中职学生心理咨询

一、心理咨询的概述

（一）心理咨询的定义

“心理咨询”由英文 counseling 翻译而来。counseling 一词在英文中的原意为“咨询”，其用途是多种多样的，像“投资咨询”、“法律咨询”、“购物咨询”等，从事此类工作的人员主要是向他人提供必要的信息、建议，或者进行必要的劝说。但就心理咨询而言，其含义则大不相同，尽管目前还没有一个为众人所公认的定义。

美国咨询与发展学会（American Association of Counseling and Development, AACD）和美国心理学会咨询心理学分会（Association of Counseling Psychology, ACP）都对心理咨询进行了明确、详细的定义和解释，其要点可以归纳为如下几个方面：

1. 心理咨询是一种职业。

2. 咨询者应该具有成熟的、热情的人格品质。

3. 心理咨询所关心的是个人的、社会的、职业的和教育的问题。

4. 心理咨询的对象是其他功能处于“正常状态”的人，他们具有调整、适应和发展的需要，所要解决的问题只需进行短期的干预或治疗。

5. 心理咨询以特定的理论和方法为基础，有固定的工作场所。心理咨询者以行为理论、认知理论、情绪理论等为依据，在特定的工作环境中，对个体、团体、家庭进行咨询。

6. 心理咨询中的双方是一种平等的关系，咨询者注重来访者所希望达到的目标，通过咨询使来访者掌握进行决策的方法，形成新的思路、情感和行为表达方式。

7. 心理咨询所涉及的范围极为广泛，包括学校咨询、婚姻和家庭咨询、心理健康咨询、康复咨询、职业咨询等领域，每一个领域都对咨询者有独特的专业教育和经验要求。

（二）心理咨询在我国的发展状况

钟友彬教授曾专门撰文讨论我国心理治疗与咨询发展的几个阶段。他认为，我国这方面的工作起步较晚，比发达国家（如美国）至少落后了半个多世纪。他根据对国内公开发表的研究论文的统计分析，把我国的心理治疗与咨询工作分为空白、准备和初步发展三个阶段。据有关文献记载，1917 年，在美国的职业指导运动的影响下，我国的有关人士曾在江苏成立了“中华职业教育社”，开展职业指导，进行调查研究、分析和介绍职业等工作。在进行心理测量方面，工作也开展得较早、较多。约从 20 世纪初开始，已有一批心理学界、教育学界的人士开始从事心理测验的编制、修订和测查工作。到三四十年代已有专门的《测验》杂志创刊，并出版过 20 余种相关书籍。但这些工作还不是当今我们所说的咨询工作的主流。据记载，只有心理学家丁瓒曾在某工厂医务室做过心理咨询工作，但未留下多少文字资料。1949 年以后，心理咨询与心理治疗在不同的时期发展状况不同。结合钟友彬先生的阶段划分法，本书将咨询与心理治疗在我国的发展划分为四个阶段：启动阶段（1949 年至 1965 年）、空白阶段（1966 年至 1977 年）、准备阶段（1978 年至 1986 年）、初步发展阶段（1987 年至今）。

（三）我国心理咨询存在的问题

当然，在我国心理咨询事业蓬勃发展的同时，也存在一些值得注意的问题。

1. 我们在开展心理咨询与治疗工作方面，缺少必要的专业训练。

2. 我国目前的心理咨询与心理治疗工作尚缺乏自己的专业刊物。

3. 对此项工作领导重视不够，各方人士理解不够，这是广大专业工作者所面临的现状。

（四）针对中职学生的心理咨询

所谓中职学生的心理咨询，指的是运用心理学原理和方法，对中职学生在学习和生活过程中碰到的一般心理问题给予直接或间接的辅导和帮助，并对有关心理障碍或轻微精神疾患进行诊断和协助矫治的过程。

1. 中职生心理咨询的内容

中职生心理咨询的内容主要包括心理发展一般问题的咨询、教育与学习咨询、升学与就业咨询、中职生常见心理异常与心理障碍的咨询四大方面。

2. 中职生心理咨询的种类与形式

中职生心理咨询的种类按照不同的标准可有不同的划分。按照咨询对象的人数可以划分为个别咨询和团体咨询，按照来访者为谁可分为直接咨询和间接咨询。下面我们在这里主要介绍其中两种：个别咨询和团体咨询。

二、中职学生个别心理咨询

个别心理咨询是一位咨询员对单个学生进行的咨询。个别咨询既可以采用面谈的方式，也可以通过电话、信函等其他方式进行。在个别咨询中，咨询对象一般顾虑较少，可以毫无保留地表达自己的真实想法，倾吐内心的秘密。这种咨询有利于咨询人员对来访者进行耐心、深入的帮助。但是这种形式费时、效率低。与一般心理咨询相同，以中职生为对象的咨询过程也要遵循以下步骤。

（一）收集背景信息

收集与来访者问题有关的背景信息是整个咨询过程的基础和前提。这一步骤多在咨询开始时进行，也可随着咨询进程不断完善。收集信息的目的是为了弄清来访者的问题背景，有的放矢地解决问题。其中包括：

1. 来访者的基本情况。

2. 来访者的社会关系。

3. 来访者可能出现的心理问题。

（二）咨询关系的建立

咨询关系是指心理咨询师与求助者之间的相互关系。任何心理咨询学派的理论与方法，都必须以良好的咨询关系为平台，所以，建立良好的咨询关系是心理咨询的核心内容。而正确的咨询态度是建立良好咨询关系的重要基础。要建立良好的咨询关系需要咨询人员做到以下几点：

1. 尊重。意味着把求助者作为有思想感情、内心体验、生活追求和独特性与自主性的活生生的人去对待。尊重求助者，不仅是咨询师职业道德的起码要求，也是助人的基本条件。尊重体现在对求助者现状、价值观、人格和权益的接纳、关注和爱护上。在表达尊重时应注意以下问题：

（1）尊重意味着完整接纳。

(2) 尊重意味着一视同仁。

(3) 尊重意味着以礼待人。

(4) 尊重意味着信任对方。

(5) 尊重意味着保护隐私。

(6) 尊重应以真诚为基础。

2. 热情。热情与尊重相比，与求助者的距离更近些。尊重是以礼相待，平等交流，富有理性色彩。而热情则充满了浓厚的感情色彩。仅有尊重没有热情，咨访之间会显得有些公事公办，两者结合，才能情理交融，感人至深。可以通过以下方式表达热情：

(1) 求助者初次来访时适当询问，表达关切。

(2) 注意倾听求助者的叙述。

(3) 询问时耐心、认真、不厌其烦。

(4) 咨询结束时，使求助者感受到温暖。

3. 真诚。真诚是指在咨询过程中，咨询师以"真正的我"出现，没有防御式伪装，不把自己藏在专业角色后面，不戴面具。不是在扮演角色或例行公事，而是表里一致、真实可信地置身于与求助者的关系之中。在表达真诚的时候需要注意以下问题：

(1) 真诚不等于说实话。

(2) 真诚不是自我发泄。

(3) 真诚应实事求是。

(4) 真诚应适度。

4. 通情。通情被人本主义心理咨询家认为是影响咨询进程和效果的最关键的咨询特质。按照罗杰斯（C. Rogers）的观点，通情是指体验别人内心世界的能力。它包括三方面的含义：咨询师借助求助者的言行，深入对方内心去体验他的情感、思维；咨询师借助于知识和经验，把握求助者的体验与他的经历和人格之间的联系，更好地理解问题的实质；咨询师运用咨询技巧，把自己的通情传达给对方，以影响对方并取得反馈。

5. 积极关注。即对求助者的言语和行为的积极面予以关注，从而使求助者拥有正向价值观。为了有效地使用积极关注，应当注意以下几点：

(1) 避免盲目乐观。咨询师不应泛泛而谈，应针对求助者的实际问题，客观地分析其现有的不足，同时帮助分析其拥有的资源。不能只看到求助者的失败和缺点，也不能过度乐观。

(2) 反对过分消极。与盲目乐观相反，有些咨询师则是走向另一种极端，咨询师的过分消极会让求助者也越来越消极，越来越沮丧，失去了咨询的意义。

(3) 立足实事求是。积极关注应建立在求助者客观实际的基础上，本着实事求是的态度。让求助者多关注自己的光明面，帮助其发现自己的潜力和闪光点。促进求助者自我发现与潜能开发，达到心理健康的全面发展。

（三）制定个体心理咨询方案

1. 确定咨询目标

（1）全面掌握求助者的有关资料，列出求助者的全部问题。

（2）判断求助者心理问题的类型和严重程度。

（3）选择优先解决的问题。

（4）向求助者说明有效咨询目标的基本要素，一个有效的咨询目标，应该具有以下要素：具体、可行、积极、双方可以接受、属于心理学范围、可以评估、多层次统一。

（5）近期目标和远期目标的整合。

2. 制定咨询方案

咨询方案是必需的。有了实施方案就可以满足求助者的知情权。咨询方案应由双方在相互尊重、平等的气氛中共同商定。一般来说包括以下内容：

（1）咨询目标。

（2）双方各自的特定责任、权利与义务。

（3）咨询的次数与时间安排。

（4）咨询的具体方法、过程和原理。

（5）咨询效果及评价手段。

（6）其他问题及有关说明。

（四）个体心理咨询方案的实施

通过运用参与性技术，澄清问题和启发、引导求助者自我探索，达到个别心理咨询的既定目标，这一过程是实现咨询目标的过程。根据来访者问题的具体情况，这一过程可简可繁，可长可短。一般性的指导问题，如学习指导或升学指导可在很短时间内完成，而比较复杂的心理与行为障碍问题，则需要长时间的反复治疗。最初确定的方案可以根据实际情况随时调整。在这里需要的参与性技能要点有：

1. 倾听。

2. 开放式询问与封闭式询问。

3. 鼓励与重复技术。

4. 内容反应。

5. 情感反应。

6. 具体化。

7. 参与性概述。

8. 非言语行为的理解与把握。

在咨询过程中咨询师还要学会识别和处理阻抗、移情等。

三、中职学生团体心理咨询

（一）什么是团体

团体是指两个或两个以上独立的个体通过互动，互相影响的个人集合体。但并非任何个人的集合都是团体。没有统一目标，缺乏团体意识和可认定的团体成员，没有互动和相互依存关系的个人集合，不能称做团体。一个有意义或有功能的团体，必须具备四个要素：第一，有一定规模，即由两个以上的人组成。第二，彼此有共识，即有共同的目标、理想、兴趣、价值，志同道合，荣辱与共，共识越多，团体的凝聚力就越强。第三，互相影响，即成员有互动，彼此了解、关怀、支持、鼓励、欣赏、协助等属于正向互动，而彼此挑剔、责备、讽刺、挖苦、欺骗、打击等属于负向互动。团体内成员若缺乏互动，则冷漠且无生机；成员之间正向互动越多，则团体越健康越有活力；负向互动越多，则团体可能离心离德、分崩离析。第四，形成规范，即通过共识和互动，形成团体规范，且为大家所遵守。明文的规范如生活公约、校规、法律等，潜在的规范则是团体成员间的一种默契，包括道德、风俗、习惯等。规范越清楚，且为大家所遵守，团体越健全、稳定。若团体缺乏规范，成员将会处于无序状态，易导致团体的解体。

（二）不同类型的团体

1. 教育团体：通过提供信息及团体成员分享来实施教育功能。

2. 讨论团体：通过围绕某一话题而不是成员个人问题，交流思想、观点、信息。

3. 任务团体：针对某项特定任务，通过团体成员讨论和相互配合与行动从而完成任务。

4. 成长团体：团体成员在分享和倾听的氛围中有机会探索和发展个人目标并更好地理解自己和他人。

5. 咨询团体：成员因为生活中的某些问题或心理困扰需要解决而参加的团体，通过团体动力或互动来解决问题。

6. 支持团体：参加者通过交流思想和感受，彼此帮助解决某些问题和忧虑，相互支持，提高面对困难的信心和勇气。

（三）团体心理咨询定义

团体咨询是从英文 group counseling 翻译而来的。group 也可译为小组、群体、集体，counseling 亦可译为咨询、辅导，所以团体咨询与团体辅导、小组辅导、集体咨询的概念是相同的。

团体心理咨询是指在团体情境中提供心理帮助与指导，它通过团体内人际交互作用，促使个体在交往中观察、学习、体验，并借此认识自我、探讨自我、接纳自我，调整和改善与他人的关系，学习新的态度与行为方式，从而发展出良好的社会适应能力。

心理学研究证明，团体对一个人的成长与发展有着重要的影响。因为人是社会动物，人必须作为团体中的一员，需要和期望才能得到满足。即每个人的成长都离不开团体，在人成长的各个不同阶段，需要有不同的团体来支持，尤其是当人彷徨无助碰到困难时，团体往往可以扮演重要角色，发挥助人的功能。心理咨询的实践已经充分证明，在帮助那些有着共同成长课题和有类似问题及困扰的人时，团体心理咨询是一种经济而有效的方法。

1. 团体咨询的优点

（1）成员间相互支持、相互影响、进行多向交流，感染力强。

（2）可解决咨询员不足的矛盾，扩大来访者的数量，提高咨询工作的效率。

（3）对克服孤僻、害羞等社交障碍具有重要作用。

2. 团体心理咨询的类型

（1）根据所依据的理论不同，团体咨询可分为以下四类：

①精神分析团体心理咨询

精神分析团体咨询与治疗是将精神分析的理论、原则和方法应用于团体成员的一种形式。其目的在于揭示团体中每个成员的潜意识，使之上升到意识层面，以此促进成员的自我了解，认识并领悟自己被压抑了的种种冲动和愿望，最终消除症状，较好地适应和处理各种生活情境与挑战。

在精神分析团体咨询与治疗中采用的主要技术包括：启发并鼓励成员作自由联想，对成员的梦与幻想进行解析，分析阻抗，揭示移情与反移情等。

精神分析团体咨询与治疗通常由8—10人组成，每周一次，每次1.5—2小时，成员围坐在一起谈自己的问题，谈自己的感受、联想、愿望。领导者在恰当的时候作出分析和解释。精神分析团体咨询与治疗的适应症主要是神经症和人格障碍。

②行为主义团体心理咨询

行为主义团体咨询与治疗是把行为疗法用于团体咨询与治疗，它具有四个特征：第一，用具体的行为主义的术语来阐述问题，并确定目标；第二，所有的方法与技术都是针对成员的外部行为或症状本身；第三，对适应不良行为和新行为进行客观的测量与评定；第四，采用学习原则促进团体成员的行为变化。

行为主义团体咨询与治疗的常用技术与方法包括：集体系统脱敏，集体放松训练，示范疗法，角色扮演，社交技能训练等。

③认知—行为主义团体心理咨询

认知—行为团体咨询与治疗是指在团体情境下将认知疗法与行为疗法相结合，帮助团体成员产生认知、情感、态度、行为方面的改变。按照认知行为疗法的基本观点，个体的心理障碍和行为问题产生于错误的思维方式以及对现实的错误感知。因此，只有帮助个体学会辨识并且改善这些不合理的信念、价值观、感知、归因等认知及其过程，才有可能有效地改变不适应的行为。

在认知—行为团体咨询与治疗中，以美国临床心理学家埃利斯（A. Ellis）于20世纪50年代创立的合理情绪疗法（简称RET法）应用最为广泛。20世纪80年代，埃利斯将这种方法与技术概括为三部分：RET认知团体治疗技术、RET情感团体治疗技术、RET行为团体治疗技术。具体技术包括：与不合理信念辩论、重新构想技术、认知家庭作业、合理情绪想象、角色扮演、脱敏技术、技能训练等。认知—行为团体咨询与治疗适应症包括各类焦虑症、抑郁症、冲动行为等。

④会心团体心理咨询

会心团体咨询也称为交朋友小组、坦诚团体，译自于英文encounter group，是美国人本主义心理学家罗杰斯倡导并首创的团体咨询方法，他的理论基础是罗杰斯的以人为中心的疗法理论。

会心（encounter）最初的含义是交往，心与心的交流，但现在使用这个词往往有三种含义：第一，广义上指人类潜能开发运动；第二，一般指包括T—小组、敏感性训练团体、心理剧、格式塔专题讨论会等集中的团体体验；第三，狭义专指基于罗杰斯理论与实践而发展的团体咨询，通常也称为基础会心团体（basic encounter group）。

（2）根据功能分类团体咨询可分为：成长性团体咨询，训练性团体咨询，治疗性团体咨询。

3. 不同目的的团体练习

（1）促进团体成员相识的练习

使用目的：良好的开端是成功的一半，团体形成初期，成员能否尽快相识，直接影响到团体凝聚力的形成。但是，初入一个陌生的团体，一般人都会有或多或少的紧张、焦虑，因此采用一些轻松的练习，有助于成员在第一次聚会时有所认识，在以后的练习中互相配合、支持协作。练习如"谁是谁"、"棒打薄情郎"、"找朋友"等。

（2）建立相互信任与彼此接纳的练习

使用目的：凝聚团体的共识，强化团体的向心力；培养团体的默契，增强成员的互信基础；强化成员在团体中的自我价值感；促进成员的互动状态；强调成员之间互助合作的精神；通过练习的特殊设计可以激发成员的思考和创造力。此类练习有"信任之旅"、"戴高帽"、"信任圈"等。

（3）加强团队合作的练习

使用目的：通过团体成员之间的合作练习，促进成员积极互动，充分体验团体对个人的重要性。团体合作需要主动，成员需要自觉根据任务找准自己的位置，互相配合。练习如“同舟共济”、“无家可归”、“解开千千结”等。

（4）促进成员自我探索的练习

使用目的：促进成员了解自己、接纳自己，进而认识别人、接纳别人。练习如“我是谁”、“我了解自己吗”、“我的核桃”、“人生曲线”、“自画像”等。

（5）探索家庭影响的练习

使用目的：每个人的成长离不开家庭与环境。个人性格的形成与家庭关系密切。通过练习，探索家庭对个人成长的影响，家人对个人性格的影响，自己在家庭中扮演的角色，从而增进自我了解。相关练习有“原生家庭”、“家庭关系中的我”、“当我小的时候”等。

（6）澄清价值观的练习

使用目的：训练成员更深入地觉察价值的形成过程。强化成员分析、判断事物的能力。提升成员从事“作决定”的能力。鼓励成员公开表达自己的思想、观念和看法。学习如何尊重和接纳别人的意见。培养成员更宽广的视野和观点，能从多种角度来判断事物。练习如“火中取物”、“墓志铭”、“价值拍卖”等。

（7）集思广益互助解难的练习

使用目的：“三个臭皮匠，赛过诸葛亮”，群策群力可以给人更多的信心和鼓励，发挥每个人的独特之处，成员之间互相帮助。常用练习有“热座”、“脑力激荡”等。

团体咨询和个别咨询是心理咨询的两大支柱，两者各具独特的功能，可以为不同需要的人，在不同情况和层面提供帮助。团体咨询与个别咨询尽管形式不同，但并不相互排斥，而是相辅相成，根本目的是一致的，都是为了帮助个人自我发现、自我指导和适应社会。也就是说，无论哪种形式都是为了个人成长发展和适应。

第二节　中职学生心理健康教育课程的建设

一、心理健康教育课程的概述

（一）心理健康教育课程的意义

1. 心理健康教育课程是中职学校心理辅导的重要组成部分

中职学校心理辅导的基本途径有两条，一条是对全体学生进行心理教育，另一条是针对有心理困扰的学生进行心理咨询。而心理健康教育课程承担起实现第一条途径的辅导任务，成为其有效的表现形式。从学校心理辅导的形式看，近年来，我们在实践中创造了不少的操作模式。一种是各种形式的集体辅导活动，包括心理训练、专题辨析、情景设计、角色扮演、游戏辅导、心理知识讲座等；一种是教育教学中的心理辅导，包括学科教育中的心理辅导、班主任工作中的心理辅导、团队活动中的心理辅导等；第三种是个别咨询、团体咨询。而心理健康教育课程正是从第一种模式里面的众多辅导活动中发展出来的。

2. 心理健康教育课程是素质教育的重要途径

在中职学校开设心理健康教育课程是全面实施素质教育的需要，是教育思想进步的体现，是教育发展和改革的必要，是学校端正教育观念、遵循教育规律的积极思想。它不仅继承了传统教育，还弥补和发展了过去教育中的不足。心理健康教育课程的开设是现代教育的标志，是追求教与学和谐一致、协调学生身心发展、培养一代新人的重要途径。

（1）从培养目标看

中职教育着眼于受教育群体和社会长远发展的需要，面向全体学生，促进学生全面发展，培养学生的自主学习能力和自我发展能力。心理健康教育课程就是面向全体学生，帮助并服务于全体学生，按照学生心理发展的规律和个性特点，有目的、有计划、有步骤地全面提高学生的心理品质，激发潜能，健全人格，增强承受挫折和适应环境的能力。可见其课程目标是为全面实施素质教育奠定基础的。

（2）从教育模式看

素质教育是一种教育思想，又表现为一种教育实践模式。不仅强调全面性，还强调基础性和发展性。

所谓全面性，即面向全体学生。心理健康教育课程就是面向全体学生，以班级为单位，针对不同年龄层次、不同心理发展水平的学生，组织教学内容，选择活动方式。让全体学生参与到课程中，在活动中体验和得到启示，从而实现自助和互助。

所谓基础性，是基础教育的本质体现。基础教育的对象就是青少年学生，基础教育就是要为学生的成熟和走上社会获得基本知识和技能，促进基本素质的提高。而心理健康教育课程根据学生的实践活动编排内容，针对学生心理发展需要开展辅导活动，它不仅可以有效促进学生的心理成熟，提高学生心理品质，还可以有效地帮助学生全面发展、全面提高。

所谓发展性，是在基础教育阶段培养学生学会终身学习和发展的能力，在德智体等方面打好基础，这是为教育可持续发展作好准备。心理健康教育课程就是要帮助学生正确地认识自己，培养自尊、自信，发展自己的各种能力，充分开发潜能，学会学习、学会做人、学会生存。

（3）从教育方法来看

素质教育既强调面向全体学生，又强调要根据学生的个性发展因材施教。而心理健康教育课程能够把各年龄层次学生的群体培养目标与每一个受教育者的具体发展目标统一起来，真正做到面向全体学生，改进教育方法，实施因材施教，重视学生个性发展。

3. 心理健康教育课程是课程改革的重要补充

课程教材改革是落实素质教育的关键性环节，课程教材改革要求注意学科间的相互衔接，要求在课堂教学中能够运用一切有效的方法和手段，启发学生的学习兴趣，给学生以更多独立思考问题和自我发展的机会，促进学生生动活泼、主动地学习和成长。而心理健康教育课程恰恰是对学科课程的改革和补充。学科课程的主要功能是将社会文化和知识传递给学生，以知识为载体、以知识传递为中介，使学生获得智慧和技能，它以社会发展为基本出发点。它的局限性在于常常难以顾及个体发展的差异性和需要，难以发挥个体的主动性和创造性。心理健康教育课程主要的功能是促进个体身心健康，以个体经验为载体，以活动为中介，使学生获得学习、生活、社会适应与发展的技能。它以个体的发展为基本出发点，可以极大地调动学生学习的主动性和创造性。

（二）心理健康教育课程的设置与实施原则

1. 全面性原则

学校心理健康教育课程的功能在于通过对学生进行一定的引导、指导、协助和服务，来促进学生的成长和发展。它不能够像心理咨询那样和学生做一对一的交流和辅导，也不像单纯的心理治疗那样，以有个人无法处理的心理障碍的极少数学生为服务对象，它应面向全校的全体学生。当我们在全体学生辅导工作中取得成效时，个别学生的问题便较少发生，或更易于解决。这个原则要求我们在设计心理健康教育课程的目标和内容、制订课程计划时要着眼于全体学生，要考虑大多数学生共同需要与普遍存在的问题；组织活动时也要努力地创造条件，让尽可能多的学生参与其中，特别要给那些内向、沉静、腼腆、害羞、表达能力差，不大引人注目的学生提供参与和表现的机会。要从知识传播、能力培养、个性发展、身心协调等方面出发，让知、情、意、行有机统一，突出做人素质的全面提高。为此，课程的实施方法多种多样，活动内容丰富，面向全体学生，涉及学生的德、智、体、美、劳诸方面。课程的活动涉及的内容有：学生的适应问题、学习辅导问题、人际交往问题、情绪调节问题、自我意识问题、个性培养问题、升学就业问题、危机干预和生命教育问题、青春期发育问题、休闲和消费问题，等等。

2. 整体性发展原则

心理健康教育课程要追求学生人格的整体性发展。从社会价值取向看，它重视学生德、智、体、美全面发展；从满足学生自我完善的需求看，它注重学生知、情、意、行几方面协调发展。心理健康教育课程的对象是完整的活生生的人，而不是人的局部、人的智能侧面或人的心理问题。因此要能够树立学生全人发展的观念，要关注学生人格整体的完整。即使是从事学习辅导，重点也不在知识的获得，而是学生学习态度、习惯、方法的改变，以及让学生能增强学习信心、享受学习的乐趣。

3. 学生主体性原则

心理健康教育课程的基本功能是促进学生的成长与发展。心理素质的形成和发展，必须依赖于主体自身的主观能动性，依赖于主体的自我教育过程，即依赖于主体自身与外界环境之间的互动，通过主客体的交互作用，使心理结构趋于完善化、复杂化、平衡化，从而使心理机能得以提高，心理潜能得以发挥。如果学生缺乏主动精神，缺少受辅动机，辅导不但不能够达到一个好的效果，而且还很可能引起学生的抗拒、冷漠和敌意。同时，心理辅导是一种助人自助的过程，助人只是手段，让学生自助才是目的。此外，青少年期是学生自我意识和独立倾向快速发展的时期。处于这一时期的学生渴望通过自己的独立思考与主动探索解决面临的问题，检验个人影响环境和控制自己的能力。他们往往会对成人的过度保护表示反感。因此，以上种种都要求我们在心理健康教育课程的教学过程中，要充分调动学生的主体积极性和创造性。教师切忌把这门课上成知识的灌输课，应不断发现学生身边经常遇到的心理问题，并借题点拨，促其自悟，使学生真正领悟问题实质，认知水平得以提高。为了能够很好地遵循学生主体性原则，可以从以下几个方面入手：

（1）心理健康教育课程不能以传授系统学科知识为目的，其设置、内容的选取与安排应充分以学生需要为出发点，围绕学生关心的实际问题和存在的问题来进行。唯其如此，心理课才能唤起学生的兴趣，成为学生自觉的需求，而不是一门必须完成的功课。

（2）心理课上要让学生“唱主角”。增加学生的自主活动，让学生能够多说、多想、多做，真正成为活动的主体，实现自我体验、自我启发、自我教育。学生是参与、完成心理辅导活动的主体，教师的作用是从旁协助，提供建议，因此应注意突出学生的主体地位。在活动设计中要给学生发挥想象力留有余地；在辅导过程中要鼓励学生发表看法、宣泄情感、探索解决问题的办法。在与学生沟通的过程中，作为协助者，教师应避免使用“你听我说”、“我告诉你”之类的命令式、灌输式的口吻，宜用鼓励性的、商量式的语气说话，例如“我能体会”、“原来如此”、“请继续讲”、“你的意思是不是这样”、“请听听我的意见”、“我想作一点补充”、“如果这样看是不是更全面”等。

4. 参与性原则

学生参与活动是课程成功的必要条件，应在教师的引导下，让每位学生积极主动地参与心理健康教育课程的全过程。比如，座位以 5—6 人为单位安排形成环形或半圆形，改变以往的课堂组织形式，以缩短空间距离，形成融洽的气氛，便于交流，且不会忽略个别成员；创设活动情景，贴近生活，贴近学生需要；采取积极评价，正面肯定、公正真诚等都有利于激发学生的参与性。

5. 灵活性原则

由于不同学校的特色不同，同一学校不同班级的特点不同，同一班级中不同学生的情况亦有差异，因此要根据不同对象来设计课程活动，体现灵活性。比如，可以在春季开学之际与学生谈“春困”及克服方法，在考前与学生谈焦虑和应试策略，等等。

6. 发展性原则

心理健康教育工作的重点是帮助学生发展，目标也是个性发展、完善自我。要在课内注重发展，比如华东师范大学附属东昌中学创设了“微笑起立法”，即学生起立不再是单一的、传统的、简单的问好，而是必须做到“三要”——一要面带微笑，二要昂首挺胸，三要注视老师。由此，学生不仅可以以良好的精神面貌投入学习，而且久而久之，就会慢慢养成用这种方式去迎接挑战，去面对生活，从而形成乐观自信的性格，这就是一种自我发展。

7. 知行并重原则

心理素质教育课不是单纯的知识传授，而是体验式的活动课。通过各种活动能够让学生了解和掌握一定的、简单的发展心理学知识，教会学生心态调适的方法；让学生了解自己，了解自己与社会的关系。要在提高认知水平的同时，将重点放在行为的塑造上。行为乃是心理素质的显著标志。学生学习这些知识的目的是学会自我分析、自我体验和自我调控，学会排除生活、学习及人际交往中遇到的困惑、烦恼、焦虑等不良情绪，能够解决生活、学习中的实际问题，充分发挥自身的心理潜能，使全体学生在心理发展方面都有一个提高。故教师的教学重点应放在学生对心理学知识的应用上。

8. 点面结合原则

心理健康教育课程是以全体学生为对象的，其目的是让每一位学生的心理都得以最大可能性的发展。在对全体学生进行全面教育的同时，教师要时刻把握因材施教这一古老的教育原则，虽然同一年龄的学生具有很大的相似之处，即共性，但是，个体的差异也是客观存在的。教育是平等的，从不放弃任何一个能接受教育的学生。所以教师在面向全体学生授课的同时，还要针对个别学生在学习、生活中遇到的心理问题进行咨询和疏导，在保证学生共性健康发展的同时，还要让学生的个性充分施展，实现共性与个性的统一。

二、心理健康教育课程的设计与教学

（一）心理健康教育课程的活动形式

1. 主要特点

（1）兴趣性

兴趣是产生动机的一个主要因素，动机使学生对课程内容的学习和参与活动采取积极的态度和行为。因此课程的设置追求贴近、激发和调动学生的活动兴趣。

（2）启发性

心理健康教育课程里面的辅导活动常常会要求学生进行角色扮演，在心理剧中体验和感受扮演角色的情感。虽然设置的活动情景和角色的行为方式往往都是虚构的，但仍能够让学生在体验中自觉或不自觉地得到启发。

（3）社会性

心理健康教育的最终目标是要帮助学生成为社会人，能够很好地适应社会的各种变化和挑战。因此，可以通过设计一些能反映某些真实生活的活动，让学生从中感受生活、了解社会，通过体验来调整自己的态度和情感，为走向社会作好心理上的和行为上的准备。

2. 主要形式

（1）角色活动

这种形式要根据学生的年龄和辅导的目标来设定角色，让学生通过扮演角色，在角色游戏中了解角色的感情和想法，然后自觉改变原有的心理想法，建立起良好的心理品质。

（2）表演活动

设定某一个具体的场景和情节，让学生自己选择角色进行排练表演，在这个过程中通过模仿角色的心理和行为来提高自我的心理品质。

（3）游戏活动

有目的地组织学生参加设定的游戏。如：人际交往扑克游戏活动。活动有着自己的游戏规则，学生必须按照人际交往扑克的规则出牌，在打扑克牌的游戏过程中实现和体验人际交往。

（4）体育活动

这是一种特定的游戏活动。一般说来，通过体育活动可以训练学生的勇敢、坚定、果断、毅力等意志品质；可以培养学生的合作、关心他人等人际交往品质；可以提高学生的机智、灵活、敏捷等智力品质。

（二）心理健康教育课程的教学方法

心理健康教育课程的教学不同于一般学科的教学，因为它的教学目标不是为了传授心理学的知识，而是希望通过一系列的心理辅导活动，让学生能够从活动中懂得认识与了解自我、发展自我的重要性，进而能够主动地去发展和提高自己的心理品质。根据这样的特点，心理健康教育课程可以运用的教学方法有：

1. 认知法

这类教学方法主要是依靠学生的感知、想象和思维等认知活动来达到教学目标。它包括以下几种活动：

（1）阅读和听故事

教师通过向学生推荐优秀的和有针对性的读物，或者自己开辟和编写心理健康教育的专栏。在课堂上安排读书讨论和交流读书的心得体会，或讲述一些有意义的故事，让学生能够从中得到启发，从而改变自己的生活与行动的态度，促进自我人格的发展。

（2）认知改变

教师通过质疑、暗示和说服等方法来改变学生非理性的信念和观点，从而恢复和建立合理的、积极的思维方式，来解决学生的心理问题，促进学生健康人格的发展。

2. 角色扮演法

角色扮演法需要设定某种情境与题材，让学生扮演一定角色，通过行为模仿或行为替代，充分体会角色的情感变化和行为模式，表露自己或角色的人格、情感、人际交往、内心冲突等心理问题，然后通过观察、体验，进行分析讨论，从而使学生受到教育。其作用就是在扮演角色的过程中显露当事人行为、个性上的弱点与矛盾之处；给当事人宣泄压抑的情绪提供机会；让其能够理解角色的处境，消除不必要的误会和猜疑；使其从中学会合理而有效的行为方式。而作为观众的学生虽不扮演角色，也可能对扮演者发生认同作用。

（1）角色扮演的表现形式

①集体的角色扮演

其主要步骤是：设定目标，确定情境；辅导教师对角色扮演进行解释，排除学生各种顾虑；辅导教师指导学生发展情节，准备剧本，设定角色，分派角色；演剧时，教师可作指导示范，也可扮演一个角色；事后分析讨论，表达感受。

②个别形式的角色扮演

让学生扮演生活中的自己，辅导教师扮演他的父母、同学、朋友等。

③让学生轮换扮演两个角色

与之打交道的另一个角色是用空椅子代替。让学生练习同想象中的坐在空椅子上的人物说话。

④固定角色扮演

让学生按照辅导教师为他撰写的草稿扮演与自己原来性格不同的角色。如学生原来是被动的，就让他扮演主动的角色。在两周时间中，学生每天必须细读扮演草稿三次，并在日常生活中按角色身份去说、去想、去做，去同他人打交道。

（2）运用角色扮演法的原则

①假如学生明显地表现出害怕，不要勉强让他们扮演，而是分给他们一些其他任务，直到他们自动参与。

②鼓励学生把角色扮演当做一种游戏。

③把注意力集中在所扮演的角色而不是学生身上。注重角色所表现出的意义和感觉，而不是学生表演得多么好。创造一种非批判的气氛，使学生有信心，喜欢表达自己。

④应使课堂气氛活跃，非表演同学要积极关注表演者，给予表演者更多的支持和激励。

3. 榜样引导法

教师利用学生很强的模仿特点，让他们通过对榜样行为的观察，使自身受到强化，模仿榜样的言行，从而实现受教育的目的。榜样可以是真实的，也可以是符号性的（通过传播媒介来呈现的榜样）。

（1）使用榜样引导法的原则

①选取的榜样必须是可亲、可敬、可信并与学习者有较大相似性的。

②榜样行为的展现应是渐进的。

③呈现榜样的同时，最好配以讲评，突出模仿行为。

④为学生的模仿行为提供心理安全，促使其大胆模仿。

⑤为学生提供及时的反馈信息，强化模仿行为。

（2）常用的榜样引导法

①参观、访问

参观工厂、农村、公园、学校等，走访工人、农民和优秀学生，听其言，观其行，激发学生向榜样学习的强烈愿望并从身边做起，加强自身修养，养成良好的行为习惯。如，走进公园看到许多人都主动把果皮、纸屑扔进垃圾箱，不践踏草坪，教师趁势提示，提高学生的模仿倾向。可以说有目的地参观访问只是榜样学习中的一小部分，更重要的是让学生模仿身边的榜样，从日常生活做起。从教育内容来看，此方法较适合个性塑造、美感形成及良好行为习惯的养成等。

②媒体教学

充分利用科技教学手段，通过传播媒介来呈现榜样（传播媒介有图片、幻灯、录音、录像、电影、卡通片、文字说明等），学生观察榜样，进行模仿学习。这种榜样比真实榜样更能突出要求模仿的行为，因为教师能够事先进行精细的安排，而且比真实的榜样更安全。而真实的榜样是不受严格限制的，是富于变化的。又由于媒体榜样可反复使用，所以在心理教育上不失为一个很好的方式。实践证明，“百部爱国主义影视片教育”已收到了良好的教育效果。由于这种教学方式具有教育性兼艺术性，形象、生动、有趣，颇受学生欢迎，可对不同年级学生施教，教学内容可涵盖多个方面。

4. 讨论法

讨论法是所有教学活动中使用最为普遍的方法，是在教师的引导和组织下，学生对某一专题发表自己的看法，表达自己的感受与意见，群体进行研讨的学习方法。这种方法可以集思广益，沟通彼此的思想和感情，促进问题的解决。通常可以用到心理健康教育课程中的集体讨论的方式有以下几种。

（1）专题讨论

即由心理教师针对在某一段时间里学生普遍面临的问题进行专题性讨论。比如：在新学期开始的时候，让学生讨论如何更快更好地转入正常的紧张的学习轨道上面来；在考试前讨论有关考试策略和考试焦虑的问题；在学期结束前讨论如何过一个有意义的假期。

（2）分组辩论

就争论性的问题进行分组讨论，提出正反两个方面不同的观点、论据。

（3）配对讨论

配对讨论指就某一主题，先作两人一组的讨论，得出结论；然后和另两个人讨论的意见沟通协商，形成四个人的共同意见；最后再由第二步的两组和另外两组一起作第三次的讨论和协商，得出八个人的共同想法。其优点是经三次讨论，分析问题比较充分，且参与性高，每人都有发表意见的机会。

（4）脑力激荡

这种方法是由美国著名创造学家奥斯本提出的。它利用集体思考和讨论的方式，使思想观念相互激荡，发生连锁反应，以便能够引出更多的想法或意见。它往往是在团体中通过暂缓判断和评价，鼓励团体成员对同一问题提出尽可能多的不同看法。必须遵循的规则为：不予批评嘲笑；鼓励畅所欲言；允许异想天开，意见越新奇越多越好；欢迎对他人意见作综合改进；自始至终保持轻松自由的心态等。

5. 价值观辨析法

价值观辨析法就是在教师的安排下，学生通过讨论、辩论等方法，利用理性思维和情绪体验来检查自己的行为模式，并把自己的行为模式与他人的行为模式进行比较，解决价值冲突，进而按照自己较符合社会要求的价值观支配自己的言行。

（1）运用价值观辨析法的原则

①教师首先必须诱发学生的态度和价值陈述。

②教师必须无批评地和无批判地接受学生的思想、情感、信念和观点。

③教师必须向学生提出问题以帮助学生思考自己的价值观念。

（2）常用价值观辨析法

①小组讨论法

针对某一问题设置情境（问题应为开放性问题），教师把学生分成若干小组，分组方式可以是随机的也可以是匹配的，具体情况具体分析，每个小组内成员充分发表自己的看法，畅所欲言，最后形成小组意见。接下来小组与小组讨论或辩论，最后由老师作总结。在讨论过程中，教师的主要任务是提出问题，使讨论顺利进行并使讨论不离开主题，鼓励成员多贡献意见。此方法需要一定的认知基础，较适合于中高年级学生。教育内容适合于学生自我评价、学习态度、个性、人际交往等方面的教育。

②两难问题法

教师利用假定的、设计的或真实的两难问题，让学生进行判断，激起内心价值冲突，触动原有的心理认知结构，产生不满足感，以达到改变自己原有认知结构的目的，从而提高心理认知水平。教师应启发学生积极思考，主动交流或辩论，作出判断，寻找自己认为正确的答案。此方法根据问题设置可适用于不同年级的学生。在教育内容方面，适用于学生个性塑造和品德形成等。

除以上方法外，还有排序与选择，敏感性训练与倾听技术，歌唱与美术，游戏与刺激，以及个人日记等价值辨析方法，在实际教学中可灵活使用。

6. 行为强化法

行为强化法就是教师运用奖惩等强化手段来巩固学生良好行为、消除不良行为或建立某种新的良好行为的一种方法。所谓强化是指任何有助于机体反应概率增加的事件，强化手段一般有正强化、负强化和惩罚。凡施加某种影响并有助于反应概率增加的事件叫正强化。凡移去某种不利的影响并有助于反应概率增加的事件叫负强化。惩罚是指为减少或消除某种不良行为再次出现的可能性而在此行为发生后所跟随的不愉快事件。由于负强化和惩罚效果不够稳定，而且可能带来一些负作用，所以在教育中多采用正强化。

（1）运用行为强化法应遵循的原则

①多使用正强化，少使用负强化和惩罚。

②教师必须明确通过教学要改变哪些不良行为习惯，建立哪些行为方式。

③强化物和强化方式的选择因人而定。

④强化时有必要伴随说理教育。

（2）常用的行为强化方法

①奖励

奖励是指施于行为之后以增加该行为再次出现可能性的事物，是一种正强化。奖励一般可分为社会性奖励、物质性奖励和活动性奖励。社会性奖励包括微笑、赞扬、拥抱、亲昵、抚摸等，这种奖励对低年级学生特别有效。物质奖励是用可消费的物品作为强化物，如饼干、食物、音乐、玩具、图片、代币等。活动性奖励是指用一些学生喜欢的活动作为强化物，如自由时间、跳皮筋、踢球等。具体使用何种强化物要根据学生的个人喜好而定，另外，还要注意让学生学会自我奖励。运用奖励时应注意：奖励的行为是具体的；奖励的选择遵循多次奖励仍不满足为原则；鼓励学生自我奖励。

②惩罚

惩罚是指为减少或消除某种不良行为再次出现的可能性而在此行为发生后所

跟随的不愉快事件。在学校里教师一般运用两类惩罚，第一类惩罚是在违反课堂纪律的行为发生后施加某种痛苦或厌恶的刺激，以减少受罚行为再次发生的可能性，如批评、警告、记过，甚至开除学籍等处分。第二类惩罚是在不良行为发生后，取消学生喜爱的某种刺激以减少受罚行为再次发生的可能性，如扣除行为得分、暂时收回某种奖励或暂时取消参加某种娱乐活动的权利等。除此之外，还应让学生学会自我惩罚。

运用惩罚时应注意：避免不适当的惩罚，如体罚或变相体罚；惩罚应有很强的针对性，重罚其事，轻责其人；惩罚伴随说理教育，以提高惩罚效果；力戒惩罚后又立即给予奖励。

③强化不相容反应

这一方法是把不强化不合社会要求的反应同强化另一个与顺应不良行为显然对抗的合乎社会要求的反应相结合，借以消除顺应不良反应的方法。例如，有的学生上课爱做小动作、不认真听讲，老师可以给予认真听讲的学生奖励，从而使不认真听讲的学生改掉做小动作的坏习惯，学会认真听讲。对于咬指甲的人，可以教他在任何时候，只要想到咬自己的指甲，就握紧拳头将双臂交叉放在胸前，以对抗咬指甲行为。

这种方法类似于冷处理。冷处理就是当学生做出不良行为时，不予理睬，使他得不到关注，久而久之这种不良行为就可能消退。

以上几种行为强化法重点是针对良好行为习惯的养成和不良行为的矫正，在心理教育过程中可以适用于不同年级的学生行为塑造和矫正。

心理健康教育课程所使用的方法除了以上论述到的以外，还有许多其他的方法，如游戏法、讲授法、自述法等。而这些辅导方法的分类也不是绝对的，它们彼此之间有一定的交叉和包含的关系。这些众多的方法又可归纳为两类，一类是认知，另一类是行为。为了收到良好的教育效果，应把知和行紧密结合起来，以一种方法为主导，多种方法为辅助进行教学，不能孤立地去使用某一方法。

三、心理健康教育课程的评价与管理

（一）对心理健康教育课教学目标的评价

心理健康教育的目标是要维护和促进学生的心理健康，使学生在获得一定知识的基础上，增进心理健康，完善人格。它关注的是情感和行为，强调知、情、行三者之间的整合，以避免知情剥离、知行脱节等现象。以这个总目标为依据，在评价心理健康教育课的教学目标时，必须遵循以下原则。

1. 适应时代需要的原则

学校心理辅导工作要适应时代发展的需要，要对社会的快速变迁以及因快速变化所衍生出来的新需要作出敏感、及时的反应。

2. 系统性原则

心理健康教育的对象是一个完整的活生生的人，而人的心理也是一个有机整体，所以心理健康教育工作绝不能头痛医头、脚痛医脚、就事论事，而应从个体心理的完整性和统一性、个体身心因素与外部环境的制约性、协调性等综合因素出发，全面把握和分析学生心理问题的成因，来采用相应的教育对策。

3. 符合学生心理发展的实际现有水平的原则

人的心理是一个极其复杂的开放的自组织系统，它的发展既有连续性，又有阶段性。因此，我们在评价教学目标时，既要考虑心理结构的整体协同发展，即全人的发展，又要注意心理发展的阶段性，使每个年龄阶段的教育目标有所侧重，使心理的全面发展和重点发展统一起来。

4. 可操作性原则

教学目标除了要具体化外，还要注重简单明了、便于操作、便于检测等特点。

（二）对心理健康教育课教学内容的评价

心理健康教育课不同于一般的学科教育，它关注的不是学科知识本身，而是学科知识的内化，是各种心理机能的完善。一般的课堂教学由于受我国传统心理学教学模式的影响，在课堂教学的实际运行过程中，往往特别注重内容的系统性、理论性，这样的教学不能很好地满足学生的需求，从而也直接影响了课堂教学的效果。所以教学中要注重教学内容的实用性和可操作性，促进中职生在心理健康方面知与行的统一，促使学生把所学的心理学知识尽可能真实地应用于解决生活中的心理问题，培养起有效处理生活中实际问题的能力，从而提高学生的心理素质。因此，对心理健康教育课程内容的评价，一要看课程内容的选择是否是学生当前最关心、最迫切、最需要解决的问题；二要看课程内容的组织是否依据学生身心发展的特点组织自身的体系；三要看课程结构的编排方式是否按各个学段各个年级各自的教育重点编排成一个接近学生实际需要的体系。

（三）对心理健康教育课教学过程的评价

心理健康教育是一种情绪调节、情感体验，是心灵的沟通、理念的认同，所涉及的内容十分广泛，这就要求教师教学的重点不是引导学生死记硬背概念和抽象的理论，而是把学生引导到心理健康知识的真正应用上。心理健康教育课应当是生活活动体验型的，而不是知识传授累积型的。因此对课程教学过程的评价应从活动、教师与学生三方面进行。

1. 学生的反应

（1）看学生是否能积极主动地参与到辅导活动中。

（2）看活动中学生能否自然投入地扮演所取得的角色。

（3）看活动中学生是否有自我体验、自我开放与自我探索。

2. 教师的表现

（1）看教师扮演的角色是否到位，是否消除了满堂灌、独霸课堂的现象。心理教育的显著特点是教育者要调动学生的情感力量，尊重、信任和理解学生，与学生架起心灵的桥梁进行情感交流，所以课程要求教师更多地扮演好朋友、小组成员、心理专家、团体领导者等角色，而不是扮演居高临下的训导者角色。

（2）看教师在整个过程中是否能够创设、确立并维持一种安全和温暖的环境、信赖和理解的和谐气氛，并鼓励学生相互分享，引导学生自我探索，是否尊重学生的决策和选择，是否做到灵活民主地评价。

（3）看教师在如何活动、如何分配角色、如何扩展活动内容等方面，是否为学生发挥想象、展示创造提供了空间，是否尽力使每个学生都参加到活动中来，并特别关注那些有自卑感、平时很少表现自己的学生，使其有机会发挥活动主体的作用。

3. 活动过程

（1）看活动课是否有明确的、适当的目标。

（2）看活动内容是否符合该年龄段学生的生活实际。

（3）看活动是否具有民主、温暖的氛围，沟通表达是否真诚开放。

（4）看活动是否有广泛、良性的学生互动和师生互动，为学生扩展思维、倾诉内心忧虑及实践自己的承诺提供了机会。

（5）看活动方式是否多样化，是否有利于学生扩展认识范围，获得有益的人生体验。

（四）对心理健康教育课教学效果的评价

心理健康教育能够形成、维护和促进学生的心理健康，从而为他们的全面发展提供良好的基础。评价心理健康教育课程的教学效果就要看学生心理素质的发展状况及相应行为是否有所改进，必须以学生知、情与行的全面改善为标准，即看其是否让学生获得了相应的基础知识和有关信息，扩展了学生的视野，改变了学生思考问题的方式；是否让学生了解了自己某方面心理素质发展的现状，是否使学生有了情感投入，获得了有益的情感体验；是否使学生掌握了有用的生活技能，是否使学生有了决心完成某种有意义行为的行动意向。可见，其教学效果很难通过考试等书面形式完整地反映出来，因此要科学地评价课程教学效果，可通过以下几种方法进行。

1. 心理测量法

使用心理测量法评价心理健康教育课程的教学效果，需要了解学生在接受心理健康教育前后心理素质的变化情况，通过考察在前后测之间学生心理素质变化的差异显著性，进而评定课程对学生心理素质发展影响的效果。

2. 作品分析法

根据教学内容，布置相应的作业，作业的内容应联系学生的生活实际，拓展强化学生所获得的知识、态度和行为，对学生的作业进行分析评定，如通过学生的学习体会、个案分析等对其心理素质发展状况进行评价，进而评价心理健康教育课程的教学效果。

3. 行为观察法

行为观察法是对学生的日常活动情况有计划、有目的地进行观察，写出记录作为评价的材料。行为是心理的外部表现，通过观察其外部行为可以了解他们的心理活动。进行观察研究一般包括三个步骤，一是确定观察内容，二是选择观察策略，三是制定观察记录表。

4. 情境性评价法

情境性评价法是指设计与学生学习、生活相关的活动场景，使其在较为自然的状态下表达自己的内心世界，从而对学生的心理成长状况进行评价。对学校心理健康教育课程实施效果的评价必须找到不仅允许表现这种行为，而且实际上能够鼓励或唤起这种行为的情境。

5. 自我评价法与他人评价法

自我评价就是被评者对自己所作的评价。让学生评价自己是否感觉经过心理健康教育后，自己的人际关系、学习情况、情绪调控能力等方面有所提高或改善。他人评价法是让被评者周围的人对他进行评价，这里的他人要非常熟悉与了解被评者，可以是老师、父母、同学、邻居。他人的范围越大，评价就越全面、客观。通过自我评价和他人评价相结合的方式，尽量收集多方面反映学生心理素质提高及相应行为变化的信息，从而作出对心理健康教育课程教学效果较完整、较客观的评价。

6. 洽谈法

对学校心理健康教育课程教学效果的评价，应摒弃那种教师绝对权威的评价方式，构建一种师生协商对话式的评价。通过师生洽谈，了解学生的感受，征询学生的意见，把学生对课程效果的评价作为评价的一个重要指标，作为改进课程的参考。

第三节　中职学生教育教学中的心理健康教育渗透

一、班级管理中的心理健康教育渗透

中职学生的生源质量总体来说不如普高生源，来中职学校上学的学生学习成绩相对较差，学习能力和接受能力也相对较低。由于在学习的过程中失败的次数相对较多，他们形成了失败心理，对前途感到迷茫，且他们对教育的敏感度较低，这一系列的问题都意味着在中职学校中，班级管理的难度相对较大，需要老

师付出加倍的心血和努力。但是，中职学生自身也有许多优点，例如他们的自我意识很强，承受挫折的能力强，对荣誉等肯定性评价的敏感度较高，对社会的了解较多，社会实践能力较强。除此之外，由于他们长期面对较多的不公平待遇，因此他们在一定程度或范围内的心理调适能力也较强。在中职学校的班级管理中，只有掌握中职学生的这些特点，才能有针对性且切实有效地进行心理健康教育。

（一）加强与学生的心灵交流，卸除学生的心理戒备

中职学生刚刚经历了人生的第一个转折阶段，他们的年龄比较小，思想比较单纯，但他们在心理方面所存在的问题，却开始呈现复杂、多变的趋势。由于环境的改变，加上离开父母开始独立生活，他们在新环境中表现出不自在，与人相处时有较强的戒备和怀疑。在这种情况下，教师进行班级管理的第一步就是要降低姿态，真正地以朋友的心态和身份同学生交流，了解他们的心理状况，这样才能进一步顺利地开展活动。对话理论是新课改的基础理论之一。对话理论认为：在班级里，教师和学生是平等对话的主体，教育活动应该建立在平等对话的基础上，教育教学过程本质上是师生间的平等对话过程。对话理论为教育教学活动提供了理论依据，也为班级管理提供了理论支持，是心理健康教育的一贯做法。班级管理必须体现平等对话的精神。

在对话理论指导下的班级管理表现为，班主任以与学生平等的身份参与班级管理，出现问题班主任要与学生开展对话，在对话中达成共识，最终解决问题。这种管理方式，由于充分尊重学生在班级中的主体地位，广泛吸纳学生的意见，并以对话的方式解决管理中存在的问题，具有很好的效果，也达到了心理健康教育的目的。

要做到班级管理的平等对话，必须注意两个方面：其一，班主任要转变思想，认识到学生与自己人格的平等性，从而放下自己的威严，主动亲近学生；其二，班主任心中要有学生，并将自己变成他们中的一员，在具体的管理工作中，平等参与、共同决策、共同管理。

（二）集体辅导与个体辅导相结合

班主任是班级的组织者和管理者，和学生接触最多，时间最长，最有利于做学生的心理教育工作。班主任是学生最好的心理医生。班主任要根据教育学、心理学理论来指导学生科学地认识和调整心理状态，培养学生乐观稳定的情绪和开朗坚强的性格，以及广泛的学习兴趣，探究和创新的精神，不怕挫折敢于竞争的优良品质，为他们将来的成才与成功打下良好的心理基础。在心理咨询过程中，班主任应给予学生足够的信任和理解，动之以情，晓之以理，使双方实现情感和心灵的交流，消除学生的精神压力，达到心理转化的效果。

在班级中要开展以心理卫生为主要内容的课程辅导。班主任在班级管理中要

有高度的职业责任感，积极开展以班级或小组为单位的团体心理辅导。由于学生的年龄、学历、生活环境、心理问题具有一定的相似性，因此可以组成同质团体进行心理辅导，而辅导可以以班会的形式开展。通过开展活动，使学生在团体情境中通过亲身体验，学习新的态度与行为方式，重新认识自我、探讨自我、接纳自我，调整和改善与他人的关系，以发展良好的个人生活。例如针对外地学生想家的情况，可以设计一些增进学生之间、师生之间感情的团体心理辅导活动。这种团体活动不仅能解决学生的一些心理问题，而且能够促进学生与老师之间的沟通，融洽师生关系，创设一个使学生心情愉快的学习生活环境。

在班级管理中，对个别辅导的案例要进行追踪、探讨，建立学生心理档案，进行收集归类、综合分析，以积极的态度救助，并且耐心引导以改进其不成熟的偏差态度。如有一男生，以前学习成绩较理想，有上进心。后因家境贫困缓交学费而闷闷不乐，产生了迫切赚钱的念头，接着就出现了逃学去打工、参与赌博活动的行为，经追踪交谈，记录分析，此事才真相大白，经多次辅导终于使该生改过自新。

（三）采取灵活方式，进行心理辅导

通过相关专业化的学习，班主任还可以在班级管理的过程中采取多种灵活的方式进行心理辅导，了解学生的心理状态，及时解决他们的心理问题。具体可采取的方式多种多样，例如团体活动，针对特点相似的团体进行讨论式、交谈式的座谈会，选择他们共同的问题，如学习问题、人际交往问题、交友与恋爱问题等，让他们提问题、谈看法，然后有针对性地给予启发、教育和指导。

通过开展形式多样的心理辅导活动，学生可以通过合理的渠道发泄不良情绪。由于中等职业学校学生发育尚未成熟，情绪不太稳定，遇到挫折时如果不能及时得到发泄，可能引起不良后果。根据这一特点，应为他们创设合理发泄的渠道，避免不正当的发泄。较好的方法有三种，一是让他们尽情倾诉；二是引导情绪转移，用积极情绪代替消极情绪；三是音乐抚慰，用优美、轻柔的音乐调节情绪。在此基础上让学生自己找到解决问题的对策。

二、学科教学中的心理健康教育渗透

“心理健康”是一个“健康人”的必备条件，现代的学校教育不仅仅要传授给学生知识，更重要的是要让他们“学会学习”、“学会生活”、“学会创造”，使学生通过学习更进一步地了解和适应这个社会，只有在适应社会和了解社会的基础上才能改造社会。在中职教学中渗透“心理健康教育”的主要内容包括自我意识心理教育、人际关系心理教育、学习心理教育、性格心理教育等。

（一）自我意识心理教育

“自我意识”是一个人独立生活、理性思考的基础，“自我意识心理”既是一个人自身内化的概念，又是一个与外部相结合的概念。所谓自我意识是指一个人对自己的认识和态度，是对自己本身、自己与他人、社会关系的意识。自我意识心理教育的目的在于使学生提高自我认识、展示自我、学会自信。在中职生心理教育过程中渗透“自我意识心理教育”是很有必要的。首先，中职生正处于自我意识迅速发展的时期，他们已能比较自觉地评价别人的和自己的个性品质。随着自我意识水平的提高，他们理想中的自我形象被逐渐确立，并向着这个形象努力。中职学生的自我观察、自我评价、自我体验、自我监督能力得到逐步提高，自我教育、自我管理、自我发展的愿望也日益迫切。因此，对他们不应该采取烦琐说教的教育方式，也不宜过多地“督促”和“管教”，而要启发他们自己制订学习计划，独立完成任务，确立自己的职业愿景和远大理想。这种教育方式的最大特点是能激发学生高度的自觉性，即激发中职生的自我意识，培养和发展自我教育能力，从“他律”逐步过渡到“自律”。其次，自我意识在个体的健康人格和行为的形成中具有主动调控和完善作用，认识自我也是与他人相处的基础，是心理健康的重要因素之一。再次，任何形式的教育最终都要归结为自我教育，之后才能内化和转化为个人的自觉行动，离开了自我教育这一环节，任何教育都无法奏效。

（二）人际关系心理教育

较好地处理好人际关系，是一个人走向成功的基本前提，人际关系归根结底还是利益关系，要通过人际关系心理教育，促进中职学生走向成熟。人际关系心理教育旨在教育中职学生正确认识亲情、师生、同学关系的本质并学会人际互动中的技巧与原则。在平常教学中渗透人际关系教育，就是让学生在学习过程中学会与人交往，学会化解冲突和心理调适，全面提高自身素质。

（三）学习心理教育

学习心理一般包括学习动机、学习兴趣、学习方法等。学习心理教育就是培养学生健康的学习心理。在教学中渗透心理健康教育应以渗透学习心理教育为基础，这不仅因为“学习”是中职生的主要任务，而且这还直接关系到他们的升学。很多中职生由于原来学习基础较差，学习成绩不理想而存在厌学、倦怠等现象。学习心理教育的目的就是让中职生在学习中学会规划自己的学习活动，确立适合自己的学习目标，在学习中增进自己的全面发展，获得满足感和成就感。

（四）性格心理教育

性格是个性的重要特征，性格心理教育就是要教育学生自觉认识和把握自己的性格乃至个性，扬长避短以形成良好的个性特征。性格心理教育在心理健康教育中具有十分重要的地位。这是因为，性格是一个人个性中较稳定的、起核心作用的心理特征，这种心理特征体现了一个人的属性。一个人的性格可以影响一个人的品德、世界观和人生观，即人的性格特征和人的思想品质是紧密联系在一起的，没有健康的性格就谈不上优良思想品德的形成。性格虽然是在长期的生活中塑造而成的，但性格也是可以培养和改变的，中职学生正处于性格形成和发展的时期，应当根据这一阶段的特点进行教育和引导。此外，一个人性格的健全与否，将影响其一生的发展。作为心理学教师，应该在传授知识的同时，更加注重对学生实施性格教育，在潜移默化中培育中职学生优良的性格。

三、校园文化建设中的心理健康教育渗透

广义的校园文化主要有两种表现形态：一是校园的物质文化，即由学校所处的气候条件、地理位置、自然景观等所构成的自然环境和由建筑设计、景观设计、宣传物、色彩与布局等所构成的人文环境融合而成的物质情景；二是校园的精神文化，其较为典型的形态要素是校园的心理环境、校园的制度文化和校园的各种文化活动等。

校园的物质情境具有心理健康教育价值。学生总是要学习、生活在一定的校园物质环境中，其所处的物质环境的优劣必然产生不同的心理效应，从而影响学生的心理品质与心理健康。因此，学校首先应净化、绿化、美化校园，如学校建筑在造型设计上应具有校园特色且富有个性；在布局上应层次分明、错落有致；在色彩搭配上应摆脱灰暗、单一的色调而趋于明快、亮丽、复合的色调；在室内设计上应考虑简洁明快、光线充足、优雅美观且符合学生的年龄特征；在校园的景观设计与布局上应突出韵律、流动、对比、融合等审美特征并体现不同类型学校的特点；等等。其次，学校应不断改善教育教学的物质设施。学校在具体的育人环境中要做到“五有”，即有宣传窗、有阅报栏、有黑板报、有广播、有学生会办公室。同时，学校应将教风、学风、校风、校训上墙，写于学校醒目的位置；将名人画像、名人雕塑、学校标志性雕塑和激励性名言警句挂于校园适当的位置，这样就做到了“努力使学校的墙壁也能说话”。学校要根据校园建筑规划设计绿化布局，如教学区绿化、生活区绿化、休闲区绿化、运动区绿化等，根据功能设计各具特色的绿化，使学生进入各功能区能融入其中，构建有文化的花园式学校。葱郁的树木和艳丽的花草给人以赏心悦目之感，使人精神焕发，使校容校貌体现出美的韵味，满足师生的教学、生活、活动和审美需求。当然学校同时也要注意在物质文化情境的营造和建设中，做到净化、美化和规范化。这样的校园环境无疑能够陶冶学生的身心，激发他们的美感和求知欲。由此可见，校园物质情境的心理健康教育是以潜移默化的方式传递人生观、世界观、价值观的信息，对学生的认知起到一种导向作用；以情境的氛围使学生置身其中，在感染、熏陶之中形成学生良好的心境，使其热爱生活、感悟人生；以良好的外观激发学生的美感，丰富审美表象，培养高尚的审美情趣，提高其感受美、鉴赏美、创造美的能力。

校园的精神文化更具有心理健康教育价值，是隐性心理健康教育课程中最重要的构成部分。与物质文化相比，校园的精神文化对学生心理健康的影响无疑更为直接，也更为重要，因为它还是校园物质情境功能得以全面发挥的心理前提。为此，学校应从心理健康教育的要求出发，大力创设良好的校园精神环境。第一，学校应端正办学思想，更新教育观念，坚持素质教育与心理健康教育的先进理念，追求教育性和人性的结合，树立新的学生观和人才观，为营造良好的校园精神环境提供正确的观念指导。第二，要着力于形成健康向上的校风、班风。校风、班风是集体中长期形成的在价值上、言论上的共同倾向，它是一种无形的教育力量，学生置身其中自然受其影响。第三，应努力营造良好的教学心理环境并建立融洽的人际关系。第四，完善学校的制度管理，发挥制度层的育人功能。第五，大力开展丰富多彩的校园文化活动。

【建议参考资料】

1. 姜霞．浅谈中职教学中渗透心理健康教育的主要内容［J］．科教新报（教育科研），2010（35）．

2. 刘志芬．心理健康教育课评价标准的探讨［J］．科技信息（科学教研），2007（33）．

【问题与思考】

1. 为什么要在中职学校开展团体心理咨询？
2. 如何在中职学校开展心理健康教育课程建设？
3. 如何在教育教学中渗透心理健康教育？
4. 编写一节心理健康教育课程的设计教案。

第五章　中职学生学习心理的教育与辅导

【本章提要】

本章主要涉及中职学生学习心理的教育与辅导。首先，分析了中职新生的环境适应与角色转换问题，如人际交往问题、自我认知问题等，其中非常重要的一个方面是学习障碍问题；接着从时代发展角度阐明中职学生学会学习的重要性，及由此引发的人们对中职学生学习问题的重视；其次，深入剖析了影响中职学生学习的主客观因素，提出了中职学生常见的学习问题；再次，针对问题提出解决策略，从提高学习兴趣、激发学习动机、加强自我调控能力、培养良好学习习惯等几个方面着手，培养中职学生健康的学习心理。

【学习重点】

1. 中职学生学会学习的重要性
2. 中职学生学习的影响因素
3. 中职学生常见的学习问题与辅导
4. 提高中职学生的学习兴趣
5. 激发中职学生的学习动机
6. 加强中职学生的自我调控能力
7. 培养中职学生的学习习惯

【重要术语】

学习兴趣　学习动机　自我调控能力　学习习惯

江泽民同志指出，“21 世纪，我国既需要发展知识密集型产业，也仍然要发展各种劳动密集型产业，经济建设和社会发展对人才的要求是多样化的，我国基本国情决定了劳动密集型产业将在较长时间内保持发展态势，人们不仅要造就数以千万计的专门人才，而且要培养数以亿计的高素质劳动者”。职业教育作为教育事业的重要组成部分，关系着一个国家的核心竞争力。当今世界各国都非常重视职业教育，在我国职业教育也被列入国家的发展战略之中。中等职业教育肩负着培养技能型劳动者的重任，为经济建设提供有力的人才支持，对提高全民族的劳动素质、缓解国家就业压力起着举足轻重的作用，对构建和谐社会具有积极的意义。目前，我国职业教育的主体是中等职业教育。中等职业学校每年招生 800 余万人，2008 年在校生达到 2 056 万人。招生的对象主要是初中毕业生和具有初中同等学历的人员。言及中职学生教育，大多数家长烦，学校难，没有几个教师对此不头痛，“实在太难教育”是职校老师内心深切的感受和共识。当前中职学生教育面临的难题值得我们关注和探究。

第一节　中职学生环境适应与学习问题

一、中职新生环境适应与角色转换

中职学生入学后所面临的首要问题就是适应，中职学校生活与中学生活相比发生了显著变化，在教学内容、教学管理、考试制度、人际交往等方面都有诸多不同，因此会导致许多学生产生不适应，甚至出现心理障碍。只有在短期内尽快调整自己的心态，转变个人的角色，才能为今后的学校生活奠定良好的基础，才能成功地度过中职教育阶段。

（一）环境适应问题

由于中职学生入学年龄大都在十五六岁，正值青春期，心理年龄尚不成熟，大多又都是独生子女，家庭的呵护溺爱，使得他们缺乏必要的磨练，心理承受能力差，适应环境的能力也很差。如何面对新的环境，适应新的环境，在新的环境中提高自己，是每一个中职新生都会碰到的问题。适应力差的新生往往表现出焦虑不安、精神抑郁，严重者会失眠、心悸，甚至无法学习。

（二）学习障碍问题

中职学生大部分在初中阶段没有养成良好的学习习惯，原有学习基础薄弱，学习能力较差。另一部分学生仍旧受到中考失利阴影的影响，很难集中注意力去学习。有些学生为了掩饰学习上的问题，就在吃穿用上相互攀比，穿着极为另类，行为习惯极不规范。

（三）自我认知失调

因考试失败或家庭条件差等原因，加之社会上存在的对中职生的偏见与歧视，使一些中职学生不能正确地认识自我，导致自我认知失调。

（四）人际交往问题

部分学生由于受到社会和家庭亲友的影响，在与人交往的过程中，缺乏基本的交往知识和技巧，常常以自己的价值观和是非观要求别人，对他人的优点难以认同，对他人的缺点又难以容忍，往往引发人际冲突。

入学之初是中职生心理健康教育的关键时期，中等职业教育应重视中职新生入学的心理调适，帮助学生了解社会，了解自我，培养学生的自尊、自信、自主意识，增强学生的创新能力和创业能力，帮助学生端正职业观与择业观，学会自主地选择就业方向，从而在学习与储备能力方面更具主动性、积极性与目的性。

二、中职学生学会学习的重要性

众所周知，中职学生的学习素质不容乐观。由于中职学生大部分在以往学习生涯中成功体验少，在一次次的打击中，他们开始丧失自信心，学习兴趣下降，学习自控力弱，课堂上易走神或做其他事；学习行为上存在较强的依赖性与被动性，课堂主动参与较少；依赖老师讲解，离开老师或家长的督促，便难以及时完成基本的学习任务；学习缺乏内驱力，课前不做预习，听课不做笔记，学习仅停留在浅层次的兴趣上。一部分学生逐渐对学习和学校产生恐惧和厌倦，在初中便已放弃努力、玩世不恭，沦落为“坏学生”一族。随着学习生涯的继续，或许会有更多的学生成为“坏学生”，甚至竭力逃避看似毫无前途的学校生活，成为边缘群体的一员。

时代的发展对中职学生的学习素质发出了严峻挑战。我们所处的时代要求人们必须学会学习，必须具有学习的素质，学习是人们求生存与求发展的必要手段。如果我们的中职学生毕业后，还是不乐学善学，不具备学习的基本素质，不思进取，他们原本较少的知识越来越陈旧，信息越来越闭塞，过不了多久，他们就会成为社会的落伍者。高科技更替现象在未来社会中会如雨后春笋般出现，在这样的更替中，如果不具备良好的学习素质、方法、习惯、态度，都将会成为新技术之盲，成为社会的落伍者，就要下岗失业，就要变穷，就要在竞争中失败。可见具有良好的学习素质与“学会学习”在人的生存发展中的作用是何等重要。

第二节　中职学生学习问题的教育与辅导

一、中职学生学习的影响因素

心理学研究表明：学生学习成绩的好坏，是智力因素和非智力因素共同作用的结果，其中以非智力因素起决定性作用。这是因为就大多数人来说，他们的智力发展水平是相差无几的，而非智力因素的差异，决定了学生在学业或在以后的事业上成就的高低。广义的非智力因素包括智力以外的心理因素、环境因素、生理因素以及道德品质等。狭义的非智力因素则是指那些不直接参与认识过程，但对认识过程起直接制约作用的心理因素，主要包括动机、兴趣、情感、意志、气质、性格等。因此，从非智力因素方面考虑，中职学生厌学、不学，对学习不感兴趣，没有积极性，缺乏主动性，学业成就偏低，究其原因，既有学生自身的原因，也有家庭教育的方式不当，社会上的不良影响等原因，同时学校和教师也有着不可推卸的责任。

（一）主观因素

首先是自我认识偏差，中职学生由于在学习过程中时常碰到困难，遭遇失败，在过往的经历中甚至遭遇老师的冷嘲热讽和轻视、家长的打骂，以致形成了不良的自我形象。他们在潜意识中常将自己定义为一个无能者、失败者、无前途者，于是自暴自弃，根本放弃了对学习的追求。其次是不良的个性特点和个性倾向，如意志力薄弱、注意稳定性差、学习目的不明确、缺乏内在学习动力等，都易使学生失去学习兴趣。再次是错误的学习观念，如“读书无用论”、基础知识和基本技能太差、学习方法不当等，都会对中职学生的学习产生极大的负面影响。

（二）客观因素

1. 家庭教育方式的影响

（1）期望过低或过高

社会动机系统的根本基础是在家庭里奠定的，家长的不同教育方式对于子女在学校里的行为表现和学习动机有着不可忽视的影响。所以，父母对孩子应当给予一定的期望，当然这种期望不能过高，过高的期望会变成一种压力，当动力变成压力的时候对孩子来讲将是一种灾难。要求过高的后果是容易使孩子产生害怕失败的心理，继而导致上进心丧失和学习动力缺乏。特别是当家长采用强硬专制的手段时，孩子便会以一种逆反的行为报复父母的不公正。也有的中职学生家长对孩子要求过低或放纵，大多数孩子是以一种新鲜感走进校园的，如果此时父母对孩子的要求过低或整日忙于自己的事，而忽视了孩子入学后的心理变化，一旦孩子在学习过程中遇到困难，认为学习太苦而失去了兴趣和动力，便会导致厌学。

（2）对孩子不能正确引导

中职学生心理发育还不成熟，虽然他们智力水平属于正常，但社会适应能力差、幼稚、缺乏积极的进取精神。一些孩子一开始对学习很感兴趣，信心十足，但他们的创造力和与众不同的行为往往被思想保守、生活刻板、只注意分数的父母和老师所压抑，所以他们不仅不能为自己的独特性、创造性而自豪，反而会感到自己无能，丧失自信而自暴自弃。

一些父母在日常生活中对其子女一味地宽容呵护，使其过早地走上了父母为他们铺好的“红地毯”，贪图安逸，不思进取；还有些父母教育方法简单粗暴，习惯于以自己的意志去凌驾别人，当自己的意志左右不了孩子的行动时，就失落和消沉，或者借故发泄，不仅影响了自己，也影响了孩子。

2. 学校和老师的责任

中职时代是自主意识逐步增强的关键时期，对于客观事物，学生已经有了自己的见解和思维方式，所以学校教师更新教育观念，提高自身综合素质，逐步完善自我，从而引导学生健康发展极为重要。

（1）师生关系与学生的学习动机

如果教师能够和学生建立一种友好合作的关系，而且共同承担责任和解决问题，那么学生的行为就倾向于维护这种良好的合作关系，这样，相互间的交往就会促进学习。如果这种情感关系不存在，那么对抗行为和不合作态度必然会使师生关系受到损害。有时，学生对权威人物（教师和校长）的藐视和反抗甚至可能成为一个学生得到伙伴赞许的一种手段。这样，被教师厌弃的学生采取调皮、对立、恶作剧的方式来“发泄”情绪，或故意用不完成作业和破坏课堂纪律来“表现自己”，就是意料之中的事情。简单地说，爱也是学习动力，学生喜欢一个教师，爱屋及乌，就会喜欢这个教师所教的课程；不喜欢某个教师，这位教师所教的课程也会受到株连！

由此看来，教师应该理解、关心、同情在学习竞争中处于不利地位的学生，对他们的未来应该持一定的期望而绝不能厌弃他们。研究表明，单是期望这一点，就足以取得良好的效果。而现实情况是，许多教师倾向于认为“好学生”什么都好，而“坏学生”无可救药。这种预言是如何得到“自我验证”的呢？这是师生相互作用的结果。教师对听话并且学习成绩好的学生往往抱有较高的期望，而对另一些学生则感到力不从心、爱莫能助，甚至在心目中把他们划分为行与不行两种层次。结果，这些教师有意无意地以不同方式、不同态度来对待不同的学生。例如，同样淘气的行为，发生在前者身上是“精力充沛”，发生在后者身上则斥其为“无法无天”；对前者常常鼓励赞扬，对后者不时讽刺嘲笑；学生回答不出问题时，对前者不厌其烦地暗示启发，对后者则“铁面无情”；对前者让其出头露脸，对后者有意“藏拙”；对前者严格要求，备加关注，对后者听之任之，顺其自然。当教师的语言、面部表情、手势乃至眼神表达出不同期望的时候，学生自然“心领神会”，作出相应的反应。前者常以积极态度对待教师，表现为更加努力学习，更加亲近教师，结果教师变得更加喜爱和关心他们。而教师不抱期望的学生呢？教师的一切他们“看”在眼里，“恨”在心里，深感教师的偏心和歧视，因此更疏远教师，更不愿和教师配合。学生认为“我就不按你的要求做”，教师觉得这些学生的确“朽木不可雕也”！师生之间的相互作用日积月累，终于证实了教师的“预言”。

学生都有取悦和讨好教师及家长的愿望，他们期望得到教师和家长的喜爱、关注、赞扬和照顾。他们愿意用实际行动表示自己听话并得到爱，从而满足交往和爱的需要，而害怕也最痛恨教师的指责、讽刺和辱骂。在对某中职学校学生的一次调查中，对210名中职学生提出“你喜欢什么样的教师”这一问题，要求学生在16项供选答案中选出“最重要”的四个标准，结果，占第一位的标准是“教师应该一视同仁，不偏心”（占58.8%）。可惜的是我们的一些教师并未意识到这一点，并未形成面向全体学生，力争大面积丰收的意识和决心，偏心是常常发生的事情。教师的偏心是最让学生反感的了，影响师生关系，影响同学关系，许多悲剧的发生跟这种不公正是紧密相连的。

当然，教师的期望是影响学习动机的间接因素，以学生自我认知为中介。有自卑感的学生，会不接受教师的高期望；有自强精神的学生，会鄙视教师的歧视，“说我不行，我非要证明给你看我行!”所以，教师对全体学生的高期望必须要有效地被学生认同或接受，成为大家的共识，这样才能真正起到促进学习动机的作用。

（2）教师作风与学生的学习行为

教师的领导作风与学生的学习行为有密切的关系。格式塔心理学家勒温（K. Lewin）最早提出三种领导作风的划分。现在我们把这三种作风与教师在教学中的表现联系起来。

①专制作风。教师在课堂上是学生的绝对权威，学生没有自由。教师的话，学生只能执行不能违抗，好像教师的话具有法律效力一样，学生稍有违抗，轻者遭训斥、辱骂，重者受体罚。

②民主作风。教师在课堂上尊重学生，教师的主导作用与学生的主动性结合较好。教师重视集体作用，用民主方式讨论问题，不以权威压制学生，不滥施惩罚，虚心听取学生意见。在教师的引导下，教室里充满了友好和谐、积极认真的教学气氛。

③放任作风。教师不愿管理学生，或者认为“管不住”学生，课堂气氛一片散乱。教师缺乏完善的工作计划，对学生没有明确而严格的要求，对学生放任自流，既不控制学生的言行，也不给予指导。

教师的三种作风形成三种师生关系，在教学计划、教学方式、努力情况、教学秩序和课堂心理气氛等方面都有不同表现。详见表5－1。

表5－1　三种教师作风的比较

教学的各方面	专制作风型	放任作风型	民主作风型
教学计划	教师决定一切学习计划并控制学生行为。	缺乏计划或要求，无指导，任学生自由进行。	师生共同设立学习目标、拟订学习计划。
教学方式	在教师控制下，学生表面上学习，实际上不一定有效。	教师不指导学生，遇到困难即停止。	师生间、同学间经常进行讨论与探索，提出评价，寻求结果，成绩卓著。
努力情况	教师督促学生努力学习，当面或许有效，离开后学生就不努力。	学生自行任意学习，不知具体方向，效率低。	自觉努力学习，不论教师是否在场，都能严格要求自己。
教学秩序	表面看似守秩序，实际常常敷衍应付。	生动活泼，经常缺乏纪律，吵闹混乱。	师生间、同学间协调行动，互助合作，有秩序而生动活泼。
心理气氛	控制、命令、监督，过分严肃，谨小慎微，着重个人学习，气氛沉闷。	大家喜怒无常，时而兴高采烈，时而忧郁丧气，无正确舆论。	师生友好，心情愉快，学习有兴趣，对成功有信心，富于探索，有创造性气氛。

对于不同的领导作风，学生的行为反应是不同的。有人把教师的领导作风划分为三种不同类型，他们的特征及学生的行为反应列于下表。从表 5 -2 中可以看到，从学生的行为反应来看，民主型的领导作风优于强硬专制型和放任自流型的领导作风。

表 5 -2　三种领导作风的比较

领导类型	领导特征	学生对这类领导的典型反应
强硬专制型	1. 对学生时时严加监视。 2. 要求即刻无条件地接受一切命令——严厉的纪律。 3. 认为表扬可能会宠坏学生，所以很少给予表扬。 4. 认为没有教师监督，学生就不可能自觉学习。	1. 屈服，但一开始就不喜欢这种老师。 2. 推卸责任是常见的事情。 3. 学生易激怒，不愿合作，而且可能会在背后伤人。 4. 教师一离开课堂，学习就明显松懈。 5. 依赖性强，冷漠无情或是反抗攻击。
放任自流型	1. 教师在学生管理上没有自信心，或认为学生爱怎样就怎样。 2. 很难作出决定。 3. 没有明确的目标。 4. 既不鼓励学生，也不批评学生，既不参加学生的活动，也不提供帮助。	1. 不仅道德差，而且学习也差。 2. 学生爱推卸责任，不负责任，容易激怒。 3. 没有合作。 4. 谁也不知道应该做些什么。
民主型	1. 集体制订计划、创造出决定。 2. 在不损害集体的情况下，很乐意给个别学生以指导和援助。 3. 尽可能鼓励集体活动。 4. 给予客观的表扬与批评。	1. 学生热爱学习，对教师比较友善，乐意同别人尤其是教师一道工作。 2. 学习工作的质和量都很高。 3. 学生互相鼓励，而且能承担责任。 4. 不论教师在不在课堂，学生都有学习动机。 5. 能提出较多建设性意见。

3. 社会环境的影响

社会存在决定人的意识。学生的思想意识不可避免地受到社会的影响，他们的学习兴趣、学习积极性也同样受到社会的影响。深入分析复杂的社会现象，同样可以找到中职学生不愿学习的一些社会原因。

（1）就业观念模糊

有相当一部分中职学生对于职业学习目标缺乏足够的了解，他们的思想意识中基本没有就业、创业的概念，上学不知道学习什么，不知道学习有什么用，也不知道将来自己会干什么。如某中职学校在对学生“学习动力状况调查”及“就业观”调查中发现，有 47% 的同学认为由于不知道自己今后的路该怎样走而影响了学习的积极性；有 41% 的同学不知道学的东西对自己的长远发展有什么用；46% 的同学不清楚所学专业是否是自己职业生涯的发展目标；80% 的同学认为到职业学校以后愿意学习的主要目的是为了找一个好工作。

由于学习是盲目的，学习兴趣、积极性、主动性自然而然地会受到影响。职业学校或大学里虽然进行一定内容的就业、创业教育，但学生仍然缺乏对就业、创业的全面了解与认识。有的对于未来的就业存在不切实际的幻想，缺少吃苦耐劳的创业精神与意识，学习没劲头；有的看到大量的职校毕业生找不到工作，毕业即失业，感到就业前景不明朗，没奔头，对自己的就业失去信心，学习也松懈下来；有的过分注重未来职业的环境与报酬，理想与现实差距太大时，干脆就不学了，或是想学却不知道学什么。如此等等，导致一些学生不愿意学习，甚至放弃学习。

（2）多元社会意识杂

社会的多元化，使人们的社会生活和经济利益也呈现出多元化，人们的行为方式、生活方式也呈现出多元化，人们的思维方式、思想意识、价值观等也呈现出多元化。同样，多元文化的教育观念也在影响着整个社会，影响着社会的每一个成员。有人认为“万般皆下品，唯有读书高”，也有人认为“读书无用”；有人认为“知识可以改变命运”，也有人认为“命运天注定”，“你读书没发财，我没读书可发财了”，“你读书活着，我没读书也活得很好”，等等。这些认识，既影响到家长，也影响到学生。还有社会分配不公平，“制导弹的不如卖茶叶蛋的”现象依然存在，发财的有相当一部分是文化水平不高的，甚至是文盲，这些都影响到学生的思想，也影响到学生的学习。

（3）娱乐场所干扰多

一些学校校园周边环境得不到净化，网吧、游戏厅、歌厅、舞厅、KTV、洗发屋、足疗房、商店等包围着校园，使得纯净圣洁的校园笼罩在污浊的空气之中。一些学生耳濡目染，思想受到感染，心灵受到伤害。有些中职学生疯狂迷恋网吧，上网成瘾，严重影响了学习的积极性。

二、中职学生常见学习问题与辅导

（一）学习动机缺失

学习动机是唤起个体进行学习活动、引导行为朝向一定的学习目标，并对此种学习活动加以维持、调节和强化的一种内在历程或内部心理状态。学习动机可以加强并促进学习活动，学习活动又可以激发、增强甚至巩固学习动机。相当一部分中职学生对学习的认知内驱力不足，他们的年龄大多在16—20岁之间，正处于从儿童到成人、从自然人到社会人的转变过程中，在这个过程中心理也发生巨大变化。大部分学生对进入职校学习是十分不情愿、茫然、被动的，如有调查显示职校学生中入学前就有近七成的学生是抱着找一份好工作的想法，有一成多的学生想暂时读几年书，以后再做打算，只有一成的学生想认真学好一门技能，以便在社会中能求得生存和发展。这势必造成在进入学校之前，学生本人对学校的性质、所学专业、发展目标了解甚少，对职业、职业人、职业生涯的概念缺乏足够的认识与理解，甚至根本就不知道，对自我缺乏客观的评价。因此，他们在相当长时间内，不能很好地适应学校的生活、学习内容和教学方式，职业学习目标不明确，无知识欲求，厌倦学习，缺乏学习动机。

学习动机缺失主要表现为：

1. 学生学习状态较为被动，不能积极思考问题，学习主动性不强，畏惧学习中的困难，不求甚解，只满足于及格或过得去，不愿上课，即使上课也无精打采；课后少学为好，不学更妙；长期把主要精力放在诸如上网聊天、玩电子游戏、打扑克、下象棋、谈恋爱等活动上，无成就感，无抱负和期望，无求知上进的愿望。

2. 焦虑水平过低。学习动机缺乏会使焦虑过低，因为他们缺乏学习的自尊心和自信心，不相信自己有学好的潜力，学不好也不会感觉丢面子。这就会使他们缺乏必要的压力，缺少必要的唤醒水平和认知反应，懒于学习。

（二）学习习惯不良

学习习惯是在学习过程中经过反复练习形成并发展，成为一种个体需要的自动化学习行为方式。良好的学习习惯一旦养成就会建立稳固的生理和心理的“动力定型”，有利于激发学生学习的积极性和主动性；有利于形成学习策略，提高学习效率；有利于培养自主学习能力；有利于培养学生的创新精神和创造能力，使学生终生受益。中职学生中能够有效实行自我控制，自主学习，了解自己的学习特点，学习自信心强，能根据自己的学习特点制订相应学习计划并具有良好的预习—作业—复习等学习习惯及方法的学生极少。相当一部分中职学生缺乏良好的学习习惯，没有有效的学习方法。有的遇见问题不问，不懂装懂，不求甚解；有的把学习当成休闲，上课讲话、无所事事、睡觉或玩手机、看小说等；有的没有良好的自学习惯，表现为惰性大，学习三天打鱼两天晒网，依赖性强，学习环节及方法上都缺乏良好的策略；有的缺乏自主学习的意识，课前不预习，课后不复习；有的不善于安排和调整学习时间，整个学习过程无计划，无目标，无措施；有的上课时注意力不集中，对学习缺乏耐心，甚至上课迟到、早退等，不关注老师平时授课时强化的内容与例释，课内不做笔记，或根本不知如何听课；有的不会结合实际灵活运用知识，等等。种种不良习惯会像一堵墙，把中职学生与成功之路无情地隔开。

（三）学习兴趣偏低

兴趣是一种潜在的素质，它能激发学生对学习活动产生心理上的爱好和追求倾向，它是克服困难、推动学习活动的内在动力。由此可见，学生的学习兴趣不仅能转化为学习动力，而且也能促进学生智能的发展，达到提高学习效果的目的；反之，学生若失去了学习兴趣，学习就不再是一件快乐的事情，而是一个沉重的包袱，学习效果可想而知。众所周知，中职学生普遍学习兴趣不高，对学习厌倦，感觉不到学习的快乐。究其原因：首先，很多学生来到职校就是因为对学习不感兴趣，不想学习。他们有许多错误的认识，以为来到职校就不用学习了，最起码不用学习文化课了，只需学习专业知识，且大多是实训课。孰不料来到职校仍然要学习文化课，专业课中抽象的理论也比较多，能力要求高。很多学生由于原来基础就差，开始时没有足够的重视，学习跟不上进度，学习中的问题越积越多，成功的体验也越来越少，学习兴趣逐渐减弱。其次，一些专业理论课的课程难度比较大，不容易理解，需要较强的抽象思维能力，但有些学生由于过去对这种能力训练不够，因困难重重而失去了信心。再次，有的学生对所学专业不了解，有的不是按自己的意愿选择该专业，同时又缺乏对事物的判断能力和认知能力，结果不喜欢所学专业，从而失去学习兴趣。

（四）学习自控力差

学习自控力是指学习者为了保证学习成功，提高学习效率，达到学习目标而运用各种方法对所从事的学习活动进行的自我调节和控制。学习自控能力是影响学生学习效率的一个重要内部因素，它的有无与高低不仅决定着学生的学习是否有效或高效，而且也反映了学生是否“会学习”。

中职学生的知识经验水平毕竟有限，对社会生活的认识还停留于表面，因此对自己情绪和行为的理智控制水平还不高。中职学生容易受到内在情绪和外在环境的干扰，比如有些学生在产生某种强烈的欲望时，当自己的自尊心受到伤害时，在同学伙伴的哄闹或挑唆下，很难控制自己的理智与行为。在学习方面表现为计划性不强，即便有计划，也由于坚持性差，致使定下的学习计划难以实现，遇到困难就退缩，以致学习不能取得良好的效果。他们在学习过程中，常常是失败多于成功，造成恶性循环，越学不好越没毅力去学，对某些知识的学习不能坚持到底，结果导致学习效果不佳。例如有个中职生为了获得奖学金努力学习，但由于各方面的原因而没有得到时，受到其他同学的嘲讽，表现出强烈的情绪状态，不能控制自己的行为，与同学发生冲突，进而丧失自信，一蹶不振。

（五）学习基础薄弱

学生的学习基础是指学生入校前原有的知识基础，它既包括陈述性的知识，也包括程序性的知识；既包括从物理性认知学习得来的知识，也包括广泛的社会性认知学习得来的知识。这些知识都是学生个人在以往的学习中建构起来的个体知识。它是学生适应新环境、接受新知识、提高综合能力的必备要素，同时也是影响学生学习积极性的内在要素之一。

大部分职校学生在从小学到中学的学习中，学习成绩逐渐下降。在进入职业学校前，原有的文化知识基础相当薄弱，读、写、算、思维等基本技能偏差，语文、数学、英语等文化基础课水平较低，而具备这三科的学习能力在学生学习准备中占有相当重要的位置，它既是新生进入职业学校后学习语文、数学、英语等基础科目的基础，同时又是学习其他科目的重要工具。而职业学校学生在这方面能力的欠缺，势必成为学生入学后学习其他科目的障碍，导致他们在课堂上听不懂老师的讲解，看不懂教材中的内容，理解不了抽象的概念，严重地影响了学习的积极性，同时对学校正常教学进度的完成也产生了负面的效应。

除此之外，他们对社会知识的了解也较贫乏且综合能力欠缺。学生中认为自己“见多识广，知识面较宽”、“遇到问题一般能想出办法解决”、“有组织能力，有号召力”的寥寥无几。职校很多学生已经成为同龄人中的落后者。

学科认知能力的下降，影响了学生社会认知能力的发展，表现在学生学习的自信心、学习的态度、学习的兴趣、学习的情感上都不尽如人意。这些能力的匮乏使学生很难适应职业学校正常的教学目标与教学内容，从而最终导致学生学习积极性的下降。

第三节 培养中职学生健康的学习心理

苏联教育专家巴班斯基认为：学生的学业不良，学校教育应负78%的责任，也就是说，学生的学业不良，其学校教育占有绝对的影响。这一结论可能让某些教师觉得有点儿委屈：该教的知识都教了，可学生不爱学习、学习成绩不好却全成了教师的责任。作为现代教师，最重要的职责不是教学生掌握知识，而是从培养学习兴趣，激发学习动机，掌握学习策略，加强学生学习自我调控能力，提高心理能力特别是抗挫能力的培养等方面着手，使中职学生养成健康的学习心理。

一、调动学生的学习兴趣

好奇心是激发学生学习兴趣的内在源泉。学生最主要的实践就是参与课堂教学活动，课堂不仅是传授知识的殿堂，也是师生生命发展、情谊交流的载体，教师利用这个载体发展学生内在学习动机的最主要手段是让他们“学有所得”。教师在课堂教学中的主要作用不是“灌”而是“导”。比如，当学生的学习态度不端正时，教师应给予引导；当学生的学习方法不对时，教师应给予指导；当学生的学习思路不清时，教师应给予开导；当学生的学习效果不好时，教师应给予辅导。

（一）让学生悦纳老师

“亲其师”，才能“信其道”。孔子云：“知之者不如好之者，好之者不如乐之者。”一个学生对一个老师的感情，直接影响着这名学生对这位老师所教学科的情绪，如果他们喜欢这位老师，往往就喜欢听他的课，喜欢这一学科，相反，如果他们讨厌某一老师，也会讨厌这位老师所教的课程。如何达到亲其师而信其道的境界？教师要时刻注意自己的形象，注重教仪教态，学习必备的教育学、心理学理论知识，学会运用这些知识来剖析学生的心理，了解学生的情感需要并给予满足，乐于疏导学生偏差的心理，等等，使学生感到老师可敬、可亲、可信任，乐于接受老师的教诲。

（二）改善教学方式方法，吸引学生注意力

其实厌学学生并非没有其感兴趣的知识，只不过是他们的兴趣中心不在所学习的学科知识上；有的兴趣面不广，只对某些学科感兴趣；有的是兴趣的稳定性差，兴趣中心不断转移。教师要具备改变的能力，及时改革教学的方式与方法，创造“可教育时刻”，引导学生把兴趣中心转移到学习上来。“可教育时刻”是指学生愿意学习的可教育的时刻。如何创造这一时刻呢？无论任何学科都可以从大多数学生所在的那个起点出发，这样，当代的电影、流行歌曲、电视节目、新闻消息都可以作为教学的开端或背景知识，而不是仅仅以枯燥的书本文字为出发点。每个教师都能创造自己的可教学时刻，只要用心去发现和思考。在日常的教学工作中，任何教师，在任何班级都能发现学生对某些问题的兴趣。能引起学生兴趣的那些知识，那个时刻就是你要用心把握的时机，千万要抓住，给学生创设一种知识的饥饿感，以激发他们的求知欲，使深奥的、逻辑性强的知识变得通俗易懂便于接受，给学生创设取得成功的机会和阶梯，提高学生学习的成就感，在不断的满足中不断提高。例如，那些比较受欢迎的老师，要么是知识渊博，要么是和蔼可亲，要么是对学生一视同仁，要么是能讲解一些跟时代息息相关的事情。尤其是其中与时代息息相关的一些事情，就很能激发学生的兴趣，这也就是学生的可教育时刻。

（三）促使学生卷入学习任务中

如果学生对学习没有兴趣，我们是不能通过外部奖赏使他们变得富有内在动机的。帮助缺乏学习动力的学生的最好办法是帮助他们在学习上取得进步，并在进步中体验一种内部的自我奖励。因此要设法使他们卷入任务之中，达到激励内在动机的目的。

卷入意味着什么？首先，它意味着要注意眼前的学习任务；其次，必须具备卷入之后的深入加工所需的必要知识基础；再次，学生有自己决定自己进度快慢的选择自由，而不是依照教师规定的步伐。

随着卷入的持续，内在的动机和兴趣在开始时不会有多么明显的提高，但是，经过一个较长时间的量变之后，会在某一时刻（通常是一个学期之后）出现质的飞跃。最后学生感叹说：“嗨！这比我过去认为的有趣多了！”

如何才能促进学生卷入到学习任务之中去呢？首先，教师应设法使学生在卷入学习任务的过程中不会受到失败的威胁，而且应使学习任务变得更加容易完成，学习因此受到促进；此外，教师应当抓住每一个机会向学生指出完成特定学习任务的社会价值，而许多教师往往忽视了这一点。要做到这一点，显然教师要完成许多“家庭作业”，仔细考虑好在讲述知识时如何从一个发人深省的小故事开始，从引发内在兴趣开始。

研究证明，运用一些庸俗、低级趣味的内容来活跃课堂的做法，虽然会使学生感到听课“有趣”，但并不能促进学科知识的学习和调动学习的内在动机。因此，应尽量避免使用。

当代著名认知心理学家米勒（G. Miller）曾经说过：“我认为，教师应该较少详述事实，较多提出问题，较少给以现成答案，要指出所教课程的戏剧性、美妙之处，引发美感，必须引发智力活动过程，必须产生对知识本身的感受。如果做到这些，那么，学习将是一种令人激动的冒险活动，就很少有人会逃避这种活动。这是一种精神的觉醒，这种精神可能持续人的一生。这样学生就会把学习看成是自己的能力范围内可以完成的事情，不再去找一些客观的原因。”

二、激发学生的学习动机

（一）个体成就动机理论

成就动机最早是由麦克兰德（D. McClelland）和阿特金森（J. Atkinson）提出来的。成就动机主要是通过社会竞争来达到提高自我的目的，这是一种在社会竞争中追求成功的动机。其强化力量主要来自于跻身于金字塔之顶，就是说在公开竞争中击败对手。其目标主要不是获得物质奖励，而是来自人的一种精神的愉悦。

根据阿特金森的观点，成就动机包括两种主要成分：一是追求成功的动机，特别是指通过成功达到自我提高的目的；二是逃避失败的动机，主要指保全面子、怕丢丑的动机。

有些人追求成功的动机强于逃避失败的动机，这种人被称为高成就需要的人（他们实际能力的高低是另一回事）。而逃避失败的动机强于追求成功的动机的人，被称为是低成就需要的人。一件事情如果有55%的可能性取得成功，那么高成就动机的人则会感到值得去为之奋斗，因为这样的成功会带来荣耀。但是对于成就动机低的人来说，55%的成功把握不值得去奋斗，因为有45%的可能性会使自己丢面子。宁愿无成就，也不要丢面子；宁愿不追求成功，也不要遭遇失败，这就是低成就动机的人的哲学。

因此，高成就动机的人积极参与竞争，而低成就动机的人尽力回避之。他们在失败面前的态度也不同。高成就动机的人，在失败之后倾向于更加努力，因为他们喜欢挑战和竞争；低成就动机的人，在失败面前一蹶不振。

就学习动机而言，从表面上看，追求成功（争取考试及格或争取考试成功）和逃避失败（怕考试不及格或怕考试落后），都能促进学生用功读书，但在心理上和学习效果上的影响却不一样。追求成功使人振奋、乐观、积极、乐学好学，学习效果也好；而避免失败使人感到忧心忡忡、心情压抑、消极被动，学习效果也差。因此，我们应鼓励学生以追求学业进步为奋斗目标，而不应以勉强过关为学习目的。

在教学背景中，某些学生的成功是以另一些学生竞争上的失败为代价的，总会使一些人在失败面前变得退缩和害怕。因此，心理学家们建议把常模参照测验变换为标准参照测验，就是说，教学中的竞争不是比名次或等级，而应该是和学习之前的标准比进步，或达到某个事先确定的某种标准的程度，就是我们平常所说的变横向比为纵向比。例如，只要看到自己现在能按时交作业了，哪怕作业上全是教师打的红叉叉，也要安慰自己："虽然比别人差，但我的确在进步"，"不怕慢，只怕站"，只要不断进步，不论现在如何，坚信自己总有一天会从"量变"跃向"质变"的。

学生在学校中的成功和失败，会产生所谓的"光环效应"。在早期的学习经验中，不断地遭受失败的经验对任何学生来说都是不幸的。早期体验到失败的学生，摆脱不了失败的威胁，不敢大胆投入新的活动，这会妨碍学生以后在大胆创新方面的努力。

总之，学生的学习动机是促使学生学习的内部动力，一个有较强学习动机的学生必然会保持比较稳定的、良好的学习状态。处理好学生的成就动机，是一件意义十分深远的事。

（二）激发成就动机的策略

1. 形成正确的自我概念

所谓自我概念，是一个人认为自己是怎样一种人的主观看法。一个人的自我概念在很大程度上是一种社会产物，它形成于个体接受了别人对他的评价，并把这种评价加以内化，成为自我意识的过程。自我概念十分重要，因为它一旦稳定下来，就成为一个人一生中所有行为的参照点，他的动机、他的抱负水平、他的行为方式，在很大程度上取决于他的自我概念，而不是取决于他真实的自我。一个自我概念为"我是优等生"的学生，其动机会较强，抱负水平也会高，自信心也会强，喜欢解决较为困难的问题，成绩稍差就会产生焦虑，并力求重登榜首。而一个自我概念为"我是差生"的学生，其抱负水平和自信心往往不高，碰到难题常打退堂鼓，甘居下游，表现出较低的学习动机。因此，要形成和激发学生的学习动机，就必须帮助学生形成积极的自我概念。中职学生大部分在以往的受教育经历中常常处于不利地位，影响着他们的自尊、自信，因此对课堂学习反感、敌对。进入中职学校后，应让他们改变过去的处于不利地位的角色，如担任班团干部、学生会干部等，让他们的自我概念、成就动机等实现积极改变。

2. 帮助学生确立合理的目标

中职学生动机水平的发展趋势呈现这样的特点：一年级的学生由于刚进入一个新的学校、新的学习阶段，有一种从头开始的愿望，有一些学生有积极向上的理想和追求；二年级的学生由于适应了新的学习环境和学习生活，慢慢滋生倦怠感，淡忘了自己的理想和追求，比较散漫，不严格要求自己，因而动机水平较低；三年级的学生即将毕业，面临就业的压力和选择，也进一步明确了自己的理想和追求，因而动机水平较二年级时有所提高。教师应注意分析了解中职学生的发展特点，恰当施加教育影响，帮助其树立具体、明确的目标，并将他们的个人目标与学习目标结合起来，并引导其通过恰当的途径实现个人目标。

3. 学会正确的归因

每个人往往都有一种比较稳定的归因倾向。韦纳指出：将失败归因于稳定的、不可控制的原因（如能力差、任务太难等）将降低对成功的期望，若把失败归因于稳定的内部因素（如缺少能力）将增加对行为结果的消极情感。相反，将成功归因于稳定的因素（如能力），将失败归因于变化的因素（如运气），更能增加成功后的与尊重有关的情感（如自豪感）。

我们认为：把成败归因于外部原因，容易产生被动、消极、依赖、侥幸等心理；把成败归因于自己不可控制的原因，容易形成听天由命、不负责任的心理，有时甚至产生无助感，把成败归因于某些稳定因素时，容易产生思想上的情绪化和盲目性，盲目乐观或悲观。因此，最好把成败归因于不稳定的、可以控制的内部因素，如努力程度、动机强弱、知识基础是不是牢固等。我们在教育学生面对困难、挫折时，引导他们正确归因，要多找自身的原因，少找客观的原因。

4. 掌握学习策略

让学生学习和掌握最佳学习策略，增强学习过程的自主意识和自我调控，是教学生学会学习的核心内容。学习策略的概念外延不仅仅局限在认知过程，还包括认知、情感、行为学习的各种方法与策略。依据信息加工论的观点，可将学习策略分类如下。

（1）选择性注意策略：如复述、笔记、将输入信息形成组块等；

（2）短时记忆策略：包括复述策略、精制加工策略和组织策略；

（3）新信息内在联系的策略：如分析学习材料的内在逻辑结构和组织结构；

（4）新旧知识联系的策略：如比较新旧知识异同，把新知识应用于解释新的问题情境；

（5）信息长期保存的策略：如运用记忆术，双重编码，提高加工水平。

在学习策略运用的过程中，元认知或自我监控是必不可少的技能，这使得近年来有关自我调节学习的训练和研究越来越受到重视。自我调节学习包括自我强化、目标确定、自我教育、自我知觉和自我评价等。

中职学生在学习的过程中需要掌握哪些基本学习策略呢?

第一，预习让学习更从容。

预习的目的就是为了使自己的学习和整个班集体学习进度一致，提高听课效果。在预习时要做到：了解教材的大概内容与前面已学的知识框架；找出本章或本课内容与前面已学知识的联系，找出所需的旧知识，并补习此时的知识；找出本课的难点和重点（作为听课的重点）；对重点问题和自己不理解的问题，用笔划出或记入预习笔记。

第二，笔记使学习更清晰。

很多中职学生对课堂笔记持否定态度。“从小学开始，我就不喜欢上课记笔记，开学初迫于无奈记一些，后来不了了之，可惜了我那漂亮的笔记本!”“上课根本没必要记笔记，老师讲的东西书上全有，我只要在书上划划就可以了。”当然，也有学生感受到记笔记的好处。“我上课记笔记，一方面是为了避免自己分心，另一方面是因为好记性不如烂笔头，记一遍可以加强记忆。”……

1981 年，心理学家巴纳特（W. Barrett）等人把大学生分成三组，研究不同听课方式的效果。结果显示：A 组（一边听、一边用手边的纸笔记笔记，并摘出要点）大都能较完整地复述录音内容，包括其中的一些细节；B 组（在听之前发给每人一张印有要点的纸，在听的同时可以看已列好的要点）能讲出主要内容；C 组（单纯地听，不做任何其他的事）复述出的内容差别很大，他们各不相同地复述了一些自己注意到的内容，更有趣的是，间隔的时间越长，C 组的同学越是忽略其他主要内容而扩大了自己注意到的那部分内容的重要性，有些人还添加进了一些录音中未提及的相关知识内容。由此我们不难看出，记笔记的目的和好处至少有三点：①引起注意，这是我们学习知识的第一阶段。②便于发现新内容与原有知识间的联系，有助于我们对它进行加工处理，存于脑中。③提供了从大脑中提取知识内容的线索，有助于回忆起有关内容较为详尽的资料。

第三，记忆是学习的第一步。

法国思想家伏尔泰曾说：“人，如果没有记忆就无法发明、创造和联想。”学生对知识的有意记忆是学习的第一步。心理学研究表明，有意记忆的效果明显优于无意记忆，理解记忆的效果优于机械记忆。有意记忆就是有明确的目的或任务、凭借意志努力记忆某种材料；理解记忆就是在积极思考、达到深刻理解的基础上记忆材料。

人们根据心理学研究成果和经验总结归纳出许多行之有效的记忆方法与技巧，但任何记忆方法都离不开意志力，要下决心记住一段材料，就要进入“两耳不闻窗外事”的境界。如果面对着要记的东西，连连叫苦不迭，或漫不经心，或知难而退，都不会取得好效果。

第四，复习是不可或缺的学习环节。

根据心理学家艾宾浩斯（H. Ebbinghaus）的遗忘曲线可以知道，遗忘主要发生在识记后的两三天，那时遗忘速度最快，然后逐渐缓慢下来。所以要“趁热打铁”，切忌在学习之后很久才去复习，那时所学知识遗忘殆尽，就等于重新学习。

复习环节更重要的意义在于能使知识达到系统化、融会贯通的新水平。知识的系统化是对知识的掌握达到了一个更高的境界，要做好这项工作：一要靠平时把概念和原理学好，为建造“知识大厦”备好料；二要肯于坚持艰苦的思考，思想懒汉、逃避艰苦思考的人，是不可能真正掌握好知识的；三要学会科学地思维。

三、加强学生的自我调控能力

学生在意识到自己在学习中的主体地位、主体任务之后，就要考虑怎样充分发挥自己的主体作用，积极、主动、高效地学习。德卡默斯（De Camas）专门研究了主体意识与学习动机的关系，他称主体意识高的学生为“主宰”，这样的人把自己看成是自己行为的根源，是自主自决的人，他们是内归因的人。他们认为自己是自己生活的主宰，自己拥有自己，自己为自己的行为负责。而有的人则把自己看成是由比自己更强的其他人所支配的人，他称这种人为“奴仆”。他们具有外控制点的归因倾向，缺乏自主自立意识，他们所做的事被认为是别人为他们决定好了的，很少拥有自己的感觉。德卡默斯在一所中学专门研究了把自己看成奴仆的学生，结果发现，这些学生之所以把自己看成是一个微不足道的小人物，是由他们的社会背景和学校的长期影响所积淀的。他们的学校生活很制度化，在学校中他们很少或根本没有机会对自己的事发表意见。随着他们生活中越来越多的方面由他们自己决定，他们就越来越感到自己像“主宰”而不像“奴仆”，他们越来越变得有更强的内在动机。心理学研究还表明：学生通过阅读文字材料，或听老师讲授后，能记住10%—20%的内容；学生对他们看到的事物现象能记住30%左右；如果既听又看到事物现象，自己又描述，便能记住70%左右；如果学生亲手操作过又描述过或讲述过，则能记住90%左右。因此，对学生来说，主体意识是可以通过学校生活来培养的。在教学中一定要改变教师在课堂上唱主角的地位，要让学生变被动为主动，充分发挥他们的主观能动性，从被动接受知识到主动获取知识，由知识的奴仆变成知识的主宰，从提高学生主动参与教学过程入手，提高学习效率。

心理学的实验也证明，当学生知道自己处于一种被压迫监视的环境中时，他们的内在动机就会压抑。这一研究和学校教育显然有很大的关系。当学生发现一双眼睛在身后盯着自己，他们很少能够感受到自己的内在动机。这种情境给学生提供了一个十分不利的信息：“我知道你不行，如果我不监视你，你就会出现错误”或“知道你不想学习，但你没有其他选择，你必须学习，因为我在你身后盯着你”。处在这种情境之中，哪里还能有激发起内在动机的体验呢？因此，我们可以看到，学生对自己的行为受什么控制的感受（控制感）会影响自主性学习动机和主体意识的发展。许多实验证明了这一论点。

许多人都有玩电子游戏的体验，甚至有些人到了痴迷的程度。为什么电子游戏有那么大的吸引力呢？其实，电子游戏与其他学习任务一样，都是有一定难度的，需要花费时间学习新技能。为什么很少有人像厌学那样讨厌电子游戏的新技能的学习呢？原因或许是多样的，但最重要的原因恐怕有两点：第一，游戏活动过程提供了一种内在的奖赏，例如，每吃掉一个黑点就得多少分，每一局练习都有总分显示；第二，“学习者”可以看到的是游戏者有自主权，玩什么游戏，选择多大的难度都由自己决定，学习好坏和进步快慢都是自己的事，没有别人的监督或批评，所以游戏过程始终伴随着轻松感，而无压抑感。这一点有点类似现在的选秀比赛，谁能说这些比赛没有难度？参赛的选手也是面对很大的压力，但是他们个个都勇往直前面对挑战，其主要的原因恐怕就是：有掌声的鼓励，有台上的风光，有众人的支持，在这种众星捧月般的生活中，他们找到了自己真正的价值，他们真的可以主宰自己的生活。

传统教学中，学校中的一切学习是由教师安排和控制的，在实验中哪怕给学生一点儿自主权，也会提高学生的学习成绩。实验证明，如果在教学中经常让学生承担自己的学习责任，检查自己的学习结果，那么就能提高学生的学习成绩。在一个实验中，教 25 位教师如何给学生以更大的责任去组织自己的学习活动，结果学生的阅读成绩明显上升，而且，当教师判断自己是最成功地遵循了实验者意图的人时，其效果最好。在当代著名教育改革家魏书生的教学中，从来都是让学生自己给自己布置作业，自己给自己分配学习任务和内容，这样不但没有影响学生的学习效果，反而还给学生主动学习的机会，培养了他们主动学习的能力，所以当魏老师外出出差时，学生照样安安静静地学习。这就是学生主体意识增加后变被动监视为主动积极，变“奴仆”为“主宰”的结果。

四、培养学生的良好学习习惯

所谓学习习惯是指主体在较长的学习过程中，逐渐养成的不易改变的学习行为。任何行为只有多次强化才会转化为习惯，包括好习惯和坏习惯。

我国教育家陈鹤琴先生认为：“习惯养得好，终生受其益；习惯养不好，终生受其累。”一般说来良好的学习习惯可以使学习者用不着别人的监督，就能坚持学习。这样不但有利于当前学习效率的提高，而且对今后的学习和工作也将产生很好的影响，甚至终生受益。中职学生学习习惯的培养有两个操作层面：具体行为和心理行为。具体行为操作是学校在日常教育教学管理中不断强化的，这是可见的和外在的学习策略。比如认真预习、专心听课、及时复习、独立完成作业、积极应考等好习惯。但这是远远不够的，还必须深入学生的心理层面培养和训练他们，养成诸如专心致志、有疑必问、有错必改、积极探究等优良习惯，使他们的学习越来越轻松自如、水到渠成，充满自信。

良好的学习习惯是在长期的学习活动中逐渐养成的。习惯的养成不但需要学生自己有坚强的意志力，还需要老师的监督和不断的提醒，更需要老师极大的耐心。很多中职学生缺乏毅力，自觉控制能力较差，在学习中遇到困难时，往往不肯动脑思考，遇难而退，或转向教师、同学寻求答案。因此，教师要帮助他们养成专心致志的习惯和善于定时定量的习惯等。

【建议参考资料】

1. 郑日昌，刘视湘. 中小学心理健康教育［M］. 武汉：武汉大学出版社，2010.

2. 麦库姆斯，波普. 学习动机的激发策略［M］. 伍新春，秦宪刚，张洁，译. 北京：中国轻工业出版社，2002.

3. 科温顿，蒂尔. 学习障碍的消除策略［M］. 伍新春，郑秋，李虹，等，译. 北京：中国轻工业出版社，2002.

4. 考其克. 学习与教学策略［M］. 伍新春，朱瑾，夏令，等，译. 北京：北京师范大学出版社，2007.

5. DRISCOLL M P. 学习理论与教学［M］. 伍新春，张爱芹，李虹，等，译. 2 版. 北京：北京师范大学出版社，2004.

6. 皮连生. 学与教的心理学［M］. 5 版. 上海：华东师范大学出版社，2009.

7. 陈丹辉. 职业学校学生学习准备特点研究［M］. 北京：气象出版社，2004.

【问题与思考】

1. 中职学生学习的影响因素有哪些?
2. 如何提高中职学生的学习兴趣?
3. 如何激发中职学生的学习动机?
4. 如何加强中职学生的自我调控能力?
5. 如何培养中职学生良好的学习习惯?
6. 中职教师如何在教育教学实践中培养学生健康的学习心理?

第六章　中职学生 自我意识的教育与辅导

【本章提要】

本章主要涉及中职学生自我意识的教育与辅导，包括自我意识的含义与结构、中职学生自我意识的发展特点及影响因素、中职学生常见自我意识问题的教育与辅导、中职学生自我意识的完善。中职阶段学生的自我意识经历分化、矛盾之后逐步走向统一，他们在自我认知、自我体验、自我调控三方面均呈现出这一阶段所特有的特点和问题。中职学生可通过自我认知的加强、积极情绪情感的培养和意志品质的增强来逐步完善自我意识。

【学习重点】

1. 自我意识的含义与结构
2. 中职学生自我意识的发展特点及影响因素
3. 中职学生常见自我认知、自我体验、自我调控的问题与辅导
4. 中职学生自我认知的加强
5. 中职学生积极情绪情感的培养
6. 中职学生意志品质的增强

【重要术语】

自我意识　自我认知　自我体验　自我调控　自我评价　自卑　情绪情感　意志

第一节　中职学生自我意识的概述

一、自我意识的含义与结构

自我意识是人类意识最具本质的特征，是一个人人格的核心因素。人正因为有自我意识，才成为一个清醒和能动的个体。人是什么？我是谁？人类很早就开始了对自身的认识和思考。对于每个人来说，自我既十分熟悉，又常常令人困惑。“我是个什么样的人？”“我将来会成为什么样的人？”每一位中职学生都曾或多或少有过这样的思考。健全的自我意识和积极的自主功能在中职学生的个人发展中既起到定向作用（做什么），也起到动力作用（我要做），更起到调控作

用（怎么做）。只要具有正确的自我意识，中职学生的成长、学习和参与社会的力量就会受到来自自身的强烈驱动力，而不是外在的压力和奖惩因素。增强自我意识、发挥自主能动性，不仅可以帮助中职学生顺利度过职校生涯，而且也必将为其一生的有效生存与积极发展奠定良好基础。

（一）自我意识的含义

自我意识是指人对自己、自己与他人、与周围环境关系的多方面多层次的认识、体验和评价。从个体本身来说，自我意识是指个体对自己的生理状态、心理特征的认识，以及由此所产生的对自己的态度和对自己的评价，它体现着怎样认识自己和如何对待自己两方面的统一。从交往关系来说，自我意识是指个体对自身与周围事物的关系的认识、态度及评价，它体现着个体意识到的自身与周围现实的辩证关系。

自我意识包括对生理自我、心理自我和社会自我三方面的认知。生理自我是人对自身生理状态的认识和体验，包括对自己性别特征、身材、相貌的认识以及对器官组织、生理功能等的认知；心理自我是人对自身心理状态的认识和体验，包括对自己的思维、情感、个性、意志等心理活动的认知；社会自我是人对自己社会属性的认识和体验，包括对自己在群体中的地位、作用以及自己和他人相互关系的认知。

自我意识是人类特有的反映形式，是人的心理区别于动物心理的一大特征。个体的自我意识在社会化过程中逐步形成并发展起来，正是由于人具有自我意识，才使得人对自己的思想和行为进行自我控制和调节，使自己形成完整的个性。具有完整、统一的自我意识是心理健康的重要条件和重要标志。

（二）自我意识的结构

自我意识的结构从知、情、意三层次分析，包括自我认知、自我体验和自我调控三个子系统，因此自我意识也叫自我调节系统。

1. 自我认知

自我认知是自我意识的认知成分。它是自我意识的首要成分，也是自我调节控制的心理基础。自我认知包括自我感觉、自我概念、自我观察、自我分析和自我评价。自我分析是在自我观察的基础上对自身状况的反思。自我评价是对自己能力、品德、行为等方面社会价值的评估，它最能代表一个人自我认知的水平。

自我认知主要解决“我是一个什么样的人”的问题，是指主我对客我的认知和评价。比如有人观察自己的相貌，认为自己属“清秀型”；分析自己的性格，认为自己属“外向型”；评价审视自我时，认为自己是个活泼开朗、性情急躁、容易冲动的人。在客观的自我认知基础上作出正确的自我评价，对于个人的心理生活、行为表现及协调个人在社会群体中的人际关系，都具有重要的影响。如果一个人在社会生活中把自己看得低人一等，没有价值，那么他做事就会缺乏胜任的信心，没有主动性和积极性，逐渐产生自卑感，结果无论做什么事情都难以保证质量。相反，如果一个人只看到自己的长处，那么他做事就会盲目乐观，自我欣赏或是自以为是，结果不仅会逐渐自满，而且往往会影响到人际关系的和谐。可见正确的自我认知对个人的健康发展有着不可忽视的影响。

2. 自我体验

自我体验是自我意识在情感方面的表现，是个体对自己怀有的一种情绪体验，表现为自尊心与自信心、成功感与失败感、自豪感与羞耻感等，其中自尊心、自信心是自我体验的具体内容。自尊心是指个体在社会比较过程中所获得的有关自我价值的积极评价与体验；自信心是对自己的能力是否适合所承担的任务而产生的自我体验，自尊心和自信心都与自我评价紧密联系。

自我体验主要涉及“我对自己是否满意”、“我能否悦纳自己”这类问题，反映主我对客我所持有的一种态度，体现主我需要与客我现实之间的关系。客我满足了主我的要求，就会产生积极肯定的自我体验，即自我满足；反之，客我没有满足主我的要求，则会产生消极否定的自我体验，即自我责备。比如有人因为自己长得不好看，所以对自己感觉不满意，甚至不愿接受这个丑陋的我，久而久之就会感到自卑。可见，如何恰当地处理自我体验，对个体身心发展具有重要意义。

3. 自我调控

自我调控是自我意识的意志成分。主要表现为个体对自己的行为与心理活动的调控，包括自我检查、自我监督、自我控制、自我教育等层次。自我检查是主体在头脑中将自己的活动结果与活动目的加以比较、对照的过程；自我监督是主体以其良心或内在行为准则对自己的言行实行监督的过程；自我控制是主体对自身心理与行为的主动掌握；自我教育是主体认识主观世界和教育自己的过程。自我调控是自我意识中直接作用于个体行为的环节，它的实现是自我意识能动性的表现。

自我调控主要解决“我怎样节制自己”、“我如何改变自己”、“我怎样使自己成为理想的那种人”之类的问题，是指主我对客我的制约作用，主要表现为：启动或制止行为、心理活动的转移、心理过程的加速或减速、积极性的加强或减弱、动机的协调、根据所拟订的计划监督检查行动、动作的协调一致等。比如有人因经受失败而伤心难过，为了不影响学习，上课时努力克制自己的情绪，把注意力转移到学习上。自我调控对于个体身心发展有着不可忽视的重要意义。

二、中职学生自我意识的发展特点

中职学生正处在青少年时期，是从儿童期向青年期发展的一个过渡时期，这个时期也正是自我意识迅猛发展并逐步走向成熟的阶段。处于这个阶段的中职学生，一切问题既是以自我为核心而展开，又是以解决好自我这个问题为目的，这种主客观上的需求使得他们的自我意识获得了高度的发展。与初中生相比，中职学生的自我意识呈现出其独特的一些特点。

（一）自我意识的独立意向

中职学生对自我的认识逐渐增强，他们已能完全意识到自己是一个独立的个体。他们更关注自己的内心世界，能独立评价自己的内心品质，评价行为的动机及效果的一致性情况等，要求独立的愿望日趋强烈，开始逐渐摆脱成人和权威的影响，出现了采纳同龄团体评价标准的倾向。这一时期，同伴对个体的影响会远远大于父母和教师的影响。中职学生逐渐学会了较为全面、客观、辩证地评价自己，而且日趋深刻，表现为他们不仅能分析自己一时的思想矛盾和心理状态，而且能认识到自己较稳定的个性心理品质。

（二）自我意识的分化

中职学生自我意识的确立是在自我明显分化的基础上完成的。在这一阶段出现了两个“我”，一个是作为观察者的“我”，另一个则是作为被观察者的“我”，即主我与客我的分化，他们善于内省，思考自己和与自己有关的问题，由此产生了对自我的肯定和否定。如果在主我与客我分化的基础上，能够形成新的认知水平上协调统一的自我，那么就能形成良好的自我意识，反之可能会出现自我意识的混乱。自我意识的分化是自我意识开始走向成熟的标志，正是由于这种分化，才形成了他们思维或行为上的主体性，产生了按照自己的想法去判断和控制自己言行的要求和体验，同时也出现了自我的矛盾。

（三）自我意识的矛盾

中职学生自我意识发展的实质是自我意识分化中不同的“我”的矛盾发展过程。主要体现为：

1. 独立意识与现实依赖之间的矛盾

中职学生的理想自我认为自己已经是成人，成人感使他们的个体独立意识强烈起来，他们渴望在精神上摆脱成人的束缚，拥有自己独立自主的决定权，尤其是脱离父母的约束和管理，但是又无法彻底摆脱对父母及外界的依赖心理。经济上，他们还需要父母和学校、社会的资助；心理上，由于认知水平不够成熟，社会经验缺乏，在面对许多复杂的事情和新的环境时，他们依然希望得到成人在精神上的理解、支持和保护。中职学生往往处在对独立意向的追求和摆脱不了的现实依赖的心理矛盾中。

2. 理想自我与现实自我之间的矛盾

中职学生进入学校以后，理想自我将自己设计为所学专业的专门人才，他们对理想的实现充满自信并具有强烈的成就欲望。但现实自我的知识、能力、经验与理想自我的实现存在较大的差距，于是出现了理想自我与现实自我之间的矛盾，陷入趋避两难的冲突中。当理想自我占优势时，往往表现出较强的虚荣心和自我陶醉，行为上表现自负，特别在乎别人对自己的评价，担心暴露自己的缺点。当现实自我占优势时，往往认为自己事事不如人，表现出较强的自卑感，形成自我怜悯或放弃努力的心理状态。理想自我与现实自我之间的矛盾使得他们时而对自己充满信心，时而又感到自己一无是处；时而感到自己很成熟，时而又觉得自己很幼稚，处于矛盾斗争之中。

3. 自尊心与自卑感之间的矛盾

随着年龄的增长、知识的增多、交往的扩大，中职学生自我意识迅猛觉醒，产生强烈的被欣赏和被喜爱的需求。这种对赞赏的需求使得他们的自尊心、好胜心不断强化。但对于中职学生这一群特殊的孩子来说，由于他们中的大多数在学业方面一直都比较落后，有些中职学生在行为习惯方面还存在不少问题，难免经常遭到来自老师和家长的批评和指责，容易产生自暴自弃的念头，无论对怎样的批评都习以为常或不以为意，呈现出低自尊水平和自卑的心理状态。中职学生的自尊心强而敏感。他们最怕别人看低自己，最希望得到社会的承认和鼓励。他们会以各种方式在各个领域表现自己，处处争强好胜。这种获得成人赞赏的需求，如果不能以合乎社会角色规范的方式得到满足，比如在学习、工作、业余爱好中取得成绩、赢得荣誉，就可能导致中职学生用不符合社会角色规范的方式去寻求满足，如寻衅滋事、玩世不恭、打架斗殴、搞恶作剧等。

（四）自我意识的统一

自我意识的分化与矛盾所带来的痛苦不断促使中职学生寻求解决方法以求得自我意识的统一，即寻求自我的同一性。自我同一性主要体现为主我与客我的统一，理想自我与现实自我的统一，自我与客观环境的统一，即表现为自我认知、自我体验和自我调控的和谐统一。中职学生在形成“我就是这样一个人”或“这就是我自己”一致性的同时，也表现出不同的心理状况。

1. 自我肯定型

这类中职学生的自我统一属于积极的统一，其特点是理想自我与现实自我能通过积极的矛盾斗争达到积极的统一，转化为积极的自我。

2. 自我否定型

这类中职学生的自我统一属于消极的统一，其特点是对现实自我评价过低。他们通常不是通过自身努力去改造现实自我，而是放弃理想自我屈从现实自我。由于对现实自我的不满，加之无力改变现状，因而他们最终走向否定自我。

3. 自我扩张型

这类中职学生的自我统一属于带有危害性的消极类型。其特点是对现实自我过度高估，过度悦纳自我，常常用理想的自我意识来不合理地取代现实的自我意识，理想自我与现实自我的统一为虚假的。

4. 自我萎缩型

这类中职学生的自我统一也属于带有危害性的消极类型。其特点是理想自我极度缺乏或丧失，对现实自我又深感不满，自卑心理严重，甚至出现理想自我与现实自我的对抗。

三、中职学生自我意识发展的影响因素

（一）生理和遗传因素的影响

心理学研究表明，人的心理活动是在遗传素质的基础上，经过后天环境和教育的影响，在实践过程中发展起来的。遗传素质是人心理活动产生的物质前提和必要条件。据临床观察发现，一个人的体形、个性心理特征及神经系统活动特点中的某些成分，受到遗传素质的明显影响。瑞士心理学家荣格（C. Jung）认为个性是自我延伸，这是一种有异于他人的稳定的素质，给人的行为以一定的倾向性。人的思维、认知和行为决定于个体所具有的某种遗传特质。自我意识也受到个体特质的影响。

（二）家庭环境和早期教育的影响

在我们成长的初期，自我意识是由很多的自我经验，即对自己的体验所形成的。通过周围的重要他人，如父母等对我们的教育、态度和反应，我们不断地积累着很多的自我经验，基于这些自我经验，我们建立起一套对自己的认识，对自己是一个什么样的人形成印象。因此，自我意识透过我们与环境、家庭相互影响而成。不同的家庭经济条件会影响他人对个体的评价，进而影响到个体对自身的评价。有些家庭经济环境不好的中职学生自卑心理严重，自我意识明显不如家庭经济条件好的中职学生积极健康。

（三）生活事件的影响

生活事件是指人们在日常生活中遇到的各种社会生活的变动，如升学、就业、意外伤害、亲人亡故等。中职学生通过生活事件累积的生活经验也直接影响着自我意识的发展，特别是成功与失败的经验对自我的形成与自我意识的发展影响力更为巨大。随着经验的扩大，成功和失败的经验也随之增多，通过自己对这些经验的再认识，个体可以修正自我意识。

第二节　中职学生常见自我意识问题的教育与辅导

一、中职学生常见自我认知问题与辅导

案例：日本保险业泰斗原一平在27岁时进入日本明治保险公司，开始推销保险，当时他穷得连中餐都吃不起，并露宿公园。有一天，他向一位老和尚推销保险，等他详细说明之后，老和尚平静地说："听完你的介绍之后，丝毫引不起我投保的意愿。"老和尚注视原一平良久，接着说："人与人之间，像这样相对

而坐的时候，一定要具备一种强烈吸引对方的魅力，如果你做不到这一点，将来就没有什么前途可言了。”原一平哑口无言，冷汗直流。老和尚又说：“年轻人，先努力改造自己吧！”“改造自己？”“是的，要改造自己首先必须认识自己，你知道自己是个什么样的人吗？”老和尚又说：“你在替别人考虑保险之前，必须先考虑自己，认识自己。”“考虑自己，认识自己？”“是的，赤裸裸地注视自己，毫无保留地彻底反省，然后才能认识自己。”从此，原一平开始努力认识自己，改善自己，大彻大悟，终于成为一代推销大师。

（一）中职学生常见自我认知问题

中职学生在自我认知上常表现出过低或过高的自我评价。

1. 过低的自我评价

存在这种自我认知倾向的中职学生，在把理想自我与现实自我进行比较时，对理想自我期望较高，但在现实中又无法达到，因此对现实自我不满意，但又无法改进，他们在心理上的一个特征就是自我排斥。理想自我与现实自我的差距经过努力仍无法拉近，他们的心理往往陷于消极的防御状态。这类中职学生往往企图通过常规的、习惯了的或简单的努力，去实现理想自我。对他们来说，一次次小小的失败往往就会积累起挫折感。他们通常不是通过自身努力去改造现实自我，而是放弃理想自我，去屈从现实自我。但是由于他们对现实自我的不满，加之无力改变现状，最终走向否定自我。这类中职学生的人际交往模式是“我不好，你好”，他们往往看不到自己的价值，感到自己什么都不如他人，处处低人一等，产生厌恶自己并否定自己的自卑感，在生活中表现出缺乏朝气和积极性，可能引发严重的情感损伤和内心冲突。

2. 过高的自我评价

这是一种与过低的自我评价相对立的自我认知状态，在这种自我认知的支配下，个体往往扩大现实自我，表现为过度高估现实自我，过度悦纳自我，用理想的自我认知不合理地取代现实的自我认知。这类中职学生往往表现出自高自大、目空一切，在自吹自擂、虚幻之中度日。他们的人际交往模式是“我好，你不好”，所接受的是自我夸大了的优点和长处，甚至把缺点和短处也视为优点和长处，却把别人看得一无是处。错误的不切实际的自我认知，导致他们盲目乐观、以自我为中心、自以为是，往往不易被周围环境和他人所接受与认可，极易引起他人的反感和不满。因此这类中职学生在生活中极易遭受失败，产生内心冲突和严重的情感挫折，导致自卑、自我放弃，有时还会引发过激行为和反社会行为。

（二）中职学生自我认知辅导

1. 树立正确的认知观念

中职学生应树立正确的认知观念，接受每个人都有优点和缺点这一事实。优点和缺点不能随意增加或减少，成功和失败也不是完全由自己来评判。人既不会万事都行，也不会事事不行，中职学生应从多方位建立自我认知，既有自己的认识和评价，也有他人对自己的评价；既对自己某一个方面进行自我认知，也要从整体全面进行自我认知。

2. 客观的自我悦纳

对中职学生来说，认识自我固然不易，接受自我和展示自我常常更难。悦纳自我首先要接纳自己，喜欢自己，欣赏自己，体会自我的独特性，在此基础上体验价值感、幸福感、愉快感与满足感；其次是理智与客观地对待自己的长处与不足。短处有两种，一种是能够改进的，如不良习惯等；另一种是无法补救的，如先天身材矮小等。对前一种短处要闻过则改，不可文过饰非；而对后一种短处则要勇敢地面对它、承认它、接受它。悦纳自我还要正确地对待失败，在失败面前不要一味地自责贬低自己，使自己丧失信心。中职学生要清醒地认识到眼前的失败并不代表永恒的失败，须知“失之东隅，收之桑榆”，正确地对待失败，做生活的强者。

3. 进行合理的自我评价

中职学生应建立合理的评价参考体系，自我评价以其不同的方式可以激发或压抑人的积极性，过高的或过低的自我评价都会导致中职学生情感的挫折。人的价值本来就是相对的，以弱者为参照就会导致自大，以强者为参照就会导致自卑。只有正确地认知自我，选择合适的评价参照体系，才能避免自负或自卑。

中职学生应立足自己实际，成功时多反省缺点，失败时多看到优点，培养独立和健康的自我意识。

二、中职学生常见自我体验问题与辅导

案例：郝欣是北京市某职业学校的学生，在众多的女同学中她相貌平平，身高也只是中等。虽然自己在外貌方面很不起眼，但郝欣并没有因为自己的普通而自卑，反而努力提高和完善自己，尤其是在外语和语言表达方面更是认真努力。很快就要毕业了，郝欣也全身心投入到了找工作的大队伍中，但时间一天天过去，她的工作一直都没有定下来。正在焦急的时候，北京市某会议中心要来招聘几位优秀的毕业生作为重要会议的服务人员，郝欣因为品学兼优被学校推荐参加面试。第一次面试时，郝欣站在一群靓丽的女同学中间，并没有给主考官们留下太深的印象。第二次面试，当主考官要求竞聘者作自我介绍时，郝欣不仅用富有感情的中文自我介绍感动了主考官们，更以她良好的心理素质、优雅大方的举止、深厚的英语口语功底，以流畅的英文自我介绍征服了在场的所有人。最后的结果，郝欣这位虽然外貌普通，但乐观积极的女孩子以面试第一名的成绩被聘用，她凭借着勇敢和自信赢得了人生征途中的重要一步。

（一）中职学生常见自我体验问题

中职学生在自我体验上常表现出过强的自尊心理或过强的自卑心理。

1. 过强的自尊心理

自尊心强的中职学生对自己有信心，相信自己能克服缺点，取得进步。但过强的自尊心却和骄傲、自大联系在一起，表现为以自我为中心，唯我独尊。这样的人回避或否认自己的缺点，缺乏自我批评，也不能容忍他人的批评。

在自尊心过强的中职学生中，最为常见的异常表现为嫉妒心理。嫉妒者总把他人在相貌、才能、地位、境遇等方面的优势视为对自己的威胁，因而感到忧虑、抑郁、愤怒甚至产生怨恨。嫉妒心理较强的中职学生，在人际交往中往往采取贬低甚至诽谤的手段来维护自己的自尊心，以求得心理上的平衡。嫉妒者的内心总是处于极度的压抑状态，久而久之将严重影响身心健康。

2. 过强的自卑心理

自卑是一种因过多自我否定而产生的自惭形秽的情绪体验。自卑感人人都有，人的成长发展就是不断战胜自卑，超越自我的过程，但过强的自卑感却是一种不良的自我体验。自卑感强的中职学生往往看不到自己的长处和优点，自己轻视自己，认为自己不如别人，悲观失望，甚至对稍加努力即可完成的事情也会因自叹无能而轻易放弃。中职学生的自卑心理有时会以自傲的形式表现出来，比如有的中职学生明明不擅于某项活动，自卑于这方面的能力，却以对该活动不感兴趣，甚至是鄙视的态度来矫饰。他们往往对自己的不足和别人对此的评价很敏感，常把别人无关的言行看成对自己的轻视。具有这种自卑心理的中职学生常采用回避与别人交往的方法来避免别人看出自己的缺陷和不足，把自己禁锢起来，独来独往，产生孤独的体验，容易形成自闭的性格。

造成中职学生自卑心理的因素主要有：

（1）个人先天条件

大部分中职学生性格外向、活泼、开朗，但也有一部分中职学生性格内向、不善表达、腼腆，在公共场所的语言表达能力、交际能力较弱，难以适应新环境，进而羡慕那些性格外向的同学，产生怨恨自己的自卑感。个人先天条件的不如意或缺陷，如残疾、长相、身高、肤色、体型等都会使中职学生产生自卑心理，这种自卑心理给中职学生带来的精神压力极为普遍。

（2）不能正确地面对现实、认识自我

中职学生进入职校后，他们的自我意识逐渐增强，自我评价比初中阶段充实、客观，有自我发展、自我实现的要求，同时其理想自我与现实自我的矛盾也更为激化。由于他们经历的特殊性（不成功的经历，如中考失利），他们的自我认知很容易发生偏差，由此产生自卑心理。相当多的中职学生认为进入职业学校读书“矮人三分”、“低人一等”。因此，一旦遇到别人的贬低或生活学习中的挫折就会产生过低的自我评价，产生“我没有用，我什么事都做不好”的自卑情绪体验。

(3) 学习生活中的挫折

由于原有知识基础薄弱，加之学习习惯、学习能力相对较差，中职学生在面对职业学校专业化理论与技能要求较高的现实时，他们中一部分人对学习感到力不从心。有些中职学生所就读的学校、所选择的专业皆是“父母之命”，自己毫无兴趣，读书成了对他们的痛苦折磨、精神虐待。因此，在学习生活中遇到挫折，他们就会产生“我真笨”、“我什么都不懂”等消极的自卑情绪。

（二）中职学生克服自卑心理的具体方法

1. 正确认识自己，提高自我评价

自卑的人往往注重接受别人对他的低估评价，而不愿接受别人的高估评价。在与他人比较时，也多半喜欢拿自己的短处与他人的长处相比。越比越觉得自己不如别人，越比越泄气，自然产生自卑感。其实，我们每个人都有各自的优点和缺点。

因此，有自卑心理的中职学生，首先要正确认识自己，提高自我评价，要经常回忆自己的长处和自己经过努力做成功了的事例；要善于发现自己的优点，肯定成绩，以此激发自己的自信心，不要由于自己某些缺点的存在而把自己看得一无是处，不能因为一次失败而以偏概全，认为自己什么都干不了。

2. 善于自我满足，消除自卑心理

自卑的中职学生一般都比较敏感脆弱，经不起挫折打击。一旦遭受挫折，就很容易意志消沉，增强自卑感。因此，凡事应不怀奢望，要善于自我满足，知足常乐，无论生活、工作或学习，目标都不要定得过高，这样，就容易达到目标，避免挫折的发生。

中职学生必须明白，努力的目的是完成自己的既定目标，而不是为了打败别人。而每次取得的成功体验，都是对自己的一种激励，是十分有利于恢复自信心的。

3. 坦然面对挫折，加强心理平衡

自卑的中职学生其心理防御机制多数是不健全的，自我评价认知系统多数不够全面。因此，遭受挫折与失败的时候，不要怨天尤人，也不要轻视自我，要客观地分析环境与自身条件，这样才可以找到心理平衡，才可以发现人生处处是机会。

4. 广泛社会交往，增强生活勇气

自卑的人多数比较孤僻、内向、不合群，常把自己孤立起来，很少与周围人群交往，由于缺少心理沟通，易使心理活动走向片面。自卑的中职学生如能多参与社会交往，就可以感受他人的喜、怒、哀、乐，丰富生活体验；通过交往，可以抒发被压抑的情感，增强生活勇气，走出自卑的泥潭；通过交往，可以增进相互间的友谊和情感，使自己的心情变得开朗，自信心得到恢复。

三、中职学生常见自我调控问题与辅导

案例：某职校一年级学生宏宇，性格外向、热情，平时哪位同学有困难他都会主动前去帮忙。可是，同学们对他都是敬而远之，理由很简单，宏宇脾气暴躁，一句话谈不拢，就可能遭到宏宇的斥责甚至是打骂。期末考试前几天，宏宇和班里的同学相约一起去郊游，妈妈得知后，一再劝说他好好复习功课，等期末考试结束后再结伴出行。宏宇觉得自己已经是大人，却还要受妈妈的管制，很不服气，为此和妈妈大吵起来，不顾妈妈的劝阻离家出走。郊游途中，心情烦闷的宏宇将情绪都发泄在了同伴身上。宏宇也知道是自己不对，可就是控制不了自己。

（一）中职学生常见自我调控问题

中职学生在自我调控上虽然具备了明显的自觉性、主动性，但在追求上进的同时，由于困难、挫折在所难免，因而不少中职学生常常情绪波动，在困难面前望而生畏、自我放弃。

另外，中职学生随着自我控制独立性的增强，常表现出力图摆脱社会传统的约束的倾向，按照自己的意志行事。绝大多数中职学生认为自己已经是成人，强烈要求像成年人那样独立自主地行事，不愿受父母的约束和教师的训诫。然而中职学生在摆脱依赖、走向独立的过程中，有时会走入极端，表现出过分的独立意向，导致产生逆反心理，其表现为不分正确与否，一概排斥，情绪成分很大，有时只是为了反抗而反抗。逆反的对象主要是家长、老师以及社会宣传的观念和典型人物等，其结果是阻碍了他们自己学习新的或正确的经验。

（二）中职学生自我调控辅导

自我调控是人主动定向地改变自我心理品质、特征和行为的心理过程。自我调控的过程是一个主动改变现实自我，以接近理想自我的过程。

中职学生应从自我实际出发，合理定位，确定适合自己的具体奋斗目标，克服困难，排除现实中的各种干扰，用自尊和自信来激励自我，从而做到自我的有效调控，最终实现理想的自我。

对中职学生加强心理素质的训练，不断完善个性和心理结构，力求通过社会实践加强对社会、对学习、对自己的更深入的认知和了解，从而使偏激心理得到自我调控和暂时的调解，来增强中职学生的认识能力和自控能力。

自制力是指一个人在意志行动中，控制和调节自己的情绪、约束和支配自己言行的能力。管理规章、奖惩制度的加强也可使中职学生的行为有规可依，便于强化他们的自制力。

自我调控要求中职学生注重培养辩证思维方法，学会用乐观的情绪和积极的心态去对待问题，客观公正地看待事物，增加自我意识中的理性成分，消除偏激和肤浅的缺点。教师应引导他们用理智战胜私欲和偏激，用冷静战胜冲动，学会

调控自己。

第三节　中职学生自我意识的完善

一、中职学生自我认知的加强

（一）与他人比较，加强自我认知

个人认识与评价自己的能力、价值、品德以及个性特征往往是通过与他人的比较而实现的。与他人比较，最重要的是要选择恰当的参照系，盲目比较会导致自我认知发生偏差。比如，有的中职学生所找的参照对象十分强大，结果发现自己十分弱小；有的中职学生所找的参照对象很弱小，结果发现自己强大无比；有的中职学生总是拿自己的优点和别人的缺点进行比较，结果导致目中无人、自以为是；有的中职学生总是拿自己的缺点和别人的优点进行比较，越比越泄气。因此在与他人进行比较时，要根据自己的实际情况，选择条件相当的人作比较，找出自己在群体中的合适位置，这样才能比较客观地认识自己。

（二）与自己比较，加强自我认知

人们不仅可以通过与他人的比较来认识自己，也可以从比较自己的过去和现在中加强自我认知。因此，中职学生不仅要与自己条件相近的人进行比较，更要与自己的过去进行比较，通过把现在的“自我”与过去的“自我”进行比较提高自我认知程度。

（三）分析他人评价，加强自我认知

中职学生在认识自己的时候，应该重视熟悉自己或与自己打交道较多的人对自己的评价。“当局者迷，旁观者清”，他人的评价比自我评价要更客观，周围人对我们的态度和评价能帮助我们认识自我，了解自我。人们也总是要在与他人的相互交往中不断深化对自己的认识，同时也在认识和评价他人，在评价他人过程中，也接受他人对自己的评价。中职学生在分析他人评价时需要注意区分哪些是主要的评价，哪些是次要的评价；哪些是对一贯看法的评价，哪些是对一时一事的评价。做到全面理解他人意见，并注意听取多方评价意见，通过分析他人评价，加强对自我的认知。

（四）综合分析评价，加强自我认知

将通过与他人比较和自我比较得到的关于自我的信息进行分析综合，客观地对自我进行全面、综合的评价。如果自我评价与他人评价相近似，则说明自我认识较好；如果两者相差过大，则说明自我认识上可能有偏差，需要调整。

（五）通过自我反省，加强自我认知

人们在实际生活中，往往通过自我观察、自我反思来认识自己，特别是在重大事件中所获得的认识经验与教训，可以为人们提供了解自己的个性、能力的信息，从中发现自己的优点与不足。随着中职学生自我认识与自我评价能力的提

高，自我反思成为提高自我认知的重要途径。

自我观察主要包括以下几个方面：

1. 对生理自我的观察，包括对外貌、气质和健康状况等方面的观察。

2. 对社会自我的观察，包括对自己在所生活集体中的位置和作用、行为中的举止表现以及社会适应能力等方面的观察。

3. 对心理自我的观察，包括对自己的道德品质、智力水平、性格、能力、态度以及兴趣、爱好等方面的观察。

（六）通过社会实践，加强自我认知

中职学生应积极主动地投入社会实践活动中，在认识世界和改造世界的过程中认识自己的聪明才智、情绪情感、意志特征和道德品质。通过客观分析自己在社会实践中的活动表现和所取得的成果，认识自己的知识才能和兴趣爱好，进一步全面认识自我并发展自我。

二、中职学生积极情绪情感的培养

（一）情绪情感概述

1. 情绪情感的含义

所谓情绪和情感是指人对于客观事物是否符合自己的需要而产生的态度体验。

人在反映客观世界并进行各种活动时，对于所接触到的事物并不是无动于衷的，当外界事物作用于人时，人的主观世界就会对事物产生一定的态度。当客观事物符合人的需要时，就会对它产生肯定的态度，从而引起人的满意、愉快、幸福等内心体验；当客观事物不符合人的需要时，就会对它产生否定的态度，从而引起痛苦、恐惧、愤怒等内心体验。这些内心体验反映的是具有一定需要的主体与客观事物之间的关系，因此情绪情感是对客观世界的一种特殊的反映形式。

2. 情绪情感的功能

（1）适应功能

情绪情感是人生存、发展和适应环境的重要手段。人通过情绪情感所引起的生理反应能够发动其身体的能量，使人处于适宜的活动状态，便于人适应环境的变化。同时情绪情感还可以通过表情表现出来，以便得到别人的理解和帮助。情绪情感的适应功能从根本上来说，就是服务于改善人的生存和生活的条件。

（2）动机功能

情绪情感构成一个基本的动机系统，驱动人从事活动，提高人的活动效率。情绪情感通过对内驱力提供的信号进行放大或增强，来更为有力地激发有机体的行动。情绪情感的动机功能还表现在对认识活动的驱动上。

（3）组织功能

情绪情感对其他心理活动具有组织功能，表现在，积极的情绪情感对活动起着协调和促进的作用；消极的情绪情感对活动起着瓦解和破坏的作用。情绪情感对行为的影响表现在，当人处于积极的情绪状态时，容易注意事物美好的一面，态度变得和善，勇于承担重任；在消极的情绪状态时，人看问题容易悲观，更容易产生攻击行为。

（4）信号功能

情绪情感具有传递信息、沟通思想的功能，这种功能通过情绪情感的外部表现——表情来实现。人们在许多场合下，是通过表情来交流思想、观念和态度，从而达到沟通思想、相互了解、加深友情的目的的。

（5）影响人的身心健康

情绪情感与人的身心健康有密切关系。良好的情绪情感能促进人的身心健康，不良的情绪情感不利于人的身心健康。医学心理学研究和临床经验表明，情绪既是致病因素又是治病因素。长期的情绪困扰会导致焦虑、压抑、抑郁，引起某些心身疾病，如偏头痛、高血压、胃炎等，甚至可能引发神经症或精神病。

3. 情绪情感的两极性

（1）肯定与否定的两极对立

从性质上说，有肯定的情绪情感和否定的情绪情感。凡是能满足已激起的需要或能促进这种需要得到满足的事物，便能引起人肯定性质的体验，如高兴、愉快、满意、欢喜等。凡是不能满足已激起的需要或妨碍这种需要得到满足的事物，便会引起人否定性质的体验，如愤怒、憎恨、忧愁、烦恼等。构成肯定、否定两极的情绪并不是绝对互相排斥的，它们可以在一定条件下相互转化，甚至可以在同一事物中同时出现。

（2）积极（增力）与消极（减力）的两极对立

情绪情感的动力性表现为积极的增力性和消极的减力性两极。一般地讲，需要得到满足时产生的肯定情绪是积极的、增力的，可以提高人的活动能力，如愉快的情绪驱使积极行动。需要得不到满足时产生的否定情绪是消极的、减力的，会降低人的活动能力，如悲伤引起的郁闷会削弱人的活动能力。在不同的情况下或不同的人，同样的情绪可能既具有积极的性质又具有消极的性质。

（3）紧张与轻松的两极对立

情绪情感的两极性还表现为紧张与轻松（紧张的解除）。紧张的体验常与对人有决定性意义的时刻相联系。紧张的程度取决于当时情境的紧迫性，也决定于人的应变能力及心理准备状态。通常紧张状态能导致人的积极行动，但过度紧张也会使人不知所措、精神瓦解。关键时刻过去之后，人就可以体验到轻松或紧张的解除。如果以前的紧张状态越高，关键时刻过去就越感到轻松。

（4）强与弱的两极对立

情绪的强度方面，表现为强与弱对立的两极。一般来说，人的任何情绪情感在强度上都有一系列由弱到强的等级变化。如从愉快到狂喜，从担心到恐惧，等等。情绪的强度决定于引起情绪的事件对人的意义以及个人的既定目的和动机是否能够实现和达到，情绪强度的大小决定于情绪事件对于个体意义的大小。

（5）激动与平静的两极对立

情绪的两极性表现为激动和平静。激动的情绪表现为强烈的、短暂而爆发式的体验，如狂喜、绝望。激情的产生往往与在生活中占重要地位、起重要作用的事件的出现有关，同时又出乎意料，违反原来的意向，并且超出了意志的控制。与短暂而强烈的激情相对立的是平静的情绪，人在多数情境下处在安静的情绪状态之中，在这样的场合，人能从事持续的智力活动。

（二）中职学生情绪情感特点

进入中职学校的学生正处于人生的青春期发展阶段，他们的情绪情感具有这一阶段所特有的特征。

1. 波动性与两极性

相对于初中阶段，中职学生的情绪趋于成熟和稳定，但与成人相比，中职学生的情绪又带有明显的起伏波动性，容易从一个极端走向另一个极端。情绪有时会表现出大起大落、大喜大怒的两极性。中职学生情绪情感的动荡性，是处于青春期的学生在发展过程中迅速走向成熟，而又未完全成熟的正常表现。通过摇摆起伏，他们逐渐认识自我，认识社会，从而走向成熟。

2. 压抑性与矛盾性

很多中职学生常常感到自己的情绪情感不能尽情地得到倾诉，不能得到充分的满足和寄托，时常感到情绪情感的压抑。中职学生在面临学习、就业等方面的重要选择时，常常呈现出矛盾的情绪情感状态。比如，有的中职学生希望自己能具有独立性，但又希望依赖于他人，两种不同需要导致情绪情感的冲突。他们既希望得到他人的理解，又不愿意接受他人深入走进他们的内心，既显示出他们情绪情感的压抑性，又显示出矛盾性。

3. 内隐性与掩饰性

中职学生能够理解并学会使用情绪表达规则，能根据一定的条件或目的表达自己的情绪，但是他们的外在表现与内心体验不是总保持一致的。中职学生的情绪情感具有内隐性和掩饰性的特点，这是中职学生已经能够控制、调节自己情绪情感的表现，也是适应能力提高的表现。但是情绪情感的掩饰性也在无形之中给同学之间的相互交流带来障碍，使一些学生出现孤独、苦闷的情感困惑。

4. 情绪反应迅速，具有冲动性

中职学生由于各项生理机能的快速发育、身体的快速成熟，情绪情感表现带有较强的冲动性。喜怒哀乐常常一触即发、难以控制，高兴时欣喜若狂、欢呼雀跃；愤怒时火冒三丈、暴跳如雷，甚至大动干戈，有时还会导致一些连他们自己都不希望出现的后果。

5. 情绪情感内容丰富，具有多样性

中职学生情绪情感内容的丰富性与深刻性较之初中学生有了很大的发展。他们有着强烈的求知和成长欲望；他们渴望能与同龄人广泛交往；渴望得到成人的理解和尊重。他们具有爱国主义情感、集体荣誉感，他们的情感活动丰富而多样。但一部分中职学生的道德感发展水平较低。例如，有些学生对自己的错误和不道德行为缺乏内疚感和羞耻感，无原因地向同学挑衅、顶撞老师，他们认为这是因为自己心情不好，却认识不到违反了学校的规章制度。

（三）中职学生情绪情感影响因素

1. 生理因素

人的心理活动是在大脑中进行的，而大脑是由大量的神经细胞组成的，不论哪一种有害因素作用于大脑，破坏了大量的神经细胞结构，都会直接引起情绪的变化。因此，当人体生理发生病变时，就会影响到人的情绪。例如，当出现脑外伤、中枢神经感染、心血管疾病时都很容易引起情绪障碍。

2. 心理因素

人的主观需要是情绪情感产生的基础，凡是符合人需要或满足人需要的事物，都会引起人们的积极情绪情感；凡是不符合或妨碍某些需要满足的事物，就会引起消极的情绪情感。

情绪的产生还受到认知的影响。埃利斯的情绪 ABC 理论认为，在相同刺激作用下，情绪体验与心理反应因人而异，很大程度上取决于当事人对于该刺激的认知差异。认知方式的不合理导致了个体信念的不合理，这是引发情绪障碍的重要心理因素。不合理的个体信念包括绝对化要求、过分概括化和糟糕至极。

3. 环境因素

影响中职学生情绪的客观环境因素有家庭因素、校园环境和社会环境。其中家庭环境因素的影响最为深刻，家庭中所发生的任何事情都可能触发中职学生的情绪变化。校园作为学生生活和学习的环境场所，对中职学生的情绪情感也起着重要的作用。社会环境对于中职学生情绪的影响主要取决于他们的价值观，以及他们对社会的看法和态度。

（四）健康情绪的标准

1. 愉快的情绪多于不愉快的情绪

愉快的情绪一般表现为乐观积极、充满热情、富有朝气，对自己、对生活充满信心和希望，愉快表示人的身心活动的和谐与满意。一个人经常情绪低落，总是心情苦闷、抑郁伤感，则可能是心理不健康的表现。体验较多的愉快情绪，对生活、学习和工作都有益处。

2. 情绪稳定性好

善于控制和调节自己的情绪，对不良情绪既能克制约束，又能适度宣泄，情绪的表达既符合社会规范的要求，也符合自身的需要。如果一个人的情绪经常很不稳定，是情绪不健康的表现。

3. 情绪产生有适当原因

一个人的情绪是由具体的可感受的现象和事物所引起的，而非毫无理由的。快乐的情绪总是由欢喜的现象所引起；悲伤的情绪总是由不愉快或不幸的事件所引起。一定的事物引起相对应的情绪是情绪健康的标志之一，同时，情绪反应的性质、强度和维持的时间应与引起这种情绪的情境相符合。

（五）中职学生积极情绪情感的培养

1. 保持良好心境

心境是指具有感染性的比较微弱而持久的情绪状态。生活中的重大事件、人际关系状态、身体状况等各种因素都会对中职学生的心境产生影响。人的一生不可能一帆风顺，一定要学会调节和控制自己的情绪，保持良好的心境。

2. 对不良情绪进行宣泄

体育活动或体力劳动能在一定程度上起到宣泄情绪的作用。摔打东西如果运用恰当，也可以看做是消除不良情绪的有效方法。目前，为了缓解中职生的心理压力，舒缓他们的情绪，一些中职学校专门设置了“情绪宣泄室”。在宣泄时需注意时间、地点要合理、恰当，要以不影响别人或不危害自己为基本原则，采取合理的宣泄方式。

还可以采用写出来、说出来、唱出来、喊出来等方式进行情绪的合理宣泄。哭也是对不良情绪进行宣泄的一种可行方式。心理专家认为，眼泪能将机体在应激反应过程中产生的某些毒素排泄出来。因此，该哭的时候就应该哭，哭过以后，心情就会明显好转。适度的哭对心理平衡恢复具有重要的作用和帮助。

3. 转移注意力

当产生不良情绪时，还有一种有效的方法就是转移注意力。中职学生常有这样的体会，由于某种刺激产生了不良的情绪，不管怎么思考如何解决这些问题，始终都不能解决，最终的结果是越来越困扰。与其这样，还不如避开这个问题，将注意力转移到其他自己感兴趣的事情上去，以便更好地调整自己的状态。

4. 借助他人的帮助

在生活中，每个中职学生都应该建立自己良好的社会支持系统。所谓社会支持系统是指能对自己的许多方面，尤其是精神方面给予支持和帮助的人际关系网络，这种人际关系网络主要是由亲人、朋友以及其他能够提供帮助的人员组成。

在遇到痛苦和烦恼时，如果有一个值得自己信任的人认真倾听自己的诉说，尽管这个人没有提供什么有价值的建议，但诉说之后，会产生一吐为快的奇妙心理，情绪也会得到适当的宣泄。能否建立稳定而有效的社会支持系统，在很大程度上都取决于自己。是否具有良好的社会支持系统，在一定意义上可以作为判断一个人心理健康与否的重要标志。

5. 充实精神生活

中职学生应树立远大理想，有理想使中职学生精神有寄托、学习有动力、生活更充实。为了实现理想，他们要求自己自觉地调整情绪，让情绪处于积极稳定、乐观向上的状态。

多读书、多学习，提高思想文化方面的修养。良好的修养使中职学生的心胸开阔，少猜疑、不嫉妒，情绪自然能够保持健康的状态。

6. 正确对待他人的评价

在日常生活中，有些评价可能是客观的，有些评价可能是比较客观的，还有一些评价则可能是很不客观的。对于别人对你的评价，你不可以不在意，但也不要太在意。如果你对每个人对你的评价都特别在意，你的情绪就会受到影响，特别是当你面对那些不客观的评价时，很在意会导致情绪上的极大困扰，影响生活和学习。因此正确对待他人的评价，对中职学生的心理健康有着重要的意义。

7. 善于忘记

人的大脑并非是兼容并蓄的贮存库，积极、健康的信息将对大脑起到一种协调的保护作用；而消极的信息则会产生劣性刺激，增加精神负担，导致生活失调和身心状况的恶化。如果没有遗忘，所经历的大大小小事物加在一起，大脑将不堪重负。因此，遗忘本身不一定是坏事，它是人生来就有的一种保护机制。在对不良情绪情感进行调控时，要充分利用这种机制，抹去沉重、苦涩的记忆，学会理性的淡忘，这是一种睿智的颖悟和超脱。

8. 学会消气

生气的时候，先问问自己“此气该不该生”，消气越快越好。为了快速地消气，可以采取一些积极主动的方法：

（1）立即离开生气的现场和让你生气的人，找个清静的地方去看书或做别的事情，这叫做躲避法。

（2）找知心朋友或其他自己信赖的人，向他倾诉自己内心的不平，获得他的安慰、疏导和调节，这叫做宣泄法。

（3）到室外散步，到别处看看风景，听听自己喜爱的歌曲和音乐，把注意力转移到其他事物上去，这叫做转移法。

（4）化悲痛为力量，从事自己擅长的事情，努力争取成功，这叫做升华法。

三、中职学生意志品质的增强

（一）意志概述

1. 意志的含义

意志是人自觉地确定目的，并根据目的支配调节自己的行动，克服各种困难以实现预定目的的心理过程。

意志是意识的能动方面，它的特点表现为根据预定的目的对行为进行调节与控制。比如，某位中职学生在某项专业技能上尚有欠缺，为了改变这种状况，取得进步，他就制定出努力的目标，克服种种困难，最终提高了这项专业技能，达到了预定的目的，这就是意志的表现。

2. 意志行动及特征

意志是受意识的支配和调节，通过克服困难以实现预定目的的心理过程。这种心理过程是通过行动表现出来的，这种受意识支配，表现意志的行动叫意志行动。意志行动是意志的外部表现，它有两个特征：

（1）意志行动是自觉的、有目的的行动

人在清醒状态下的行为动作是多种多样的，但不是所有的行为动作都有意志表现。意志行动是与人的自觉的目的相联系的。当人为了满足某种需要时，总是根据一定的目的去影响现实，此时人的行动就是自觉的，是有意志行动参与的。这种自觉性的存在，使得人既能发动符合于目的的某些行动，又能制止不符合目的的另一些行动。一个人的意志水平越高，他的行为盲目性和冲动性就越少。

（2）意志行动和克服困难相联系

意志行动是有意识的行动，但并非所有有意识的行动都是意志行动，只有那些与克服困难相联系的行动才是意志行动。比如，每个身体正常的成年人都会走路，这一行为不需要克服困难，所以不是意志行动；而一个长途跋涉、极度疲劳或腿部有残疾的人，每迈出一步都需要付出很大的努力去战胜困难，这就是意志行动。一个人意志坚强的水平往往以困难的性质和克服困难的努力程度来衡量，克服困难是意志行动的最重要特征之一。

3. 意志品质的内容

人的意志品质存在很大的个体差异，这种差异主要表现在意志品质的差异上。主要意志品质有自觉性、坚韧性、果断性和自制性。

（1）自觉性

自觉性是一个人清楚地意识到自己行动的目的和意义，并依此主动调节、支配自己的行动的意志品质。

一个人自觉性的高低，主要取决于他对行动目的的正确性和社会意义的认知程度。如果对行动目的的正确性和社会意义缺乏充分认知，必然缺乏主动采取这种行动的自觉性，也就很难运用意志努力将这种行动进行到底。

（2）坚韧性

坚韧性是指一个人在实现预期目的的行动过程中，坚持不懈、百折不挠，不达目的不罢休的意志品质。

具有坚韧性的人，能够不怕失败和挫折，努力克服各种困难和障碍，坚定不移地把已经开始的行动坚持到底。

（3）果断性

果断性是指一个人能够及时作出有根据的决定，并决然实施的意志品质。

在实际生活中，当出现一些紧急或危急情况时，要求人们迅速地作出决断并立即予以实施时，具有果断性的人能够沉着冷静、临危不惧、当机立断，不失时机地迅速采取行动，即使需要冒一定风险也不迟疑。

（4）自制性

自制性是指一个人善于根据预期目的或既定要求，控制自己的心理活动和行为的意志品质。

具有自制性的人，能够克制自己的一切有碍实现预期目的的欲望、情绪、言语和行为，能够忍耐外界不利因素的侵扰，及其给自己身心造成的痛苦，尽力不使自己做出不恰当或鲁莽的行为。自制性是意志的抑制功能的表现，克制和忍耐是它的核心。

（二）中职学生意志品质的特点

中职学校的学生，随着他们独立性和社会性的发展，自我意识增强，意志品质也迅速提高，但是仍存在着缺陷，普遍呈现出个体差异性和不平衡性。中职学生的意志品质具有以下特点：

1. 自觉性有很大提高，但仍具有较大惰性和受暗示性

随着独立性的进一步增强，自我意识不断增强，中职学生已经能够自觉地根据客观情况的变化调整行动目标和计划，保持较高的自觉性。但是惰性仍是常见的意志缺陷，是实现目标的内部障碍，主要表现为懒散、拖拉、退缩、逃避等行为。同时，受暗示性也很严重，它是一种与独立性相反的意志品质。它的主要表现是容易受到其他言行的左右，没有主见，缺乏信心和决心。

2. 独立性明显增强，但仍伴有较强的依赖性

随着年龄的增大，中职学生普遍有着强烈的独立意识，希望成为一个决定自己命运的人；希望自己做主，按自己的意愿行事；希望父母能将自己当做大人来看待。但因缺乏独立生活的经验和物质条件，经济上难以独立，心理上没有完全成熟，因此，对许多问题无法解决，尤其在就业、升学等对人生有重大影响的事情上，仍然依赖于父母和老师。

3. 果断性增强，但仍带有冲动性

随着知识水平的提高和经验的丰富，中职学生的果断性有了较大的发展。但

是有些学生在面临职业、专业等选择时，迟迟不作决定或未经考虑就轻易决定，表现为丢三落四、坐立不安，甚至无名发火。这种果断性带有轻率、冲动的特点，感情色彩较重，容易后悔，甚至会造成严重后果。

4. 自制力日益成熟，但仍显薄弱

随着情感稳定性的发展，中职学生的自制力比初中时期有了较大的提高。但仍有不少学生常常自责、自卑。他们有的决断迅速，冷静之后又感到缺乏根据和力量；有的对想做的事情做了计划，如跑步、背书等，而一旦受到内在情绪或外界环境的干扰，就会失去信心，致使计划难以实现；也有的因沉迷于小说或网络不能自制，置自己的学习和工作于不顾。

5. 有勇敢精神，但又显得软弱怯懦

随着阅历的增加和经验的丰富以及活动范围的扩大，中职学生掌握了许多解决问题的方法，积累了一定的经验，自尊心和自信心都有了很大的发展。但是，由于中职学生心理发展过程中固有的矛盾冲突，有些中职学生在遇到机遇和挑战时往往表现出胆怯软弱。在真正能展示自己水平，提高自身素质的重大问题上，往往会踌躇不前，患得患失，表现为缺乏勇气和信心。特别害怕失败，在挫折、困难面前常常知难而退，不战自败，体验到强烈的挫折感。

（三）中职学生意志品质的增强

1. 帮助学生树立志向，明确目标

中职学生有志向但通常不稳定。在确立了一个志向后，遇到困难或挫折就怀疑自己的能力。有的有崇高理想，但缺乏一套详细具体的计划；有的有计划但难以坚持；也有的好高骛远，立下了志向却不符合自己的实际，以致在执行过程中遇到了克服不了的困难，最终使理想流于空想之中。远大的志向是由各种可行的小志向组成的，只有一步步地去实现每一个小的短期目标，最后才能实现远大的长远目标。树立的志向，既不能太低也不能太高，作为中职学生要根据自己的个体性和差异性，以实际情况为基础，以力所能及为标准，切实合理，这样才能在达到目标的征途上磨炼意志。

2. 引导学生讲究方法，循序渐进

锻炼意志需要科学的方法，还要注意循序渐进。有的学生仿效古人，为了自己的学业，强迫自己超负荷地运转，违背了身心发展、运动规律，强行蛮干，结果使自己身心疲惫，损害健康也影响学业，于人无益，于事无补。有的同学为了达到某一目标，滥用意志力，过分强制自己去做超出自己心身现实的事情。比如一个体弱的女同学想减肥，规定自己每天要跑多少公里，两天下来反而病倒，“欲速则不达”了。另外，要注意选择突破口，分阶段有步骤地进行。将目标按渐进方式排列，一个目标完成了，对于个体是一种积极的反馈，能增加其自信，从而更积极地完成下一个目标，进入一个良性循环。这样，意志的行为逐步强化为习惯，再慢慢固化成一种意志品质，成为良好的个性特征。

3. 启发学生从小事做起，持之以恒

“冰冻三尺，非一日之寒”，坚强的意志是在千百件小事的锻炼中逐步培养起来的。中职学生要把自己远大的志向与日常学习、工作和生活小事联系起来，把完成每一项学习、工作任务都视为他们向远大目标迈进的阶梯。经常在小事上锻炼学生的意志，才可能在重大事件上让学生表现出坚强意志来。如要求按时起床、每天写日记、坚持每天的早锻炼、坚持预习功课、坚持提前五分钟到教室，自觉地完成老师每次布置的作业，在任何情况下都从不马虎，坚持不懈，不以任何借口来原谅自己，就一定能逐渐培养起良好的意志品质。

4. 严格要求遵纪守法，养成良好的行为习惯

有些中职学生往往经不住外界的诱惑及内心不应该的欲求而明知故犯，做出违反道德准则的事，这多半是由于他们的道德意志不强，或没有养成良好的道德习惯所致。因此，学校应严格管理教育，养成学生自觉遵守道德规范的习惯。进行学生守则、校规校纪的教育，使学生养成讲文明、懂礼貌、守纪律、执行准则的好习惯。督促学生发现自己意志品质上的优缺点，做到严格要求、严格检查、及时讲评、及时强化，养成自我检查、自我批评的习惯。同时，教师也要处处严格要求自己，以身作则，做学生意志行动的榜样，并且以关爱、耐心、尊重、信任的态度对待学生，正确使用奖惩，帮助学生根除不良习惯，逐渐培养自觉遵守纪律的习惯。

5. 进行挫折教育，锤炼学生的意志品质

意志品质的培养必须与克服困难相结合，环境越是困难越能锻炼一个人的意志品质。因此，首先，教师应该有意识地让中职生在艰难困苦中磨砺意志，不失时机地对他们进行一定的挫折教育，这将有利于学生身心的健康成长。其次，在学生遇到挫折时，教师要给予谅解、鼓励和必要的帮助，让他们冷静下来，从中吸取一些教训、启发和支持，变消极为积极。再次，教师要主动地、有意识地为学生创设困难环境，让学生在迎接挑战和克服困难中得到最大的锻炼。

总之，中职学生要充分了解自身意志品质的弱点，学会调节自我，积极应对挫折刺激，努力发挥克服困难的主观能动性，这样才能增强心理耐挫能力，才能不为偶发的诱因所驱使，顺利实现学校的学习目标，提高职业素质。

【建议参考资料】

1. 林崇德．发展心理学［M］．杭州：浙江教育出版社，2002.
2. 张守臣．高师心理学教程［M］．哈尔滨：黑龙江人民出版社，2007.
3. 马彦．心理健康教育［M］．北京：机械工业出版社，2007.

【问题与思考】

1. 简述自我意识的含义和结构。
2. 中职学生的自我意识具有哪些特点?
3. 中职学生自我意识的发展受到哪些因素的影响?
4. 中职学生在自我评价上具有哪些特点?
5. 如何克服自卑心理?
6. 中职学生可通过哪些方法加强自我认知?
7. 中职学生的情绪情感具有哪些特点?
8. 如何培养积极的情绪情感?
9. 中职学生的意志品质具有哪些特点?
10. 如何增强意志品质?

第七章　中职学生
人际交往的教育与辅导

【本章提要】

本章主要涉及中职学生人际交往方面的内容，包括人际交往的含义、原则及功能；中职学生人际交往的发展特点、影响因素以及对中职学生常见人际交往问题的辅导对策。本章还将提出一些中职学生人际交往的训练方法和技巧，探讨培养中职学生人际交往品质、提高中职学生人际交往能力的有效途径。

【学习重点】

1. 人际交往的含义与原则
2. 人际交往的功能
3. 中职学生人际交往的发展特点
4. 中职学生人际交往的影响因素
5. 中职学生常见人际交往问题与辅导

【重要术语】

人际交往原则　人际交往发展特点　人际交往问题与辅导　人际交往技巧

第一节　人际交往的概述

1996 年，国际 21 世纪教育委员会提出了 21 世纪人才素质的七条标准：第一，积极进取开拓的精神；第二，崇高的道德品质和对人类的责任感；第三，在急剧变化的竞争中，有较强的适应能力和创造能力；第四，有宽厚扎实的基础知识，广泛联系实际并能解决实际问题的能力；第五，有终身学习的本领，能适应科学技术综合化的发展趋势；第六，丰富多彩的健康个性；第七，有和他人协调和进行国际交往的能力。从这七条标准的表述上可以看出，人际交往能力在其中有着极其重要的位置。马克思说过："人是各种社会关系的总和，每个人都不是孤立存在的。"在现实生活中，任何个体都在与周围的人和环境发生着交互作用。因此拥有良好的人际交往能力，能够与周围环境形成一种良性互动，成为一个人生存和发展的必要条件。良好的人际关系能够促进儿童青少年社会技能的完善、自我意识的发展、学业成绩的提高及心理的健康发展。善于与人交往，有利于青少年自我意识的增强和自我同一性的发展，能满足青少年的内在需要，加速青少年的社会化进程，是青少年保持心理平衡和完善个性的有效方式。相反，不善于与人交往则可能导致青少年不能正确地认识自我、他人和社会，引发许多心理问题，影响青少年的心理健康，阻碍他们顺利地成长和发展。因此，在中职教育阶段，教会学生建立良好人际关系的方法和技巧，显得尤为重要。

一、人际交往的含义与原则

（一）人际交往的含义

交往（communication）作为日常生活用语，是指人与人之间的相互联系、彼此往来；作为社会学、社会心理学、教育社会学中的一个重要概念，“交往又称传播或沟通，指人们运用语言或非语言符号交换意见、传达思想、表达感情和需要等的交流过程，包括物质交往和精神交往”。

人际交往又称人际沟通，指个体通过一定的语言、文字或肢体动作、表情等表达手段将某种信息传递给其他个体的过程。动态上讲，人际交往指人与人之间的信息沟通和物品交换；静态上讲，人际交往是人与人在沟通交往中建立起来的心理上的联系，也就是通常所说的人际关系。通常，人际交往有赖于以下条件：

1. 传送者和接受者双方对交往信息的一致理解。
2. 交往过程中有及时的信息反馈。
3. 适当的传播通道或传播网络。
4. 一定的交往技能和交往愿望。
5. 对对方时刻保持尊重。

（二）人际交往的原则

1. 相互、互惠原则

首先，人际关系的基础是彼此之间的相互重视与支持。任何个体都不会无缘无故地接纳他人。喜欢也是有前提的，相互性就是重要的前提，我们喜欢那些也喜欢我们的人。人际交往中的接近与疏远、喜欢与不喜欢都是相互的。

其次，互惠是指双方在满足对方需要的同时，又能得到对方的报答。人际交往永远是双向选择，双向互动。每个人都期待人际交往是对自己有价值的，在交往过程中的得与失是基本平衡的，你来我往的交往才能长久。在交往的过程中，双方既要考虑双方的共同利益，又要深化感情。

2. 自我价值保护原则

自我价值是个体对自身价值的意识与评价。自我价值保护是一种自我支持的心理倾向，其目的是防止自我价值受到贬低和否定。由于自我价值是通过他人的评价而确立的，个体对他人的评价极其敏感。对肯定自我价值的他人，个体对其认同和接纳，并反过来予以肯定与支持，而对否定自我价值的他人予以疏离，与这种人交往时，可能会激活个体的自我价值保护动机。

3. 平等原则

虽然交往双方的角色地位、影响力等方面因素有可能会影响到双方的交往，但与人交往应做到一视同仁，不能嫌贫爱富，不能因为家庭背景、地位职权等方面原因而对人另眼相看。平等待人要做到将心比心，让对方感到安全、放松与平等，这样就能和那些与自己在各方面有差距的人建立良好的人际关系。只有平等待人，才能得到别人的平等对待。

4. 尊重原则

渴望得到尊重是每个人的心理需求。尊重包括两个方面：自尊和尊重他人。自尊就是在各种场合都要尊重自己，维护自己的尊严，不要自暴自弃。尊重他人就是要尊重他人的人格，尊重他人的个性、生活习惯、兴趣爱好和隐私；注意保持彼此的距离，不要过多地介入到对方的生活或内心也是对他人尊重的表现。只有尊重别人才能得到别人的尊重。

5. 宽容原则

人与人存在很大的差异，在人际交往中，难免会产生一些不愉快的事情，甚至产生一些矛盾冲突。这时候我们就要学会宽容别人，不斤斤计较，正所谓退一步海阔天空。

6. 理解原则

理解是成功的人际交往的必要前提。理解就是我们能真正了解对方的处境、心情、好恶、需要等，并能设身处地地关心对方。

二、人际交往的功能

1. 获得信息功能

人际交往相较于从书本获得信息有内容更广泛、渠道更直接、速度更迅速等特点，通过社交建立良好的人际关系后，人就能以各种方式迅速地获得信息。作为一个现代人，交际的能力已经成了维持生存、适应职业生涯的不可缺少的基本素质。随着社会由传统型向现代型的发展，社会更需要能主动与其他人和群体建立联系、开展合作，在交往中收集信息、占有信息、筛选信息的人才。青少年是当代社会中充满活力的新生力量。他们接受新信息的速度快、手段新、途径多，加上他们活泼好动、喜欢与人交往，这就使得他们所掌握的新的社会信息能通过人际交往在各个层面以较快的速度在更大的范围内传播。因此，帮助他们建立良好的人际关系，符合新世纪对人才的需求。

2. 社会化功能

社会化是个体由自然人成长、发展为社会人的过程。人的社会化必须要在个体与他人的交往中实现，在这个过程中个体接受社会的影响，学习掌握社会角色和积累社会生活经验，获得社会伦理规范，形成适应社会环境的人格、社会心理、行为方式和生活技能，逐渐完成社会化进程，愈加成熟。中职学生处于人生发展的“关键期”，他们渴求交往、渴望理解。良好的人际交往素质不仅是中职生获得友谊和理解，心理正常发展，个性健康和具有安全感、归属感、幸福感的必然要求，同时也是中职生实现其社会化的重要途径和方式。

3. 自知、知人功能

人的自我又称自我意识或自我概念，是个体对其存在状态的认知。自我概念在很大程度上是要通过人际交往来获得的。米德认为，我们所隶属的社会群体是我们观察自己的一面镜子，个体的自我概念在很大程度上取决于个体认为他人是怎样“看”自己的。人际交往范围越大，接触的人越多，不仅能够通过他人来了解自己，自己也能够了解其他人，人生的许多经验，就是在人际交往过程中积累和丰富起来的。

4. 满足心理需要，保持身心健康

人是社会性的动物，人际交往是人类社会中不可缺少的组成部分，人的许多需要都是在人际交往中得到满足的。研究表明，社会支持可减少或防止心理紧张所造成的心理伤害。如果人际关系不顺利，就意味着心理需要被剥夺，或满足需要的愿望受到挫折，因而会产生孤立无援或被社会抛弃的感觉；反之则会因有良好的人际关系而得到心理上的满足。处于青春期的中职学生，思想活跃、感情丰富，人际交往的需要极为强烈，人人都渴望真诚和友爱，大家都力图通过人际交往获得友谊，满足自己物质和精神上的需要。此时，积极的人际交往，良好的人际关系，可以使学生精神愉快，情绪饱满，充满信心，保持乐观的人生态度。一般说来，具有良好人际关系的学生，大都能保持开朗的性格和热情乐观的品质，从而正确认识和对待各种现实问题，化解学习、生活中的各种矛盾，形成积极向上的优秀品质，迅速适应中学生活。相反，如果缺乏积极的人际交往，不能正确地对待自己和别人，心胸狭隘，目光短浅，则容易形成精神上、心理上的巨大压力，难以化解心理矛盾。严重的还可能导致病态心理，如果得不到及时的疏导，可能形成恶性循环而严重影响身心健康。因此，良好的人际关系可以满足中职学生对友谊、归属、安全的需要，使其更深刻、更生动地体会到自己在集体中的价值，并产生对集体和他人的亲密感和依恋之情，从而获得充实、愉快的精神生活，促进身心健康。

第二节　中职学生常见人际交往问题的教育与辅导

一、中职学生人际交往的发展特点

中职教育阶段是一个非常特殊的时期，个体从儿童进入青少年阶段，无论是生理还是心理都处在一个迅速变化的过程中，逐步形成每一个人独特的外形、能力、人格和其他重要的心理素质。同时，心理的各个方面虽然也在发展，但相对于生理的迅速发育则显得落后。这种身心发育的矛盾，使青少年容易产生心理不平衡状态，而又由于缺乏必要的经验和充分的思想准备，不容易通过自我调节或寻求成人疏导得以解脱。因此，有心理学家将青少年时期称为“风雷激荡的时期”、“心理断乳时期”、“心理危机时期”。中等职业学校的学生从年龄上看，正处在这一阶段。这一时期是其人生发展变化的重大转折时期。

职业学校学生的人际关系主要涉及与朋友、同学、老师以及父母的关系，其发展特点主要体现在以下几方面：

（一）交往对象的变化

内心闭锁性与渴望理解相结合。许多中职学生在进入到青春期后，自我意识增强，逐渐把自己的内心封闭起来，开始不愿向他人，尤其是向成年人敞开自己的内心，有些学生不愿与老师和家长谈心，更偏爱写日记，并将日记本隐藏起来，他们需要能倾吐烦恼、交流思想、表露自我并能保守秘密的交往对象。许多中职学生一方面紧锁内心，但另一方面又渴望获得他人的理解，表现出强烈的交往要求和期望得到他人理解的愿望，因此，许多学生会努力在同龄人中寻找能够理解自己的知心朋友，一旦寻找到自己的“知己”，便能够对这些知心朋友敞开心扉。

在此阶段，女学生开始特别注意自己的外貌与形态，并显示出温柔体贴的特性，变得女性化；男学生则呈现男性化，体现出他们的勇敢、刚毅与有力。由于生理的日渐成熟，性别意识得到了前所未有的强化，异性交往开始呈普遍化趋势，男女双方都渴望与异性交往。

（二）交往方式的变化

中职学生渐渐开始关注交往对象的个人内在素质的特征，交往内容也逐渐从活动的外在层面向内在认识和体验方面发展，也就是更加重视与交往对象内心的交流、体验。因此，与初中阶段的寻找玩伴相比，中职学生的人际交往方式逐渐转变为结交志同道合的知心好友。

（三）择友特征的变化

进入到中职阶段，学生开始关注所交往的对象是否能够为自己带来新的思想和观念，许多中职学生开始试着与不同背景、经验和观念的人交朋友，获得新的感受，并开始注意自己建立的这些人际关系是否对自己有意义。

二、中职学生人际交往的影响因素

（一）社会环境因素

在这个社会、经济飞速发展的时代，尤其是网络信息技术的发展，各类更新速度极快的信息承载着各种文化、观点，直接对学生造成冲击，使学生的生活方式、价值观念、评价体系、行为模式等直接受到影响和改变。中职学生处于青春期，正是世界观、人生观、价值观形成的重要时期，也是人际交往品质形成的重要时期，社会环境对学生的人际交往产生重要的影响。

（二）学校环境因素

校园人际环境是在学校教师之间、教师与学生之间、学生与学生之间，在共同的交往和活动中创设而成的。班级是学校的最基本单位，任课教师通过课堂教学与学生发生联系，班主任通过班级管理与学生发生联系；学生之间通过在班级的日常活动中发生联系，在有些住宿制的中职学校，同学之间学习、生活在一起，关系则更加紧密和深入。因此，学校的人际关系是影响学生人际交往的重要环境因素。

（三）家庭环境因素

家庭环境也是影响中职学生人际关系的重要因素。学生的家庭结构、家庭成员间的人际关系、家庭的教养方式以及家长的素质等对学生的人格以及人际交往品质都有直接或间接的影响。学生的一些人际关系不良问题常常与他们早期的不良家庭生活经历有关联。这些影响因素主要有：家庭主要成员变动，如父母死亡、父母离异或分居、父母再婚；家庭关系紧张、不和谐，家庭情感气氛冷漠，矛盾冲突频繁；家庭变迁，出现意外事件等。父母给子女一个情感温暖、理解的环境和施予理智的爱，子女出现心理问题的可能性就小，而对子女采取不当的教养方式和表达负性情感越多，子女出现心理和行为问题的可能性越大。

（四）个人因素

1. 人格和个性心理因素

人格因素在中职学生的日常人际交往活动中起着至关重要的作用。一般来说，外向的学生比内向的学生更能表现出交往的意愿和行动，在人与人交往时更大胆、自信；有些内向的学生虽然给人感觉不善于交往，但并非都是不愿与人交往，有可能是由于羞涩、胆怯等原因所致。

对人际交往成功与否的影响因素常常更多地表现在交往者个性心理品质方面，良好的个性心理品质往往具有较强的人际吸引力，如真诚、宽容、热情、自信等，这些品质能够帮助学生较为容易地与他人交往并建立亲密关系；不良的人格特征例如多疑、狭隘、欺骗等，容易使人产生不愉快，并带给人负面的印象，会影响学生的人际交往。

2. 认知因素

学生对自己的认知会影响学生在人际交往中的自我表现，从而影响学生的人际交往。自我评价较高的学生在人际交往中会表现得更主动、大胆；自我评价较低的学生在人际交往中常常出现回避、退缩等人际交往问题。

对人际交往本身的认知——学生能够认识到在交往中不能只考虑自己，交往的过程是双方彼此满足需要的过程，如果只考虑自己的满足而忽视对方的需要，就会引起交往的问题。

3. 人际交往能力因素

人际交往能力的欠缺是影响人际交往的原因之一。人际交往能力是指妥善处理组织内外关系的能力。包括与周围环境建立广泛联系和对外界信息的吸收、转化能力，以及正确处理上下左右关系的能力。这包括：

（1）表达理解能力。表达理解能力意味着一个人是否能够将自己内心的思想表现出来，让他人能够清楚地了解自己的想法，还包括自己是否能够理解他人表达的意思。

（2）人际融合能力。该项能力是指一个人是否能够体验到他人的可信以及可爱。

（3）解决问题的能力。该项能力是指在与人交往的过程中是否有独立解决所遇到的问题的能力。

（五）其他因素

学生的外貌、才能、价值观、兴趣爱好、交往中的情绪表现都会影响人际交往。此外，一些人际知觉的影响因素，如光环效应、刻板印象等也会在学生的人际交往中产生影响。

三、中职学生常见人际交往问题与辅导

（一）自卑心理引发的人际交往问题

1. 问题表现

青少年到了高中时期容易出现自卑感。所谓自卑感是一种轻视自己、不相信自己，对自己持否定态度的自我体验。自卑可以表现为对自己的能力、品质的偏低评价，总觉得自己不如别人，同时可伴有一些特殊的情绪体验，诸如羞怯、内疚、忧郁、失望等。自卑常常使学生不能正确地审视自己，由自卑感引发的交往问题在中职学生中很常见。在中职学生中，有许多学生是基础教育中经常被忽视的弱势群体，成绩普遍较差，厌学情绪较重，很多学生在初中阶段不受老师和成绩好的学生欢迎。走入职业学校后，大多数学生会像普高学生一样，维持正常的人际交往，但有部分学生在与他人的交往中，对自己的中职学生身份感到自卑，怕别人瞧不起自己，因此不愿让人知道自己在职业学校读书。这种自卑心理还会让学生在与他人交往时缺乏信心，担心别人对自己的负面评价，出现回避与他人交往的情况，或是在交往过程中回避关于自己学业的话题，从而影响到中职学生正常的人际交往。有的学生会因此而使孤独感增强，更加缺乏主动沟通意识，导致社交不足或存在人际关系缺陷。有的学生比较在意同伴对自己的看法，所以难免会过分注重自己的形象，如果自我现实不能令他们自身满意，也会害怕与他人

交往，甚至表现出交往中的退缩行为。

2. 问题分析

这种问题的产生原因主要有以下两方面。

（1）中职学生自我意识的发展不成熟

这一阶段的学生尚不能对自己准确地自我定位。一些学生在初中阶段，由于成绩不好，或是其他方面表现较差，得不到老师同学的喜爱和重视，较之成绩优秀的学生，也较少得到家长和老师的鼓励与表扬，受到这些因素的影响，很多中职学生产生较低的自我评价，产生自卑感。

（2）社会上存在的对中职学生的认知偏见

职业学校的学生来源多样化，素质参差不齐，很多中职学生来自偏远贫困家庭，有的学生来自单亲家庭或存在问题的家庭，还有个别学生存在不同程度的身体缺陷等，这些都会引发学生的自卑心理。当中职学生在理想与现实发生矛盾时，更加不能正确地认识自我，对自身能力缺乏信心，加之他们原有的知识基础薄弱、学习能力较差，面对学习上的困难，缺乏解决问题的能力和策略，因此容易产生自卑心理。

3. 辅导对策

第一，转变认知，寻找自信。

要想帮助中职学生摈弃自卑心理，首先就要让学生扭转自己对于中职学生在认识上的偏差，使其正确认识到选择上职业学校并不代表失败，只是选择了不同的发展道路而已，只要认真学习知识技能，同样可以拥有精彩成功的人生；帮助学生客观全面地分析和评价自己，让学生明确对一个人的评价应该是来自对这个人全方位、多角度的考察，要积极去发现和寻找自己身上存在的优点，增加自信，主动去和他人交往。

第二，深入了解，积极鼓励。

相当一部分中职学生是来自普教的“失败者”，相对于成绩好的学生，他们得到的老师和家长的表扬较少。对处于青春期的孩子而言，适当的鼓励会有效地提高他们的自我评价，有助于增强他们的自信，从而使他们在人际交往中表现得更加主动和自信。对学生有效的鼓励也要求教育者在日常生活中更加深入地观察和了解学生，让学生感觉到更多来自他人的关注，这种鼓励并不是盲目的，要针对学生真实的优点与进步，用恰当的方式进行鼓励，例如从语言上对学生进行激励：“你真行”，或是“想不到你还有这方面的能力”等，这样的激励性语言会对学生形成心理暗示，使学生在人际交往中消除自卑，变得更加自信。

（二）代沟引发的亲子关系问题

1. 问题表现

代沟指的是两代人之间由于价值观念、心理状态、生活习惯等产生的差异。

它是两代人之间存在的某些心理距离或隔阂。当今时代迅猛发展，父母与青少年子女之间的代沟问题显得尤其突出。学生与父母的交往是一种既亲密又复杂的交往，不少职业学校的学生与父母之间的意见总是难以达成一致，沟通很困难，很多子女一方面埋怨父母不能理解和尊重自己，想摆脱父母的管束，但在经济上、生活上、精神上又要依赖父母，不能脱离父母而独立，与父母矛盾冲突不断，影响父母与子女的亲近，甚至会出现更为严重的行为冲突。一些家庭在培养孩子时存在着很多缺陷。（1）许多单亲家庭的孩子往往表现出仇视社会、仇视老师、仇视同学的心态，孤独、自私、冷漠、无情，很少能主动与人沟通交流，甚至于最终误入歧途。（2）有的家庭对孩子只是给予，不讲回报，不去指导孩子施爱，这种单向的半堵塞的爱，造成了孩子的情感畸形，只知道让父母关心自己，不知自己还应关心父母，更不知道关心别人。（3）在有的家庭中父母是绝对权威，孩子根本没有发言权，这样家庭的孩子大多比较内向，不愿和人交往。（4）有的家庭中父母忙于赚钱，对子女只愿出钱不愿花时间精力，把培养子女的责任推给学校，和子女的感情沟通越来越少，感情也越来越淡漠。只能用钱来与孩子交流感情，以为用钱来奖励就能完全表达对孩子的爱。这可能使孩子想到：父母对于子女的感情只是一沓沓的钞票，人与人之间难以有真正的关爱。在家里，没有被爱，当然也不会去施爱，这使少数学生对他人关心的程度大大降低，产生对人冷漠的现象。

2. 问题成因

（1）成人感与半成人现状之间的矛盾。进入青春期的中职学生生理发育已基本成熟，外形上趋向于成人化，使这个时期的青少年产生了成人感。这种独立自主的要求是全面性的，在行动和语言上要显示自己是一个独立的个体，心理上强烈要求人格的独立，迫切希望从父母的束缚中解放出来。但是因为身心发展的不平衡，他们的心理能力明显滞后于自我意识，他们在知识、经验、能力、理智、情感等方面均未成熟，只处于半成熟状态，也未能形成个人完整的世界观和价值观体系，他们对自己生理特征的发展和变化会出现困惑及不适应。这就造成成人感与半成人现状之间的矛盾。这些困扰使学生特别需要父母的理解和支持。

（2）青少年的自主性被忽视。在与父母的相处过程中，由于代沟的影响，父母与子女看问题的角度不同，父母容易将成人的观点强加给子女，或是在行为上约束和控制子女，从而导致逆反，使亲子矛盾突出。

（3）青少年的人格展示受到阻碍。通常的情况下，成人只顾青少年的学业成绩，而对于他们人格成长有益的活动却加以限制或禁止，很多学生会因此感觉父母不能理解自己，只会指责或是要求自己，感到非常反感，难以自控情绪，便与父母产生矛盾冲突。

3. 辅导对策

父母可以通过与子女积极互动，在子女遇到挫折时给予支持和鼓励，信任子女并允许子女拥有自己的想法，发展自己的兴趣爱好。尽管处在青春期的中职学生有时会出现偏离目标及各类以叛逆行为为代表的行为问题，但他们在此阶段也同时面临着各种挑战与压力。父母应给予子女无条件的关注与接纳，给予其来自家庭的温暖、理解、信任与支持，从而帮助他们应对青春期的心理挑战与现实中的各类压力，完善自我，完成同一性整合，成为心理健康、人格健全的人。

第一，相互理解，换位思考。

解决代沟问题最好的方法就是相互理解，换位思考。有些父母总是感到很困扰，为什么孩子和自己理想中的样子有那么大的差距，为什么孩子突然变得这么不听话？其实父母应该设法去了解处于这个阶段的孩子在生理、心理上的发展特点。处于这个特殊时期的中职学生，独立的自我意识开始迅猛发展，由生理、身体的发育带来的情绪困扰、性心理发育、学习压力、人际关系处理等心理问题一并出现，这对于学生而言确实是一个相当大的挑战。学生往往自以为已经成人，希望周围的人能将自己视为成年人，要求具有与成年人相当的社会地位和决策权，反对从属地位。所以，父母在与他们沟通时，一定要考虑到孩子在这一阶段心理发展的特点和规律，理解孩子的变化和处境，调整管教的方式。另一方面，孩子也要试着去理解代沟对彼此关系的影响。事实上，学生非常关注自己与父母之间的关系，与父母关系出现的裂痕和情感疏离常常让他们感到无奈、委屈和烦恼。应鼓励学生能够多站在父母的角度去考虑问题，理解父母要求自己的良好初衷，自觉孝敬长者、体谅长者，减少与父母的摩擦冲突。

第二，加强沟通，缓和关系。

很多中职学生的家长不善于与自己的孩子进行沟通，在孩子儿童阶段就很少与孩子进行沟通和交流，或是溺爱纵容，或是一发现孩子的问题就非打即骂，类似这种状况会致使亲子关系问题更加严重。一旦出现了问题，由于父母与子女之间缺乏交流，就会使彼此的裂痕越拉越大。因此，加强沟通是缓和亲子关系的一个有效方法。对于家长而言，要遵循沟通的几个法则：

（1）多观察——多观察孩子一些言语行为的细节，掌握他们的心理活动状况，体会他们内心的想法，有助于沟通的进行；

（2）多倾听——多倾听孩子对事情的分析和想法，有助于站在孩子的角度进行换位思考，增强对彼此的理解，有助于双方沟通。

（3）多开导——寓大于小，动之以情、晓之以理地对孩子进行指导，帮助孩子调整不良的心理状态，培养孩子分析问题、解决问题的能力。

（4）少责备——父母与子女的沟通一定是平等的交流，因此，父母决不能将沟通变为高高在上的指责，不知不觉就开始讲道理、提要求，这种沟通是收不到良好效果的。

当然，沟通是一个双向的过程。对子女而言，在与父母的交往中出现问题，要尽量主动地与父母进行沟通，在父母提出沟通的要求时，也要主动地配合，才能使彼此的沟通顺利进行。

（三）逆反心理引发的师生交往问题

1. 问题表现

师生关系是与中职学生关系比较密切的、严肃的人际关系，在中职学生人际交往中占有重要的地位。这种人际交往包括：（1）与学校领导交往。主要是行政上的管理与被管理的交往。（2）与班主任交往。中职学生接触最多的是自己的班主任，他们与学生的关系平等，会像朋友一样与学生交流思想，促膝谈心，并参与班级组织的各项文体活动。（3）与任课教师交往。课堂是学生与任课教师交往的主要场所，任课教师在其授课时间与学生接触，切磋学问，探讨问题，因而一般是单纯的教学关系。中职学生对教师的教学内容、方法、工作态度进行评价，更愿意与学术水平高，教学态度好的老师接触，由衷地敬佩甚至崇拜这些老师。（4）与学校其他职工交往。管理育人的行政人员，服务育人的学校职工等也是中职学生经常要面对的人际交往对象，比如宿舍、食堂、图书馆的管理人员等。

逆反心理是处于青春期的学生常见的心理状态。主要用来描述青少年由于自身成熟而产生的独立或自重的要求。学生的逆反心理是在一定的外界因素刺激下，对某类事物或者人物产生了厌恶、反感的情绪，并在这种情绪驱动下表现出与事物发展相背驰的言行。这种状况常常表现为中职学生不愿服从老师或家长的管理，“你要我这样，我偏不这样”是逆反心理的典型特征。学生在中职时期正处于青少年的“过渡期”，他们的独立意识和自我意识日益增强，迫切希望摆脱成人的监护。他们以成人自居，反对成人把自己当“小孩”。为了表现自己的“非凡”，对任何事物倾向于持批判态度，由于人生阅历少、思维方式尚未成熟，对待事物也容易出现偏激、片面的看法，加之自尊心很强，常常把成人的管教和指责理解为对自己的忽视和否定，马上以“逆反”的方式——激烈反抗、不屑一顾、敌对、沉默不语等进行回应，以“维护”自己的自尊。中职学生的逆反心理很大一部分体现在与老师的对抗上，会引发师生之间的许多问题，如果处理不当，会导致师生之间严重的冲突，也会使学生出现对人对事多疑、偏执、冷漠、不合群的不良性格，对其身心发展带来不利的影响。

2. 问题成因

青少年对某一事物或某一结论同成人持对立的情绪，其主、客观原因是比较复杂的。从青少年心理发展的特点来看，有两个方面是容易造成情绪波动且难以控制的因素，这就是腺体发育的生理因素和思维品质矛盾表现的心理因素。

从客观来看，教育者的可信任度、教育手段、方法、场合，往往也会影响到中职学生的逆反心理。很多中职学生在来到职业学校以前，由于成绩不佳或经常触犯纪律，往往不受教师的关注和喜爱。有些教师的确在对待这样的学生时带有偏见和不公正，如：对于有些问题，不调查清楚就主观地认为是平日的“问题生”所为；有的教师忽略学生的自尊心，当众表现出厌恶，批评学生；教师自己言行不一，或是在语言和行为上明显地偏向自己喜爱的学生；等等。这些做法都会使学生产生对教师的疏远感和排斥感，不再信任老师。学生的社会经验较少，一旦碰到问题，会很容易对老师产生不满和偏见，出现逆反心理，加上言行易于冲动，导致与老师形成对立和冲突。

不良家庭环境也会影响学生的逆反心理。有些学生来自不和谐的家庭，父母争吵不断，子女会感到焦虑和缺乏安全感。一些中职学生的父母对子女的教养方式不当，与孩子缺乏心灵的沟通和情感的交流，常用强硬和粗暴的方式解决问题，反而使父母在子女面前失去权威感，使孩子的内心变得更加叛逆。从这样的家庭中走出的孩子，常感到烦躁、焦虑、多疑，表现出冷漠、叛逆，对成人不信任，在面对老师的管教时，往往也会表现出逆反。

3. 辅导对策

第一，心心相印，以诚相待。

心与心的距离远了，便可能引发分歧和冲突。日本教育家小原国芳曾经说过：“要拨动学生的心弦，就要做到‘心心相印’，教育的深刻意义才能油然而生。”要想与学生拉近距离，获得良好的教育效果，就要用真心换真心。教师的职业是充满爱的职业，教师在与学生交往中，带着一颗爱心，爱护每一个学生，这种爱就会感染学生，爱心就像一根接力棒，一个个地传下去，学生在与其他人交往中就学会了爱。

面对处于逆反期的中职学生，只有使学生在感情上产生触动，才可以收到很好的效果。苏联著名教育家苏霍姆林斯基曾经说过：“只有充满人情、充满爱心的教师，才会培养出具有健全人格的学生。”教师对学生的爱应该是严慈相济，不求回报，不求索取，它是通向学生心灵的桥梁。作为老师，温暖的话语，亲切的微笑，理解的眼神，关切的抚摸，鼓励的暗示，这些都是与学生心与心的沟通。人的内心都有脆弱和敏感的部位，即使那些表面强悍而冷漠的人也不例外。在小事上表现出的爱和尊重会直接触动学生的内心，使学生的逆反心理变得平静和谐。

第二，公平公正，奖惩分明。

处于青春期的中职学生对教师的处理问题是否公平公正十分关注，特别是有些已经对老师失去信任、存在偏见的学生，老师一旦有不公平的倾向，这些学生就会表现得十分敏感，立即与老师形成对立。因此，老师在处理问题时做到一视同仁是至关重要的，同等对待所有的学生，无论是谁表现出色，都要给予表扬和鼓励，而无论是谁犯了错误，都要严加批评。

第三，有错必纠，润物无声。

有的老师怕学生犯错，想方设法对学生提出各种要求，实行各种惩罚措施，再加上苦口婆心地教育、劝说，但总也杜绝不了少数学生的问题不断。于是，有的老师就会将这些学生视做大麻烦，进行特别关注，拉进自己的教育黑名单，在学生出现问题时，不是大肆批评，就是请家长到校，这些做法只会让学生更加反感，引发师生对立，使师生关系恶化。其实，人都会犯错，学生处于成长的青春期，更加容易犯错，只不过有些学生犯的错误较少或不严重，并未引发他人的关注，还有的学生善于掩盖自己的错误。事实上，犯错是学生成长中不可缺少的"营养"，对教师而言，首先要扭转对于学生犯错的看法，犯错正是教育的契机，能够借助这些生活实例来引发学生对问题进行反思，这样才能够让学生成长、成熟起来。

特级教师于永正说过："当老师教育学生的时候，如果学生知道你在教育他，你的教育就失败了。"对学生的教育要"润物细无声"，面对学生所犯的一般、常见的错误，教师绝不能表现出愤怒和反感，这样只会引发学生的逆反心理。

第四，寻找错误背后的积极面。

中职学生都是处于青春期的孩子，很多孩子在初中阶段没有养成良好的行为习惯和自控能力。有的学生犯错的原因就是幼稚或淘气；有的学生因"表现欲强，希望得到别人关注"而犯了错误；有的学生犯错的动机也许并不是出于恶意；只要教师认真分析，深入了解，会发现很多错误的背后都有积极的一面，寻找错误的积极面是指可以从一些积极的方面入手，先肯定，再教育，可以有效避免学生的抵触情绪，真正做到教育的"润物细无声"。

第五，敢于承认自己的错误。

既然人人都会犯错，学生会犯错，教师在教育教学的过程中也会犯错。如果教师出现错误了，不能因为维护面子而回避自己的问题，要勇于承认自己错误的言行，要求学生做到的，教师要首先做到，这样也是教育民主、平等、和谐的体现。这样做能够使学生感到老师与自己是平等的，并为自己做了榜样，能够有效缓和学生的逆反心理，使师生在和谐平等的氛围中有效地解决问题。无论在学习还是生活方面，教师与学生应平等相处，尊重学生的意识和人格，鼓励学生表达自己的看法，理解并认可不同的意见和分歧，以便使学生从惧怕权威，缺乏自尊心以及卑微之感中解放出来；教师要以崇高的道德情操、优良的个性品质，以"润物细无声"的方式影响和感染学生，以渊博的知识、完美的教育教学艺术为学生创设良好的学习环境和条件，开发学生自身潜能。只有在师生合作融洽的人际氛围熏陶中，学生的身心才能和谐健康地成长与发展。

（四）“哥儿们义气”引发的同性交往问题

1. 问题表现

心理学研究表明，处于青春期的青少年，年龄不断增长，视野不断开阔，对外界事物所持态度的情感体验也在逐渐丰富起来。这时的青少年有一个比较显著的特点是相对单纯，喜爱交往，注重友情。相对于普通高中，职业学校学习环境较为轻松，为中职学生的个性发展提供了平台，使他们的人际沟通能力得到发展，许多中职学生更加热衷于交往，并善于交往，他们的人际关系的范围更加广阔。在同学的交往中，这种感情是很真挚的。但也有一些中职学生因为各种因素，将“哥儿们义气”与真挚的友谊相混淆，有的学生甚至为了这种“友情”不惜触犯法律，使自己误入歧途，付出惨痛的代价。

“哥儿们义气”是一种比较狭隘的封建道德观念。这种观念视几个人或某个小集团的利益高于一切，信奉的是“有难同当，有福同享”，即使是错了，甚至触犯法律，也不能背叛这个“义”字。“哥儿们义气”是中职学生中常见的人际交往问题，很多处于青春期的中职学生缺乏自控能力，行事冲动，提到“哥儿们义气”，会一时头脑发热，不计后果地去做一些冲动的事情。他们非常渴望得到他人，尤其是朋友的认同，他们参与小团体，寻找“死党”，为哥儿们“两肋插刀”，认为这些就是真挚友谊的体现，不顾一切地去迎合朋友的需要，哪怕是不正当的需要，自己明知有些做法是不对的，但认为这样就能够赢得朋友的信任和认可，执意要这样去做。

2. 问题成因

处于青春期的中职学生渐渐不愿与老师和家长交流，却开始重视友谊，他们越发喜欢与好友一起交流感情，需要来自朋友的关爱、尊重和认可。由于学生的人生阅历少，经验不足，认识问题主观片面，是非观念模糊，加上容易冲动，错误地将“哥儿们义气”等同于友谊，片面地认为友谊就是不顾一切地讲义气。他们不清楚友谊是有原则、有界限的，真正的友谊不能违背社会公德，更不能触犯法律。“哥儿们义气”是不分是非，不讲原则地为“朋友”两肋插刀，并不是真正的友谊。

这种行为与从众心理有一定联系。从众是在群体的压力下，个体在认知、判断、信念与行为等方面自愿地与群体中的多数人保持一致的现象。从众行为的原因有寻求行为的参照，对偏离的恐惧以及群体凝聚力的吸引。下面，我们根据从众行为的原因来分析学生的从众心理。

（1）许多学生选择参与到某个小团体中，能够从团体中获得归属感和安全感，享受到拥有“死党”的体验，这会促使学生加入到团体中，并在必要的时候，维护哥儿们的利益。

（2）学生在一个团体中如果不能像其他成员一样，不顾一切地维护自己的哥儿们，会产生被团体排斥在外的恐惧。

（3）如果学生所在的小团体凝聚力较高，对各个成员都有较强的吸引力，成员之间又有较深的情感联系，那么这个团体中的学生就会努力地去为团体作贡献，就有可能在某个成员有需要时，不顾一切地去维护他的利益。

3. 辅导对策

要预防和矫正此类问题行为的最好方法就是帮助他们营造一个健康的人际环境，使他们进行健康的人际交往。在健康交往中双方都会对对方的行为产生积极的影响，这样就可以在一定程度上对不良行为的产生起预防和抑制作用，比如在和谐的融洽气氛中由于彼此相互信任，当对方出现了不良的问题行为时，双方都能给予对方提醒和及时的正确帮助。教师要通过正确的教育、指导，并采取适当的措施来预防学生问题行为的产生，帮助学生矫正问题行为。

第一，帮助学生全面认识“哥儿们义气”。

学生之所以会追求“哥儿们义气”，是因为他们对“哥儿们义气”的认识和理解存在偏差。因此，教育者可以帮助学生从观念上全面认识什么才是真正的友谊，什么才是真正的讲义气，扭转学生头脑中关于社会上江湖义气的陈旧看法，让学生认识到朋友间相处应该讲义气，但不顾一切地，甚至不惜触犯校规或是法律去讲义气，是不可取的。可以通过举例向学生说明，不顾一切地讲义气会带来严重的后果，不仅不利于双方的友谊，还将为此付出惨痛的代价，非常不值得。

第二，分析学生为何深陷“哥儿们义气”。

教育者应该全面了解学生，包括了解学生的家庭成长环境、性格气质等方面的情况，再结合内外因分析为何有些学生的“哥儿们义气”情结较为严重，针对学生的问题症结所在，对学生进行个别辅导。

第三，帮助学生自控情绪，提高情操，谨慎交友。

教育者应鼓励学生平日多与思想健康向上的人交往，多阅读健康的书籍，提高自我修养和情操。中职学生正值青春期，自控能力较弱，很可能因为一些小事就难以控制情绪，与他人产生冲突，可以教学生掌握一些情绪自控的方法，让学生遇事宽容，减少冲突发生的可能。

此外，教师也需要留意学生的交友情况。由于中学生的身心还不成熟，在结交朋友时大多是凭感性的接触，只要“合意”就可以继续交往。他们在结识朋友与交往活动时对道德约束、法律条文等考虑较少甚至根本就没想，缺乏自律意识和法制观念，由此而出现问题行为甚至严重的违法犯罪。因而必须加强对中职学生的法纪法规教育，要求学生严格遵守交往行为的规范，用道德、法纪法规等社会规范对中学生交往行为进行指导，培养他们自觉的交往规范意识，使他们树立正确的交往法纪观。

（五）沉迷网络引发的网络交往问题

1. 问题表现

网络交往是在网络上以文字符号为主要交流介质，以交流思想和抒发感情为主要内容的人际间的符号性精神互动。常见的表现形式有收发电子邮件、网上聊天、在虚拟社区或网络论坛（BBS）发表言论等。

科技进步带来了网络的腾飞，给广大青少年提供了更大、更广的发展空间，但同时也给中职学生带来了一定的负面影响。青少年是网络中非常庞大的一个群体，中职学生也在其中。中职学生相对普教学生而言，缺少升学压力，课外空闲时间较多，一些学生缺乏有效的发泄和放松方式，为了排解生活的单调枯燥，很多中职学生热衷于网络交友这种独特的交友方式，有的中职学生自我约束力不强，面对网络上的各种诱惑缺乏辨别和抵御能力，容易受到不良影响而引发各类问题。网络上的人形形色色，多种多样，在网络这层面纱背后，其身份特征具有一定的虚拟性。青少年涉世不深且好奇心强，缺乏辨别是非的能力，容易被虚拟的假象迷惑，而被别有用心的人利用。虚拟的人际关系也会让青少年深陷其中，严重的会使学生现实中的人际交往变得淡漠，造成人际情感的逐渐丧失，产生人际交往的心理障碍。同时，虚拟的网络世界会让有些中职学生感到可以为所欲为，做出一些违背现实中人际交往道德规范的举动，在论坛上粗言恶语、相互谩骂，对学生的心理健康发展产生不良影响。网络中的交往也会引发各类违法犯罪行为，使中职学生成为犯罪者或是受害者。

2. 问题成因

第一，网络交友新鲜刺激。随着互联网技术的不断发展，现今几乎没有其他娱乐方式能与互联网竞争，网络世界的包罗万象能够满足中职学生对知识、娱乐、交流等多方面的需求，上网对中职学生有非常大的吸引力。网络上的交流方式有娱乐性、互动性、虚拟现实性等特点，可以匿名，又具有不受现实生活交流方式限制的自由度，让学生们感到轻松不受束缚，广泛受到青少年，尤其是生活中不善交际的青少年的拥护。除此之外，多数中职学生在娱乐消遣方面没有其他更多选择，结识网友也就成了学生交友的主要方式。

第二，网络交友满足感情需要。很多中职学生的家长在日常生活中不常与子女交流，即便是交流，也总离不开说教，较少会关心学生的心理感受，青春期的中职学生内心的许多事情也就不愿与父母谈起。因此，学生上网聊天的一部分动机是渴望同别人交流，表达自己内心的感受。在网络世界里，双方对各自的相貌身材、身份背景等一无所知，相处起来感到很平等，没有负担，许多学生能够通过向网友倾诉心里话，释放压力和调节心情，感到轻松和宽慰，并从网络的交往中得到来自网友的认同，获得共鸣，满足内心对感情的需要。

3. 辅导对策

在青少年价值观的形成过程中，报纸、广播、电视、网络等各种媒体正发挥着越来越大的作用，有学者指出，媒体语言主导并引领社会的语言生活、创造和催生新的文化观念与思维方式、影响并干预人们的文化价值观及对事物的判断。青少年网络道德教育必须面向以网络文化为交往媒介的网络交往伦理的重建，唤醒青少年网络生活的文化自觉，重建网络生活文化，实现成年人文化与青少年文化的统一。

第一，不可盲目阻止。许多家长和老师对于学生的网络聊天是持绝对反对态度的，觉得网络上的关系都是虚拟的，不能了解对方的底细，容易受骗和学坏，因此对学生的上网聊天行为严加制止，这样做反而会引发学生的逆反心理，起到相反的效果。其实，我们身处网络时代，网络交友也有其独特的优势，如可以帮助学生打开视野，在更加广阔的领域里结交朋友。对于热衷于网络交往的学生，绝不能盲目地阻止，要多与他们进行沟通，了解他们网上交友的动机，并帮助学生去了解网络与现实的差别，并让学生认识到现实中的人际交往是不可替代的，要适度地上网，更多地将注意力投入到现实的人际关系中来。

第二，教会学生提高防范意识。教会学生认识到网络的性质与功能，正确辨别虚拟社会与现实社会的异同，提高对网络信息的判断能力和批判能力。网络上进行交往，彼此不曾谋面，不了解对方的底细，的确会给不法分子以可乘之机，作为教育者，要设法帮助青少年在网络交友中提高自身安全防范意识和自我保护意识，尽量让学生不单独与陌生网友见面，避免发生危险。不要公开家里的电话、地址或学校班级；在上网的时候，不要随意泄露自己上网时的密码、账号，也不要将其记录在电脑的文档里；上网查看电子邮件或其他个人信息后，要随手关闭浏览器；遇到网上朋友邀请外出，要征得父母的同意，并由父母陪同外出，不能一个人单独赴约。

（六）异性交往问题

异性交往是中职生人际交往的重要方面。

中职学生成长发育中出现对异性的憧憬和渴望是正常现象，正常的异性交往有益于学生身心健康发展，学生间正常的异性交往是值得鼓励的。要教会学生去把握异性交往的“度”，让学生明确异性交往中的言谈举止要自然大方，但要注意男女有别，男女同学之间在交往过程中一定要保持一定的分寸，不要无所顾忌，不要过于轻浮，也不要过于拘谨。更重要的是让学生明白过早地谈恋爱是不利于他们的身心健康和学业发展的。

有关异性交往方面的问题和辅导对策留待下一章再详加讨论。

第三节　中职学生人际交往能力的提高

一、中职学生人际交往品质的培养

人格反映了一个人的心理面貌，它影响着一个人的思想、情感和行为，使一个人具有区别于他人的、独特的心理品质。因此，我们可以认为人格影响着一个人交往的态度以及交往的频率和方式，从而影响到个体的人际关系。人格品质是个体吸引力最主要的来源之一，也是影响人际关系的重要因素之一，因此，培养良好的人格特质是中职学生人际交往品质的保证。良好的人格品质可以包括真诚、热情、自信、尊重、信任等方面，可以通过以下几种途径来对中职学生的这些人格品质进行培养。

（一）在榜样效仿中培养

良好的榜样是优良人格品质的具体反映，具有生动、鲜明的形象，研究表明，榜样对学生性格特征和道德行为的形成具有启示作用、控制作用、调节作用和矫正作用。对青少年来说，榜样的力量是无穷的，有良好的感染力和说服力，容易被学生领会和接受。学生经常模仿的榜样大致可分为三类：一是英雄伟人或青春偶像；二是身边的同龄人（以同学朋友为主）；三是家长和教师。

随着年龄的增长，中职学生的效仿对象逐渐地由效仿父母转变为效仿身边的伙伴，他们更多地喜爱和同龄的伙伴在一起，在彼此的相处中潜移默化地相互影响。因此，教育者可以鼓励学生多与拥有良好人格品质的学生，如真诚、热情、自信的同学和朋友进行交往，在交往的过程中塑造出良好的人际交往品质。

教师作为知识的传授者和学生学习生活的领路人，经常与学生在一起，教师的一言一行都会对中职学生人格品质的塑造产生较大的影响。作为教育者，在日常生活中要以自己的真诚和爱心去对待学生，用丰富的情感和优良的品格去感染和影响学生，让学生的内心感受到爱与温暖，这样他们才能在自己经历的人际关系中去真诚地投入。教师在与学生的交往过程中更要注重为人师表，严于律己，为学生展现良好的示范作用。

多数学生在成年之前都与父母共同生活，父母对学生良好人际品质的培养有非常重要的作用。在日常生活中，家庭夫妻关系、亲子关系，以及父母的外围人际关系都会对子女的人际关系品质造成影响，因此，培养中职学生良好的人际交往品质，需要父母去为子女营造良好的家庭人际氛围。

（二）在人际交往实践中培养

一位哲人说过，人生的真正丰富多彩，是交往的丰富多彩、人情的丰富多彩、人际关系的丰富多彩。中职学生优良的人际交往品质是通过人与人之间的互动塑造的，作为教育者应该引导并鼓励学生积极、热情地投入到人际交往的现实中去，通过人与人之间的互动，去尝试建立良好的人际关系。心理学家们发现，以帮助和相互帮助为开端的人际关系，不仅可以很容易地建立起良好的第一印象，而且人与人之间的心理距离可以迅速缩短，很快建立起亲密关系。在学校，同龄人之间的彼此帮助和容忍，在家庭中，家庭成员之间的融洽相处，都可以在极其自然的情境下，帮助学生学习到社会基本的人际关系法则，如果学生是处在良好的氛围中和在正确的引导下，他们是会得到理想的人际交往品质的。

（三）在自我教育中培养

自我教育是指个人在总结人生经验的基础上，通过自我认识、自我评价、自我完善等，培养自己的道德、感情、意志、信念和习惯，增长知识，形成完美形象的方法和过程。每一个人都以自我发展的方式，存在于现实世界之中，每一个人的行为表现、身心健康、人际关系和发展状况，都要受到自我的制约，因此，自我教育是塑造学生健全人格，培养学生良好人际品质的重要途径。随着中职学生年龄的不断增长，他们的自我教育的能力也在增长。作为教育者，可以引导学生通过自我教育而使自己的人格更加完善，从而提升自己的人际交往品质。例如，教育者可以帮助学生全面认识自己性格中的优缺点，客观地了解自己，在人际关系中更多地展现自己的优点，表现得更加自信；对自身存在的不利于人际关系的不足之处进行评价、反省和调整，完善自己的人格，促进学生人际交往能力的提高。鼓励学生少担心，多尝试，相信自己，在实践中证明自己的担心是多余的，观念是错误的。当学生的成功经验越来越多时，自信心也会越来越充分，人际关系处境也会越来越好。

（四）在心理健康教育中培养

健康的心理状态是学生拥有良好人际关系的前提，因此，职业学校要特别注重对学生进行心理健康教育。

第一，开展形式多样的心理健康教育活动。心理健康教育包括多种形式，如开展主题活动、主题讲座，利用常规课堂或是班、团会开展心理教育活动课，通过游戏、讨论、辨析、观察、演讲、表演、小品、训练、测试等方式，为学生传授人际交往的技巧，进行人际交往技巧的训练。在班主任或心理健康教师的精心组织下，师生共同参与，开展以学生为主体，生动、活泼、交互、联动的活动，这些活动成为帮助学生塑造健全人格，传授人际交往技巧的理想平台，让学生在丰富多彩的活动中去学会更好地进行人际交往。

第二，创设适应学生心理发展的有利环境。可以创设有利于学生心理发展、维护学生心理健康的环境，使学生心理在潜移默化中得到陶冶。可在班级和学校宣传橱窗张贴有关心理健康提示语；为师生交往开辟“心之物语”园地。还可利用学校广播建立心理健康培养专题节目，针对学生提出的问题，进行分析解答，帮助他们树立正确的认识，解开心中的疑问，指导他们遇到困难如何处理，教给他们一些解除心理紧张和学习疲劳的小窍门，从而提高他们的心理素质。为学生家长举办“健康心理从小抓起”的讲座，指导家长做好维护学生心理健康的工作，拓宽家庭培养的内容。

第三，开展个体咨询和团体辅导活动。学生在人际交往中遇到的各类问题可以求助于心理咨询师。心理咨询师通过个体咨询、团体辅导等心理咨询方式，不仅能够从专业的角度去帮助学生解决现实中遇到的人际交往问题，更加能够为学生提供人际交往技巧，促使学生完善自身人格，提高在未来生活中面对和处理人际问题的信心和能力。

二、中职学生人际交往技巧的训练

（一）人际关系中宽容和换位思考的技巧训练

宽容和换位思考是人际交往中最重要的技巧，在与人交往的过程中，如果学生能够做到宽容，并能够换位思考，就能够有效减少矛盾冲突，使人际关系更加融洽。

1. 宽容的训练活动

课堂活动：评选我身边的“宽容之星”

从你身边寻找一个你认为最宽容的人，把“宽容之星”的称号授予他/她，并通过举例来说出选择他/她的理由。

2. 换位思考的训练活动

课堂活动：读句子，学“换位”

填空完成句子，并将句子朗读出来：

（1）当我做错时，我希望得到别人的（　　）。

（2）当我遭受挫折或情绪低落时，我希望得到别人的（　　）。

（3）当我跟不上别人的步伐时，我希望别人（　　）。

把“我”换成“他/她”，再朗读句子：

（1）当他/她做错时，他/她希望得到别人的（　　）。

（2）当他/她遭受挫折或情绪低落时，他/她希望得到别人的（　　）。

（3）当他/她跟不上别人的步伐时，他/她希望别人（　　）。

3. 角色扮演活动——化解同学之间的矛盾

活动目标：扮演他人的角色能够有助于学生理解他人的处境和立场，学会换位思考，帮助学生理解他人，能够宽容地谅解他人的过失、误解，化解彼此的矛盾，与他人融洽相处。

实施步骤：

（1）教师的活动引导

教师对学生之间的矛盾情况进行全面了解，对活动的过程进行讲解，并选取学生之间发生的典型矛盾进行讨论。

（2）角色扮演

教师提出要求：你和你的好友在一个没有其他人在场的房屋里，面对面地坐下来。你扮演常与你发生矛盾的那个人，让你的好友扮演你的角色。然后就你们有意见分歧的或常引起冲突的问题进行对话。

（3）两人讨论

教师提出要求：你一定要从你所讨厌的那个人的立场出发，时时注意问自己："如果我是他/她的话，会怎么说？"尽可能多地就日常发生的冲突进行讨论。

（4）角色交换

教师提出要求：让你的好友扮演你所讨厌的那个人，你就扮演你自己，就上述相同问题进行争辩。

（5）分析问题

教师提出要求：丢开所扮演的角色，你和你的好友从旁观者的角度冷静、客观地分析冲突的原因和解决办法。

（6）再度扮演

教师提出要求：你扮演你自己，好友扮演你讨厌的那个人，你将讨论产生的结果告诉"讨厌的人"，去谅解对方并化解彼此的矛盾。

（7）总结

教师对活动进行总结，把活动中讨论的结果进行整理、升华，帮助学生掌握活动的收获。

（二）人际关系中倾听的技巧训练

倾听是人际交往中最重要的技巧之一，学会倾听技巧的目的是肯定自己听到和理解了讲话人的内容，更加充分了解讲话人的立场和观点，使讲话的人得到满足，表现出对他人的尊重，增进彼此的感情。直接表达积极倾听的语言和非语言的方式很多。语言上要求补充说明、提问、提出共同点、简单重述对方谈话内容、表明自己的见解、尝试性地解释对方的意图，或只是简单地变换支持语言用词等，都是很好的方式。有效的非语言方式则有点头、手势支持、目光接触、身体前倾，或非语词性的"嗯"、"哦"等。在通常情况下，只要保持积极倾听，不用做特别的努力，就可以获得效果良好的反馈。

学会倾听的训练活动：

1. 教师可以用以下这些句型训练学生，确定学生是否完全理解对方。

（1）真的想知道你对这件事的感觉是什么。

（2）你是怎么看的？

（3）听说你是这样认为的……是这样的，对吗？

（4）不知道我的看法是不是正确，你认为是这样吗？

2. 学生注意倾听过程中的要点。

（1）让别人把话说完，切勿匆匆下结论。

（2）积极关注。倾听的过程中，要满怀热情地去听，不要东张西望、心不在焉，或者做其他事情，注意不时地作出一些言语和表情上的反应，表示你对他说的话感兴趣。

（3）在和别人谈话的时候寻找共同点，有同理心，真诚地赞美别人，并学会拒绝。

（三）人际关系中尊重的技巧

尊重是来自每个人内心深处的渴望，在人际交往中，尊重对方也会换来他人对自己的尊重，因此，尊重是一项非常重要的交往技巧。

尊重他人的训练活动：

1. 尊重他人，从心开始。尊重不仅仅是语言和动作上的尊重，而且是对他人源自内心的尊重和接纳，只有发自内心的情感才能让对方感受到真实的尊重和关心。

2. 说话时采用文明用语，态度和气。

3. 正确看待他人的缺点和不足，绝不拿他人的过失或不幸作为笑料。当别人的观点或做法在你看来愚蠢的时候，先不要去责备别人，而应该先了解别人为什么会这么想、这么做。当你站到别人的角度，用别人的眼光看世界，用别人的心态体验世界时，你会获得许多从来没有的理解，对别人的一些看似荒唐的念头和做法，也会觉得是自然的事。

4. 主动与人打招呼，使他人认为你是一个随和、开朗、心胸宽广的人，有利于良好人际关系的形成。

（四）人际关系中微笑的技巧

亲切的微笑是人际交往中的润滑剂，会让我们的沟通变得更加有效。学生可以通过以下方法来训练自己的微笑。

发自内心的微笑的要领：

1. 放松面部肌肉，使嘴角微微向上翘起，不牵动鼻子，不发出笑声，露出六颗牙齿，轻轻一笑。

2. 闭上眼睛，回忆快乐和美好的事情，使微笑由内心而发。

3. 常对着镜子练习。

4. 当着其他同学的面练习，并请同学进行评价，对不足之处进行调整。

（五）人际关系中赞美他人的技巧

赞美他人的训练活动：

1. 让学生明确赞美的原则

（1）真诚：态度自如。既不要脸上挂着谄媚的笑，也不能摆出一副居高临下的架势。

（2）真实：所赞美的一定要是他人身上真正有的品德或特质，不虚伪，不夸张。

2. 按照赞美的原则，在以下场景赞美他人

（1）回到家，妈妈为你做了一桌可口的饭菜，赞美妈妈的厨艺。

（2）走进教室，看到迎面走来一个同学，赞美同学的精神状态好。

（3）同学在学校技能大赛中取得第一名，赞美同学所取得的好成绩。

以上是中职学生人际交往技巧的一些简单的训练方法，根据教育者对学生特点的不断了解和对训练方法的不断探索，还可以找到更多、更有效的训练方法。

【建议参考资料】

1. 林崇德．发展心理学［M］．杭州：浙江教育出版社，2002.

2. 金盛华，张杰．当代社会心理学导论［M］．北京：北京师范大学出版社，1995.

3. 崔景贵．职业教育心理学导论［M］．北京：科学出版社，2008.

4. 李荐中．青春期心理障碍［M］．北京：人民卫生出版社，2009.

5. 郭念锋．心理咨询师（基础知识）［M］．北京：民族出版社，2011.

6. 庞发现．人的自我开发［M］．哈尔滨：黑龙江教育出版社，1989.

7. 胡邓．人际交往从心开始［M］．北京：机械工业出版社，2008.

8. 李韦遴．好心态成就好学生：学生心理问题剖析与对症教育［M］．重庆：西南师范大学出版社，2008.

9. 朱利安·泰普林，张祥荣，刘志强．我能做好：中学生健康心理和良好习惯自我引导技巧［M］．成都：四川科学技术出版社，2009.

10. 匡瑛，朱倩倩，崔景贵．今天，我们怎样做班主任（中等职业学校卷）［M］．上海：华东师范大学出版社，2006.

11. 杜亚松．青少年心理障碍咨询与治疗［M］．北京：北京大学医学出版社，2008.

12. 李晓娟．校园人际环境对大学生成才的影响与优化［J］．中国青年研究，2011（2）.

13. 孙彩平，唐燕．国内中学生网络交友调查报告［J］．上海教育科研，2009（11）.

【问题与思考】

1. 人际交往的含义与原则是什么？
2. 中职学生人际交往的发展特点是什么？
3. 中职学生人际交往的影响因素有哪些？
4. 可以通过哪些途径培养中职学生的人际交往品质？

第八章　中职学生
性与恋爱心理的教育与辅导

【本章提要】

本章主要涉及中职学生性生理、性心理的特征及其表现，如何培养和维护健康的性心理；中职学生恋爱心理的困惑与辅导，如何培养和发展健康的恋爱心理。通过系统学习性的生理、心理知识和恋爱的知识，使中职学生健康顺利地度过青春期，为幸福生活打下坚实的基础。

【学习重点】

1. 中职学生性生理的发展特点
2. 中职学生性心理健康的概念与标准
3. 中职学生性健康的培养和性的自我保护
4. 中职学生恋爱心理的特点
5. 中职学生恋爱心理的困惑
6. 培养和发展健康的恋爱心理

【重要术语】

性健康　青春期　第二性征　避孕　性的自我保护　人工流产　异性交往　恋爱

第一节　中职学生性生理、性心理的教育与辅导

随着时代的不断发展和开放，性的话题已经不再神秘，学生有很多渠道去获得性知识，但中职学生辨别是非的能力还很薄弱，容易受到不良信息的侵害。学校性健康教育能够保证从正面带给学生性知识，并引导学生去正确对待性，避免他们被不良的性观念和性知识毒害身心，因此，学校的性健康教育有非常重要的意义。学校应该开设生理卫生课去帮助学生了解自己的身体，此外，还应开设性健康教育的课程，并组织相关的活动，让学生不再觉得性是神秘的，在开放的环境中去接受健康的性知识，树立健康的性道德，培养健康的性观念。

一、中职学生性生理的发展特点

世界卫生组织将 10—20 岁定义为青春期，青春期是童年向成年的过渡期，

是生理、心理、社会适应能力由不成熟走向成熟的发展阶段。中等职业学校的学生正处在青春期，青春期是指在个体发育过程中，从第二性征显现到个体性器官发育成熟的一段时间。青春期是人一生中生长发育的第二高峰期，是性发育、成熟的重要时期。此时生殖器官逐步成熟，生育能力逐渐完善，逐步具备生育能力。随之而来的是如同“暴风骤雨”式的性生理和心理变化，是教师和家长引导和教育的关键时期。青春期的性教育不仅要帮助学生了解身体和心理的变化，更要加强正确的性道德和价值观的教育和引导。

生命发展成为健全并富有创造力的个体，是与性有着密切关系的。性教育应由出生开始，终其一生，是学习如何成为一个男人或女人的教育，是帮助每一个人建立幸福美满的家庭生活，进而使由两性组成的社会更加安宁和谐的教育。

（一）青春期男性生殖器官的发育

男性生殖器官包括外生殖器阴茎、阴囊及内生殖器睾丸、附睾、精囊、前列腺等。

1. 阴茎：阴茎是男性的性行为器官。在青春期前一般不会超过 5 厘米，大约在 12—13 岁之间长得较快，至青春期末可长至 12 厘米左右。即使是完成了青春发育的成熟男性，差异也可以很大，就像人的个子长得有高有矮一样，但一般不会影响其功能。阴茎的前端为龟头，由于布满神经纤维，所以是最敏感的部位。婴幼儿的龟头外面包着一层皮肤，称为包皮。青春发育加速后，或接近成熟年龄时，包皮会渐渐向后退缩而露出龟头。但有不少人到了成人时期包皮仍较长，遇到这种情况，只要经常注意卫生，把包皮翻起进行清洗，不让污垢堆积在里面，就既不会影响健康，也不会影响性功能。若包皮过紧形成包茎，使龟头不能外露或疼痛，则须手术治疗。

2. 睾丸：睾丸是男性最重要的内生殖器。呈卵圆形，有一对，存在于男性的阴囊中。睾丸的主要功能有两方面：产生精子和分泌雄性激素，后者又能直接影响男性的生殖器官发育及第二性征的出现。在胎儿时期，睾丸在人的腹腔中，出生后才下降至阴囊内，有些男孩的阴囊里没有睾丸，或仅一侧内有睾丸，说明睾丸还在腹腔内未下降，这就是隐睾症，患者应该在二三岁前及早进行手术治疗。睾丸的大小，在医学界经常是用容积来表示的。在 10 岁以前，不超过 3 毫升，它的直径不足 2 厘米。10 岁以后容积明显增大，11 岁平均为 4.19 毫升，19—20 岁增至 18 毫升左右，直径也将达到 4 厘米。上述数据只是一个平均数值，实际上睾丸的生长速度，还与人的成熟类型有关。如早发育的 14 岁儿童，睾丸的大小可以超过 16—17 岁的晚熟儿童，这也是司空见惯的正常现象。

每个人在青春期都有一个身高增长特别快速的时期，称为身高增长速度高峰。如果你能在青春期把自己每年身高的增长数值都记录下来，其中长得最快的一年，就是生长速度高峰所在的年龄。一般早熟男孩可在 12—13 岁左右出现生长速度高峰，正常的在14—15岁左右，晚熟者则可迟至16—17岁左右。而睾丸等生殖器官发育的规律，在青春期基本上是与身高的变化一致的。

（二）男性第二性征的出现

步入青春发育期以后，男孩体表所发生的变化似乎比女孩更为明显。他从一个调皮可爱的小淘气，变成了身材魁梧、声音低沉宏亮的堂堂男子汉。他的脸上长出了胡子，颈部正中的喉结渐渐突起。他肩宽胸阔，四肢变得粗壮而结实。这样，男女两性在形态方面的差别就越来越大了。凡此类使男性区别于女性的各种体态特征，总称为男性的第二性征。正是这些第二性征的逐步出现，才使成熟男性有了特殊的阳刚之气与男性的魅力。

在男性第二性征出现的过程中，毛发的变化最为突出。其中最早出现的是阴毛，平均在11—12岁左右，先是于阴茎根部的两侧，以后逐渐向会阴部蔓延，颜色由浅变黑，变得粗而卷，到了青春后期，腹部正中及胸部也长出了粗毛，而阴毛则从脐部以下至阴部呈菱形分布。这些迹象表明，这个男孩已接近性成熟期。

腋毛在阴毛出现后一年至一年半开始长出。少数人的腋毛也可早于阴毛长出。胡须的出现是在腋毛出现后一年左右，也可更早一些。此时，额部的发际逐步后移，尤其于两鬓角处凹入，而成为特殊的男性型发际。

喉结约在12岁左右开始出现，这是由于雄性激素的作用使喉头增大及声带变长的结果，所以自13岁起男孩的声音区渐渐变粗，称为变声期。18岁左右时，喉结发育与变声过程大多已完成。

此外，值得一提的是，大约1/2—2/3的男孩也会有乳房发育，经常始于一侧，主要有乳头突起、乳晕下出现硬块，个别人也可有轻度触痛，一般持续半年至一年即自行消退。所以男性在青春期性发育的程序大致是：睾丸、阴茎、阴毛、腋毛、胡须、喉结、变声等。但这只是通常的规律，实际上每个男孩青春发育的差异程度比女孩更大，所以有些男孩各种第二性征的出现程序与此规律不太符合，多数是正常现象。尤其是毛发的改变，东方人多数不如西方人发达，有的人即使到了性成熟期，阴毛、腋毛、胡须等仍较稀疏。内外生殖器官的大小和长短，同样也有较大差异，只要不是很明显的异常，一般都不会影响今后的性功能，故不需要特殊治疗。

（三）青春期女性生殖器官的发育

根据其解剖位置的不同，女性生殖器官分为内外两大部分。外生殖器又称外阴，包括阴阜、大阴唇、小阴唇、阴蒂、前庭、前庭大腺、阴道口、处女膜和会阴；内生殖器位于盆腔内，包括卵巢、输卵管、子宫和阴道。进入青春期后，在激素的作用下迅速发育，并与其他系统共同进入成熟阶段。

1. 外阴：出生时大小阴唇与阴蒂比较大，处女膜也比较厚。母体激素消退后，阴唇变平，阴蒂较小，黏膜薄，处女膜也不突出。在其后的七年间，外阴保持幼稚型。再后逐渐脂肪沉积，阴阜变厚隆起，大阴唇增大并在其表面形成细小皱纹。青春期月经初潮前，皱纹更显著，前庭大腺功能开始活跃，色素沉着及阴毛出现，且色素逐渐加深。

2. 处女膜：阴道口有一层薄膜覆盖，称为处女膜。处女膜中间有孔，此孔的大小因人而异，小的连手指都不能通过，大者可容纳两指。每月一次的月经血就是通过这个小孔排出体外。这个小孔的形状不尽相同，根据开孔的形状，处女膜孔可分为圆形、椭圆形、环形、筛形、伞形、分叶形、星形、中隔分离形、月牙形、半月形、唇形等30余种。一般常见的处女膜孔为圆形和椭圆形。处女膜厚度一般为2毫米左右，个别人的很薄，剧烈运动或不慎碰撞会阴部均可自行破裂，一般大多在初次性交时破裂，并伴有少量的出血。因此，不能以初次性交的出血与否作为判断女子是否为处女的唯一依据。

3. 子宫：是一个中空厚实的器官，极富弹性，像倒置的梨形，生命就是在这里孕育生长直至出生的。在怀孕期间子宫会随着胎儿的生长伸展成原来的好几倍。子宫颈与子宫体的体积之比在婴儿期为2:1，青春期子宫体积增大的速度比子宫颈更快，使宫颈与宫体体积之比为1:2。

子宫内膜受卵巢性激素的影响，出现周期性变化。在雌激素的作用下，子宫内膜呈现增生反应，排卵后有孕激素分泌，子宫内膜转换为分泌期，黄体萎缩，月经来潮。第一次出现引导流血称为初潮，一般在13—15岁。

阴道变长而宽，黏液腺发育，有分泌物排出，称为白带，阴道分泌物由碱性转变为酸性。此种青春期生殖器发育有利于抵抗病菌的侵袭。

4. 卵巢：青春期开始到绝经前，卵巢的形态和功能发生周期性变化，未发育的卵泡称为原始卵泡，原始卵泡中含有一个卵母细胞，周围被细胞包裹。新生儿大约有10万个原始卵泡，但女性一生中只有400—500个原始卵泡能发育成熟，其余的都退化了。

临近青春期原始卵泡开始发育成熟，每个月经期一般只有一个卵泡达到成熟程度。它的体积逐渐增大，里面的卵细胞移向一侧。随着卵泡的发育成熟，卵泡逐渐向卵巢表面移行并向外突出，当卵泡接近卵巢表面时，该处表层细胞变薄，最后破裂，出现排卵。卵细胞的排出是在大部分卵泡流出之后。排卵在两次月经之间，一般在下次月经来潮前14天左右，卵子由两侧卵巢轮流排出，也可由一侧卵巢连续排出，卵子排出后，在输卵管的蠕动及输卵管纤毛的摆动等协同作用下，由输卵管向子宫腔运行。卵子在排出后可存活48小时左右，在此期间等待和精子相遇、结合。如果不能和精子相遇形成受精卵，卵子会在48—72小时内自然死亡。卵子是人体最大的细胞，也是女性所特有的。

（四）女性第二性征的出现

7—8岁起，女性内分泌腺开始活动，逐渐出现女性特征。10岁左右，卵巢中少数卵泡开始发育，但大都达不到成熟；同时，乳房开始发育，出现乳芽。11—12岁，乳晕增长，出现阴毛。13—18岁，全身及生殖器官迅速发育，性功能日趋成熟，第二性征明显，乳房增大，乳晕明显，出现腋毛，骨盆增宽，呈现女性体型，并开始有月经。18岁左右性成熟，骨垢闭合，停止长高，月经规律，进入生育旺盛期。

第二性征的出现有早有晚，有的过程长，有的则相对较短。一般来说，第二性征的出现只要接近于应有的年龄段就不称为性早熟或性晚熟，但如果18岁还没有来月经就应该到医院检查一下，看看身体有没有问题。

（五）遗精和月经

1. 遗精：遗精是男性青春期性发育的正常现象，通常比女性初潮约晚两年，多出现在13—18岁。此时由于睾丸已能产生精子，精子离开睾丸后，在附睾内停留21天并获得营养进一步发育成熟，与迅速发育的精囊所产生的精囊液、前列腺产生的前列腺液等混合形成精液，会不定期地溢出，即遗精现象。首次遗精后青少年体格发育逐渐完善，生长发育减慢。与此同时，睾丸、附睾、阴茎迅速增长，成为成年男性。人的精液80%都是水，仅含少量蛋白质、脂肪和微量元素。偶尔遗精不会对身体产生危害。

生理性遗精一般两周或更长时间一次，精液黏稠，不会引起身体不适，阴茎勃起正常，身体健康，精力充沛。病理性遗精则见于中老年人或身体先天不足者，频频发作，入夜即遗，精液量少稀薄，阴茎勃起不坚或根本没有勃起，遗精后精神疲惫，腰酸背痛。另外，如果睾丸很小，阴茎发育不正常，第二性征不发育，也可能从来没有遗精现象。

2. 月经：女性的月经，是由于青春期激素释放引起的。每个月排卵发生时，子宫的内层都会增厚、变软，呈现增生和分泌期的改变。如果卵子受精，这个内膜就会滋养和保护未出生的胎儿。如果卵子没受精，这个内膜就不需要了，会通过阴道3—7天的月经期，连血带子宫内膜都排出体外，这就是月经。月经是女性的正常生理现象。第一次月经称月经初潮，是女性进入青春期的标志。出血的第一天叫做月经周期的开始，而当一个女性正在排出经血时我们就说她“来月经了”。

若卵子没有受精，也就是说没有怀孕，迎接受精卵的子宫内膜没有得到受精卵的植入就开始瓦解，随着内膜中的血和水进入子宫颈口，经过阴道排出。但子宫内膜不是一下子全部排出，而要好几天，直至把此期生长的子宫内膜全部排出为止，一般情况下需要3—7天。

两次月经第一天的间隔称为一个月经周期，对一个成熟女性来说，月经周期从21天到36天都算正常。一般来说，成熟女性经血的天数是3—7天，颜色鲜红、浅红或呈褐色，一般经血的特点是不凝固。女孩子进入青春期后，乳房开始发育，通常在乳房开始发育的一年到一年半，月经就会初潮，即第一次月经。第一次月经来潮的时间非常重要，是生长发育的一个重要标志。由于月经周期中激素分泌量的变化，身体其他系统和器官也有一定反映，特别是出血期，因此经期需要注意保健。

二、中职学生性生理的教育与辅导

由于青春期的到来，性生理和心理发生巨变。而由于我国性教育滞后，使得青少年面对巨大的生理、心理变化时，感到茫然，大部分青少年通过非正规途径获得大量不正确的性知识。因此处于青春期的青少年急需性生理和性心理保健，这也正是青春期性教育的重要内容。

（一）男性生殖器的清洁和保健

一般人们只注意提醒女孩子清洗外生殖器，殊不知男孩子也同样需要注意外阴的清洁和保健。

包皮是包在阴茎头外边的一层皮肤，翻转包皮可见龟头后面呈环状缩小的部位叫冠状沟，其内有很多皮脂腺，其分泌物和尿液、皮肤脱落细胞混合，呈白色泥状，带有臭味，称为包皮垢。包皮垢是细菌的良好生长地。男子的会阴部是外生殖器和肛门的相接部位，这里皮肤褶皱多，伸缩性大，皮肤柔嫩易损伤，汗腺丰富且分泌旺盛，经常受到大小便、汗液、精液的浸渍，同时每天小便时还得数次与沾有 8 万—10 万个细菌的手接触，因而形成了细菌、病毒、脱落细胞、污垢的聚集地。若不及时将包皮上翻清洗，很易导致阴茎头和包皮发炎，出现局部红肿、刺痒和疼痛。反复发作可使包皮口缩小，并与阴茎头黏连形成包茎。这种炎症与阴茎癌的发生也有一定关联。结婚后，包皮垢可以导致女性宫颈癌，成为你所爱的人的杀手，所以，男孩也要经常用温水清洗外阴。

1. 如何清洗外阴：在清洗外生殖器时，可用刺激较小的香皂或温水擦洗阴茎和阴囊表面，特别要注意洗净阴茎冠状沟，不要让包皮垢在此滞留。可以把包皮向阴茎根部牵拉，使包皮翻转以完全暴露阴茎头，然后对阴茎进行清洗。最后再洗会阴部和肛门周围。清洗完下身后，换一条干净的内裤，以保持清洁效果。青春期后，男孩会有遗精，每次遗精后不但要换内裤，还要及时清洗。但要注意，清洗外阴时不要玩弄，以免引发手淫。

2. 要经常更换内裤：内裤不仅要常换常洗，更应放在太阳光下暴晒。另外，最好穿透气性强的棉织品内裤，而且要宽松，不要过紧。因为睾丸需要低温环境，过紧、散热差引起的温度过高都会影响它的生精功能，严重时影响生育。

3. 保护自己的重要器官，防止损伤：睾丸是人体重要器官，它十分脆弱，突出于人体使它很易受到伤害，上体育课或运动时要保护好自己的外生殖器，可穿上下体弹力护身或杯形护身。特别要注意，不要踢他人的下身，也不要被别人踢到。发生冲突时故意踢同学下身是不道德的行为。

4. 包皮问题：男婴刚出生时，龟头为包皮所包裹，一直到青春期，龟头才肯全部露出。包茎是指阴茎皮肤狭小紧包住龟头，勃起困难，不能向后翻开露出龟头。包皮过长是指阴茎皮肤包裹住龟头，但上翻时能露出尿道口和龟头。因为包皮皮脂会分泌白色分泌物，即我们通常所说的包皮垢。而包皮裹住龟头会让细菌大量繁殖，造成各种生殖器官的炎症。父母为男婴洗澡时，要注意清洗包皮垢。包皮环切术是将过长的包皮切除的一种手术，犹太男子一出生，即切除包皮。包皮环切术只是一个很小的手术，20 分钟即可完成，不需要住院，但是术后要休息几天。有些男性阴茎长大后，包皮仍无法后退，但若是用手指拨开包皮即可露出龟头的话，并不需要动手术将包皮切除。

（二）正确对待遗精和性梦

遗精是正常生理现象。有些男孩受"一滴精十滴血"思想的影响，误认为精液十分宝贵。其实精液是精子和各种黏液组成的，精子产生于睾丸，在附睾内发育成熟，是男性的生殖细胞，约占精液的 5%，其余 95% 为精浆。精浆是男性附性腺分泌的混合液，是运送精子的载体，也是营养精子、激发精子活力的重要物质。精液中含有大量维持精子生命活动的物质，如果糖、酸性磷酸酶、5′－核苷酸酶、精胺、无机盐（锌盐、镁盐、钙盐、铜盐、铁盐、钾盐、钠盐等）及其他各种具有催化作用的酶等。此外，精液中还含有少量白细胞、生殖道脱落的上皮细胞等，因此流出一点精液对身体并没有什么危害，一般每月遗精两到三次均属正常。如果是频繁出现遗精，一般原因为学习、生活过度紧张、自慰和对与性有关的语言、文字和音像制品过于敏感和过度刺激。

防止遗精过频的主要措施是合理安排学习和生活、劳逸结合。睡前不要大量喝水，也不要看和性有关的文学作品。不要过早上床，最好困倦之后再上床。也可做些轻松的运动，争取尽快入睡。内裤要宽松些，床铺不要过软，被子不要盖得太厚太重。睡觉最好采用侧卧姿势，避免刺激外生殖器。

青春期的男孩女孩体内会分泌大量的性激素，性欲逐渐产生，加之社会上各种性信息的刺激和没有正确渠道得到性知识，使他们对性有了好奇感，由此引起性的联想。但是，这时的性需要还不能在现实中实现，因而就常常以做梦的形式获得满足。

心理学家认为，性梦是一种无意识或潜意识的性心理活动，是性自慰的一种形式，也是机体自身调整紧张的一种心理防御机能，是完全正常的生理和心理现象。性梦是一种自发的梦，梦不等于现实，绝大多数人梦后是不会按梦去想，更不会依梦去做的。所谓君子之不端止于做梦，小人之不端见诸行动。所以性梦毫无道德评价意义，也不存在道德品质问题，更谈不上思想肮脏。

（三）正确面对自慰

自慰又叫手淫，从狭义的概念讲是指用手触摸刺激自己的外生殖器，以达到心理上的满足，达到自慰目的的一种现象。广义上讲，任何方式的自我和互相间的抚摩刺激生殖器或生殖器的敏感部位，从而达到性快感、性满足的行为都是手淫。手淫是性冲动的自我发泄性欲的举动。儿童通过玩弄生殖器、穿紧身裤、运动等对于生殖器的摩擦使生殖器受到刺激就可引发快感。所以，可以说，人在很小时就有了手淫的行为。青春期后，随着激素水平的升高，很自然地产生性的冲动和要求，加之对性的好奇、幻想，很自然地在性生理和心理的驱使下有意识地手淫。多年来，我们对于自慰有害的宣传是错误的，在这种宣传下，许多青少年都是在自责和惶恐的心理状态下度过每一天的。其实，自慰是一种正常的性活动方式，是青少年性成熟的一种生理表现，是解除因性压力所造成的不安、躁动的一种自慰方式，是无可非议的。况且，如果没有自慰，精液也会以遗精的方式排出来。因此，对自慰的态度也应该像我们对待吃饭和睡觉一样，没有什么道德的问题在其中作怪，它只是一种正常需求的表达。自慰就是经历了这样一个从被蔑视、被禁止到逐渐被接受的过程。它的发展历程也显示出人类对性的认识过程。今天的我们能够从更科学的角度，以更平和的心态去看待自慰的问题，表明我们也将以更人本、更客观的角度去看待性。这是整个人类的重要进步。

自慰过度是指自慰行为过于频繁，影响了正常生活。刺激过强或不适当使用工具的手淫，可造成生殖器官损伤，兴奋阈限提高，造成性冷淡，正常性交感受不到满足。过度自慰可引发不正常心理状态，特别是青少年，往往产生后悔、羞愧、忧虑等复杂心理，甚至荒废了学业。同时，反复的刺激造成器官充血、前列腺炎症、精液质量下降、性欲减退甚至影响正常性生活，影响生育。

自慰，是给自己带来快乐的行为，也是自己控制自己的一种行为，它可以给人带来一种满足感和控制感，因此，那些过分沉迷于自慰的人常常是一些性格内向、不善与人交流的人。在他们身上，自慰成了一种工具，可以让他们暂时忘记现实生活的不愉快，而沉浸在自己可以把握的快乐里。这样的自慰可以说超出了正常的意义，而变成了一种逃避。

虽然自慰可以使人暂时放松一些，但快乐过后，烦恼又会来纠缠。没有解决的烦恼是不会自己消失的，长期这样下去，自慰只会给青少年寻求更恰当的解决问题的方式带来干扰。

过度自慰的预防措施：

1. 掌握有关性知识，不自我夸大和恐吓自己，避免加重心理负担。
2. 不穿过紧衣裤，按时睡眠，睡眠时被褥不可过紧过暖，不宜仰卧和俯卧。
3. 晚餐戒烟戒酒，少吃刺激性食物。
4. 保持外阴清洁，避免包皮垢等不良刺激。
5. 鼓励与异性正常交往，减少对异性的敏感。
6. 培养良好的爱好和兴趣，提高对学习的兴趣，集中精力学习。

7. 用丰富的生活化解旺盛的性能量。

8. 不看黄色书籍和影视光盘，减少一切性刺激。

（四）粉刺

粉刺也叫痤疮，由内分泌暂时失调引起，是青春期常见的生理现象，男性多于女性。由于它影响面部美观，常使青少年感到烦恼。

研究发现，雄性荷尔蒙是引发粉刺的元凶，它会影响毛囊皮脂腺的生理代谢，使皮脂腺分泌增多、毛孔角质栓塞，所以男性肤质较为粗糙油腻，容易长粉刺。另外，身体在压力大或熬夜劳累时，肾上腺会分泌对抗压力的皮脂酮，它类似于雄性激素，也会影响毛孔的代谢。就是因为这些内分泌的波动，造成粉刺的反复出现。

粉刺与饮食有很大的关系。随着人们生活水平的提高，食物结构中动物性脂肪、蛋白质的比例大幅增长。动物性脂肪及其加工品或奶油、油炸物等食物会促进皮脂腺旺盛地分泌皮脂，促使粉刺生长及恶化。另外，香、辣、刺激的调味品及酒也有促进微血管扩张的效果，因而刺激皮脂分泌过剩，使皮肤长出粉刺。除此之外，甜食也是诱发粉刺的主要因素，像蛋糕、巧克力、红豆汤、冰淇淋等都是年轻人喜欢的甜食，须多加留意。爱运动的人常喝可乐等清凉饮料来解渴，这些饮料中含有的糖分，对于粉刺的预防也不利。要注意面部清洁：常用温水洗脸，因为冷水不易去除油脂，热水促进皮脂分泌。不用刺激性肥皂，硫磺香皂对粉刺有一定好处。不要用油脂类的化妆品。

防止粉刺的主要措施：

1. 合理饮食，多吃蔬菜和水果，少吃脂肪、糖类和辛辣等刺激性食物，保持大便通畅。

2. 不要用手去挤压粉刺，以免引起化脓发炎，脓疮破溃吸收后形成疤痕和色素沉着，影响美观。抗菌素对感染严重的粉刺有疗效。

3. 劳逸结合，保持心情愉快，对粉刺的治疗十分有益。长了粉刺，心里不要产生负担，以免引起内分泌紊乱，使粉刺加重。选择天然的无副作用的产品进行治疗，会有良好效果。

（五）青春期女性外阴清洁和保健

1. 每天用清水清洗外阴：同每天要洗脸一样，女性还需每天清洗外阴，以保持外阴洁净与舒适。很多女孩子喜欢用各种洗液来清洗外阴，以为这样就可以保证清洁。其实，这样很容易把阴道中的正常细菌杀死，从而破坏阴道的自净作用，其结果是阴道抵御外来感染的能力降低，各种致病菌就会趁机长驱直入，反而增加了感染的机会。正确的方法是，每天晚上用温水清洗外阴就可以了。

2. 不要过多使用卫生护垫：排卵期（分泌物增多时）、月经期可以使用卫生护垫；但要注意及时更换护垫且不可长期使用。因为卫生护垫的底层是密不透气的塑料膜，长期使用会使外阴的湿度和温度大大增加，为细菌特别是霉菌的滋生创造条件，从而导致白带增多并可能引起阴道的炎症。

3. 便后做清洁应从前向后：上完厕所之后，做清洁一定要从前向后，保证阴道和尿道不受肛门细菌的侵袭。

4. 注意生活的小细节：上厕所前要好好洗手，避免把手上的细菌带到外阴。尽量避免反复用手触摸或搔抓外阴局部。要使用质量过关的卫生巾和卫生纸。卫生纸不和钱、钥匙、小玩具混放。从正规渠道购买卫生用品、内裤等，并注意保质期。不使用公共的毛巾和浴盆。不去设施不完备的游泳、洗浴场所游泳或沐浴；患有脚癣者，袜子不应与内裤同时洗。

5. 不穿紧身裤子：紧身的裤子影响外阴的血液循环和皮肤的透气，使细菌滋生。内裤应该选择棉质、透气和吸汗的。此外，内裤还要天天换洗，洗后要多晒太阳，以消除可能存在的细菌。

6. 多喝白开水：月经期间，要多喝白开水，经常解小便，不憋尿，尤其是在炎热的夏天和旅行的时候。

（六）月经期保健

月经是女性子宫内膜剥脱，经血从阴道排出的过程。在月经期，由于子宫内膜零落，就构成了一个创面，阴道内正常的酸性环境也可能因经血渗出而冲淡。同时，子宫颈口轻轻张开，盆腔充血等致使生殖器官部分防御机能降低，如不留意卫生，细菌很容易上行侵入生殖器官。月经期，大脑兴奋性降低，全身抵御力有所下降，机体容易疲倦，也容易受凉感冒或患其他病症。所以，应在月经期留意以下几方面保健。

1. 坚持外阴清洁：经常用洁净的温水冲洗外阴，防止经血结痂。清洗外阴时，下身不要泡在水中，以免脏水渗进阴道。更不能用洗脚巾和洗脚水洗外阴。洗外阴的盆也要和洗脚盆分开。

2. 保持乐观和稳定的心情：在月经期间，常常因身体的某些不适，如乳胀、腰酸、小腹坠胀、头痛而心情焦躁，易怒或抑郁，心情不好反过来又影响月经。自我调理心情，保持心情舒畅，就能够减轻月经的不适感，也能避免月经失调。

3. 恰当控制运动量：月经期要注意休息，保持充足的睡眠，以加强机体抵御力。要减少猛烈的体育运动和重体力劳动。女同学若遇到月经期间上体育课，可向教师阐明情况，参与一些轻松的运动，如体操、漫步、打羽毛球或乒乓球等。

4. 注意保暖：月经期身体抵御力下降，盆腔充血，要留意保暖。要防止淋雨、涉水、游泳或用冷水洗澡、洗头、洗脚，也最好不要在太湿润的地上坐。夏天不要喝过多的冷饮，以免受寒、着凉，刺激盆腔血管收缩，招致月经减少或忽然停经，或引发其他疾病。

5. 饮食卫生，增强营养：月经期间可吃些容易消化吸收的食品，如蛋类、瘦肉、豆制品、蔬菜、水果，同时还要多喝开水，增加排尿次数，冲洗尿道，以预防炎症。不吃生冷及辛辣等刺激性食物，保持大便通畅，减少盆腔充血。

6. 做好月经周期的记载：经过记载可察看本人月经是否规律，也便于做好经前的准备。假如月经没按日期来潮，应当去找医师就诊，以便及时发现缘由。

（七）痛经

女孩在月经快来时或月经期间，特别是月经的第一、第二天，往往感到不适，如腰酸、下腹坠痛、乳房胀及情绪不佳等，这都属正常生理现象，短期就能好转，一般不影响生活和学习。但有的女孩在经期前或月经来潮时有明显下腹疼痛，有时疼痛呈阵发性加重，使人难以忍受，疼痛还可能放射到会阴部或下腹部，往往还伴有恶心、呕吐、尿频等症状，严重者还可能面色苍白，手足冰凉，甚至昏厥，这在医学上叫痛经。痛经一般持续数小时或一两天，一般在经血畅流后才能缓解。

导致痛经的因素有：

1. 精神因素：由于缺乏生理卫生知识，对月经十分敌视，月经快来时及月经期间精神紧张，情绪低落。

2. 体质因素：过度减肥、身体素质差、营养不良的女孩容易发生痛经。

3. 不注意经期卫生保健：有的女孩在月经期间仍进行剧烈的体育运动，不注意保暖而受寒，过量进食生冷食品等也容易引起痛经。

4. 子宫剧烈收缩：如子宫发育时肌肉发育不良，经期时子宫收缩不协调；或因子宫颈口较狭窄或子宫位置过度倾斜，以致经血流通不畅，淤积在子宫内刺激子宫剧烈收缩，均可导致痛经。

5. 其他因素：除了以上原因以外，生殖道畸形和某些器质性病变也可导致痛经。因此，痛经较严重的女孩应尽快去妇科就诊。

一般情况下，青春期女孩的痛经多因精神因素和不良的心理暗示引起，所以青春期性生理卫生教育除要纠正她们对月经不正确的认识外，还要注意加强营养、增强体质和培养乐观情绪。痛经严重的可以在医生指导下服用一般的镇痛药或服中药治疗。

（八）调控经前紧张综合症

经前紧张综合症容易在月经来潮前7—14天出现，行经前2—3天加重，表现为精神紧张、神经过敏、烦躁易怒和忧虑、全身乏力、易疲劳、头痛失眠、注意力不集中、记忆力减退等。之所以容易发生经前紧张综合症，这与体内雄激素和孕激素比值升高有关，尤其是那些平时情绪紧张、急躁和焦虑的人更容易出现此症状。

对付经前紧张综合症主要是解除精神上的紧张和负担，生活要有规律，饮食要少盐，少脂肪，多吃富含维生素和粗纤维的食物，多参加文娱活动和体育锻炼，可以使症状明显减轻或消失。

同时应注意心理调节，如：

1. 呼吸调节

当发现自己有心烦意乱、紧张、焦虑等症状的时候，就对自己说："不要紧张，要放松，保持心情平静。"然后，闭上眼睛，做深呼吸，并在吸气时默念"一"，在呼气时默念"二"，同时全身放松。反复练习 5—10 分钟。

2. 微笑疗法

如果你早上一起来就发现自己情绪不高，懒懒散散，无精打采，不妨对着镜子微笑，看看自己是皮笑肉不笑，还是轻松、自然和真实地微笑。如果你的笑容不能使你满意，那就反复练习，并在练习的同时联想一些让你感到快乐的事，这样会有不错的效果。

3. 说出烦恼

将烦恼说出来，释放自己的烦躁、悲伤和无名火。找个好朋友或心理老师，跟他们讲讲你的烦恼和压力，他们的理解和鼓励可以使你马上好起来。

4. 运动排解心中郁闷

坚持规律的身体锻炼也很重要。每周三次、每次 30—45 分钟的有氧运动就可以有效消除焦虑，维持肌肉的协调性，而且还能控制体重。

5. 借助音乐调整情绪

如欣赏音乐或歌唱，帮助自己调解消极情绪。

6. 欣赏他人、宽容自己、加强个人修养

（九）乳房的发育与保健

1. 乳房发育的五个时期

女孩的乳房发育有很大的个体差异。有的女孩八九岁时，乳房就开始发育了，而有的女孩要到 16 岁或更大一些，乳房才开始发育。大多数女孩在月经初潮之前，也就是大约在 9—14 岁时，乳房开始发育。一般来说，乳房发育的全过程可以分为五个阶段。

第一阶段：幼年时期乳房没有发育，平坦，只有小小的乳头。

第二阶段：乳房的蓓蕾期。乳腺和脂肪组织发育成一个小核桃大，乳头开始变大，乳头和乳晕的颜色开始加深。

第三阶段：乳房和乳晕继续增大，突起如同小山丘，两者之间的轮廓没有分离，乳晕色素继续增深，看上去已经有点像成熟的乳房。

第四阶段：乳房进一步增大，在乳房轮廓上，乳头和乳晕凸起。

第五阶段：乳房继续发育，乳晕消退，在膨大的乳房前部只有乳头凸起，乳房发育成熟。

一般情况下女孩的发育过程是先有乳房的发育，然后才有月经的来潮。通常情况下在乳房发育的第三、第四阶段月经就会来潮。如果在乳房刚刚发育到第一阶段就有月经来潮，那应该引起注意，需要去医院看大夫。

2. 乳房保健

（1）端正的姿势能使你胸部曲线明显。中国传统女性认为挺胸走路很难为情，其实不然，假如不及时纠正不仅会影响胸部的发育，而且还会形成驼背。因此，走路时应保持背部平直、收腹、提臂、上身的整体感觉向上。坐时，应挺胸抬头，挺直腰板，这样胸部的曲线就会显得动人。休息时应采取侧卧、仰卧的姿势，不要俯卧睡，以免挤压乳房而使之受罪。

（2）购买胸罩时，要注意选择正规厂家生产，面料为棉布或真丝，式样简单，没有多余的装饰，也没有金属圈的胸罩。棉布或真丝等天然织品穿戴起来感觉舒适，冬季温暖，夏季吸汗，不易发生过敏及刺激现象。购买胸罩时，请一定重视试穿，直到选到舒适的胸罩为止。

（3）科学饮食。乳房的大小取决于乳腺组织与脂肪的数量。年龄在20—25岁的女性，是乳房发育的最佳时期。因此，适度地增加胸部的脂肪量，是提高丰挺度的最自然、健康的方法。

此外，在饮食上还应注重多食用一些富含维生素E和维生素B的食物。因为维生素E可促使卵巢发育和完善，从而使成熟的卵细胞增加，黄体细胞增大。而卵细胞是分泌激素的重要场所，当雌激素分泌量增加时，会刺激乳房发育。因此，应多吃一些富含维生素E的食物，如卷心菜、菜心、葵花籽油、菜籽油等。维生素B是体内合成雌激素不可缺少的成分，富含维生素B2的食物有动物肝、肾、心脏、蛋类、奶类及其制品。富含维生素B6的食物有谷类、豆类、瘦肉、酵母等。

（4）有益的锻炼。要使胸部丰满有弹性，就要加强胸部肌肉锻炼，做一些俯卧撑及单双杠运动等；或者每天早晚深呼吸数次，也可以促进胸部发育。游泳能通过水的压力起到胸部按摩的作用，有助于胸肌均匀发达。

三、中职学生性心理健康的概念与标准

性心理健康是心理健康的一部分，处于青春期的学生随着体内性激素水平的改变和第二性征的出现，其性心理会发生很大变化。中职学生保持性心理健康，学好性生理知识，对保持身心健康具有重要意义。

（一）正确对待身体变化，接受科学性教育

一个性心理健康的人，应该能够正确认识自己身体的变化，评价自己与异性的差异，接受自己的性角色，而不是拒绝接受身体的变化，羡慕异性，甚至痛恨自己的性征变化。能够适度调节自己的情绪，用相对平静的心情对待自己和异

性、对待青春期的变化。

（二）正确对待性冲动，保持积极进取的心态

进入青春期，青少年的人际交往广泛，面临的问题也就多了。尤其是在现在社会价值观多元化、性价值观混乱的情况下，在与异性同学交往问题上，会遇到很多前所未有的问题，他们常常感到困惑和烦躁。此时，性心理健康者能够在复杂和大量的性信息中选择健康的有关性的信息，遇到困惑能主动接受专业的指导，解除困惑，稳定情绪。

（三）与异性愉快交往、和谐人际关系

性心理健康的青少年，乐于与异性交往，并且是以尊重、信任、友爱、宽容、谅解等积极的态度与人相处。与异性交往的方式恰到好处，既不在交往中过早萌发情爱冲动，也不因为回避或拒绝异性而对交往双方造成心理伤害。与异性交往保持适当距离，在心理上会有一种轻松和安全的感觉。

四、青春期性行为的危害

青春期的学生正处在性意识萌芽的阶段，而我国在性教育上相对比较保守和滞后，一些男孩、女孩带着神秘感和冲动去探索。据调查发现，受电视、互联网等媒介的宣传影响，青少年第一次性生活的时间越来越早了，这对青少年的性心理和性生理健康都带来很多危害。

（一）青春期性行为增大性传播疾病风险

青少年处于青春发育期，性冲动在所难免，而不洁性接触导致性传播疾病的发生，成为青少年性活动的一项重要威胁。每年全世界有一亿多人患上性传播疾病，在青少年群体中，性传播疾病的感染是惊人的，每年约有 300 万青少年（平均每八个人中有一人）感染性传播疾病。尤其是近年来艾滋病的蔓延，更是引起了包括青少年在内的社会成员的恐惧。青少年容易感染的性传播疾病主要包括淋病、梅毒、疱疹、阴道感染、阴虱、性器疣与艾滋病等。

1. 淋病。淋病是一种较普遍的性传播疾病，属于“经典”性病的一种。引起淋病的细菌通常在男性的阴茎、前列腺、膀胱、睾丸，女性的子宫颈、阴道、外阴等部位繁殖。淋病的主要症状是排尿困难，有灼热感，发烧，发冷，食欲不振，皮肤与关节痛，女性则有黄色的阴道分泌物。淋病是通过性接触（包括性器官、口腔与肛门）而感染，症状一般会在两周内出现，但 80% 女性和 20% 男性常症状不明显。如果淋病严重，容易导致肾脏或子宫感染而影响生育。

2. 梅毒。梅毒是由梅毒螺旋菌感染导致，是最危险的“经典”性病之一，有极高的死亡率。梅毒的感染途径与淋病相似，主要以性器官接触为主要感染源，同时皮肤伤口也会被感染。此外，母婴传播也是感染梅毒的途径之一。

3. 疱疹。疱疹是最普遍的性传播疾病，主要感染途径为性交、爱抚或口交。

疱疹分为第一型和第二型两类。第一型疱疹常出现在牙龈上、口腔外侧或嘴唇上，因此是一种嘴部疱疹；第二型疱疹则出现在性器官周围，因此称为性器疱疹。

疱疹的症状是丘疹，是一种微红且会痛的肿块，会转变成水疱或发脓。多半于性交感染后三至六天发生于阴部附近，最初症状是患部灼热与刺痛，然后出现小水疱，之后出现水疱糜烂状态，并引起淋巴肿大，出现发烧及头痛等症状，女性感染严重者容易导致子宫颈癌。此外，由于疱疹经治疗后病菌仍会停留在神经纤维中，因此复发机会较大。

4. 艾滋病。这种疾病因病毒破坏人体免疫系统的 T 细胞，使人体的免疫机能受损或丧失，导致各种疾病缠身，因而被称为后天免疫缺乏症候群，英文缩写为 AIDS，中文称为艾滋病。这是 20 世纪 90 年代以来最具破坏性与震撼性的性传播疾病。

血液与精液是传染艾滋病的主要途径，经由性接触与血管注射都可能感染艾滋病。目前研究发现，男同性恋者、血友病患者、吸毒者、性伴侣多者属于艾滋病的高发群体。

（二）青春期少女人工流产危害

全世界处于 15 岁至 24 岁之间的青少年有 10 亿，其中我国就有 2.3 亿之多。青少年在情感和性方面都处于人生中最活跃的阶段，对于身体、情感、性的了解程度却甚为匮乏。数据显示：在全球范围内，进行流产的人中有 50% 是青少年；每年有 1 400 万的青少年生育，其中绝大多数都是意外怀孕；每分钟有 10 个少女进行不安全的流产；对于 15 岁以下的少女，因生育和怀孕引发的并发症导致死亡的危险是 25 岁以上妇女的 25 倍。人工流产对女性的危害体现在以下几个方面。

1. 人工流产时造成宫颈损伤，再次妊娠时易发生习惯性流产和早产。

2. 流产后如发生感染，会引起生殖系统炎症，严重者会导致不孕。

3. 多次人工流产者子宫质脆，医生在做人工流产手术中稍不注意就会发生子宫撕裂，或造成穿孔，严重者危及生命。

4. 多次人工流产造成多次人为中断妊娠，引起生理、心理一系列非正常改变，如月经异常、神经衰弱等。

5. 多次人工流产易造成子宫变位、子宫内膜异位，导致下腹疼痛、下坠、白带增多、痛经等一系列病症，甚至不孕。

6. 多次人工流产，由于反复吸刮宫腔，造成子宫内膜损伤、感染，使子宫痉挛性收缩，在愈合过程中容易发生子宫腔黏连。

7. 多次人工流产，如果子宫内膜的基底层受到损伤，就会失去再生能力，虽然卵巢功能正常，按时排卵，但是不来月经，造成闭经。

8. 多次人工流产后，再怀孕生下的孩子弱智者比例大幅度提高。

五、中职学生性健康的培养和性的自我保护

各种研究资料表明，当代青少年性成熟普遍提前，性意识觉醒及性观念的形成均比20世纪有所提前。与之相矛盾的是，由于社会文化的发展，使青少年生理成熟与社会成熟之间的距离拉大，在身体上达到成年人的水平，但是心理和社会成熟方面还欠缺很多。如何帮助青少年顺利度过这个阶段，培养健康的性道德和性心理就显得格外重要。我国的青春期性健康教育力量还较为薄弱，许多性教育都隔着一层纸，但是这种遮遮掩掩并不能阻止青春期学生对性产生好奇，也不能阻止学生从其他渠道甚至是不良的渠道去获得性知识。

（一）中职学生性健康的培养

1. 培养丰富的兴趣爱好，自我充实生活。青少年面对青春的躁动，应学会自我调节，有目的地培养自己丰富的爱好与情趣，使生活内容健康、充实、向上。青少年的未来生活丰富多彩，为了更好地迎接新的生活，在青春期必须树立远大的理想和目标，才能在将来的生活中有所作为。

2. 培养理智，锻炼和提高自我控制能力。青春期的青少年身体发育还未完全成熟，人生观和世界观也没有最后形成，对事物的看法仍显幼稚，还具有主观性、片面性。由于青少年经济没有独立，事业尚无成就等，从生理、心理和经济上都没有成熟，没有具备谈恋爱的条件。所以在这个阶段必须培养理智，锻炼和提高自我控制能力。

3. 培养健康人格，建立正常的异性交往。要自然大方地对待每一位同学，尊重对方。感情要纯朴、真诚。要乐于助人，善于团结各种性格的人。同学之间应是相互关心、相互帮助、共同进步。与异性交往应该以群体交往模式为主，应避免在封闭的空间独处。

4. 养成良好的卫生习惯，强健体魄。养成良好的卫生习惯，每天清洗外阴，不穿紧身内裤，按时睡眠，等等。同时加强体育锻炼，把剩余的青春能量释放在运动场上。

5. 自觉抵制淫秽制品和性诱惑。淫秽制品是指具体描绘性行为或者露骨宣扬色情的淫秽性的书刊、影片、录像带、录音带、图片及其他淫秽物品。黄色淫秽制品及黄色网页对青少年有严重危害。青少年正处于青春发育成熟期，青春萌动，愿意探索新知，而西方腐朽的意识形态和黄色淫秽制品的传播对青少年的影响很大，他们不知深浅，通过涉猎淫秽制品和浏览黄色网页寻求刺激，来达到自己对内心空虚的解脱。有的深陷泥潭不能自拔，整日精神萎靡、心神不定、想入非非，以至污染风气、毒害心灵、荒废学业，有的还堕入违法犯罪的深渊，葬送自己的前程。青少年要坚决抵制黄色淫秽制品，坚决做到不看、不传，更不能走私、制作和贩卖。要洁身自爱，读好书、结好友，积极参加健康有益的文体娱乐活动。树立正确的人生观，培养高尚的道德情操。

（二）性的自我保护

1. 学会抵制突如其来的性侵害

（1）入睡之前关好自己家中的门窗，锁好门，拉好窗帘，以防窥视。对于陌生人的敲门要提高警惕，千万不要随意开门，尽量不要应答，或找借口婉拒。

（2）夏天穿衣要大方庄重，不要过于暴露，言谈举止不宜过分张扬，切忌动作粗鄙，以免被色狼盯上。夜晚在路上行走时，要留心观察，注意发现跟踪尾随的可疑人员，避免孤身单独在僻静黑暗的道路上行走，最好结伴而行或请亲朋护送。

（3）谨慎交友，尤其是网络交友时，不要被陌生人的花言巧语蒙骗，增强识别能力。轻易不要和陌生人独处或单独活动。尽量不要与网友见面，非要见面时，可以拉上一个同伴，在自己熟悉的环境下见面，如果发现势头不对，要马上结束，避免事态失控。更不要食用陌生人提供的饮料和食物。

（4）与不熟悉的人进餐时，切勿饮酒，更不能过量，以防止酒后遭侵。

（5）晚上出门尽量不要单身，早些回家，不要深夜在外滞留，更不要与陌生人同行，如发现有陌生人尾随或跟踪时，要设法摆脱。

（6）若发现挑逗、轻浮言行，要态度鲜明，及时斥责，设法摆脱，必要时可求援公安机关。

（7）遇事保持冷静警觉，随机应变，大叫“救火”比叫“救命”有效，快而准地利用随身物品（比如背包、发卡、钥匙，甚至雨伞、高跟鞋等）攻击对方脆弱部位（例如眼、耳、鼻或下体等）。

（8）遇到侵害时要寻求帮助和及时呼救。一旦遇到侵害时，要寻找有利时机寻求帮助或者大声呼救，但这也不是绝对的，如犯罪嫌疑人手持匕首等凶器，受害人处于孤立无援的环境中，首先要做的还是保证自己的生命安全。

（9）一旦被性侵害，应及时向公安机关报案，并妥善保管相关的物证，以利于公安机关迅速破案，严厉打击。

2. 学会拒绝婚前性要求

（1）中职学生要学会拒绝婚前性要求，必须把主导权牢牢掌握在自己手里，要勇于真实表达自己的想法，不要表现得犹豫不决。

（2）和异性独处时别做暧昧动作，以免引起对方的误解。如夜晚与异性独处时，穿着要适宜等。

（3）在充分沟通的情况下，一起来转移欲望。例如，在欲望袭来时，起身打开电视、音响，看看书，或出去散散步，打打球等。

3. 学会珍爱生命，拒绝非婚怀孕

还处于发育期的青少年性器官发育尚未成熟，在这种情况下怀孕对身体伤害很大，而且此时的青少年还没有成熟的人生观、价值观和世界观，更不具备组建家庭的条件，因此只能选择终止妊娠。无论是采用药流还是其他人工流产手术，对还未发育成熟的子宫都存在着潜在的危险，伤害更是难免。

第二节 中职学生恋爱心理的教育与辅导

处于青春期的中职学生，开始渴望了解异性并与异性进行交往。随着信息时代的飞速发展，在影视、书籍、网络等媒体上充斥着各种有关爱情和性的描述，学生可以通过很多的渠道去接受性知识。但中职学生身心还未发育成熟，有些学生辨别是非的能力还不够强，很容易受到不良文化的侵袭，激发好奇心而去模仿，促使一些学生过早地发生性行为，有些学生甚至会向其他同学炫耀自己的恋爱经历以及性经历，并以此来互相攀比，形成不良的风气。有男朋友或是女朋友在中职学生中已经变得较为平常，有些学生甚至会觉得如果没有男女朋友是一件没有面子的事情，于是去找一个异性朋友来满足自己的虚荣心。

引发中职学生早恋等问题的因素还包括学生的个人因素。许多中职学生没有良好的学习习惯，不重视学习成绩，到了中职学校，大多数学生没有升学的压力，课业相对轻松，有较多的空余时间，感到校园生活枯燥无聊，因此会用谈恋爱来弥补空虚，寻求刺激。

面对中职学生的早恋问题，多数学校和家长还是以“堵”来对待。许多学生并不能真正明白早恋的危害，对恋爱的明确禁止反而更加让他们感觉到恋爱的神秘，父母老师越是阻止，他们就越要去尝试。如果不顾及学生的感受，只是单纯地去禁止学生谈恋爱，只能激发学生的逆反心理，收到相反的效果。家长和老师要以疏导代替围堵，加强与学生的沟通，走进学生的内心，让学生感受到家长和老师是能够理解他们的。

一、青少年恋爱心理的发展阶段

青少年的恋爱心理大致经历以下几个发展阶段。

（一）对异性的敏感期

随着青春期的来临，第二性征的出现和性意识的觉醒，引起了男女同学不同生理和心理的急剧变化，青少年开始对性别差异非常敏感，在异性面前时常会感到羞怯和不安。少数小学高年级、大部分初中学生处于此阶段。

（二）对异性的向往期

随着性生理上的发育成熟，性心理开始发展，男女情窦初开，产生了异性之间的相互吸引，出现彼此希望接触的意愿。但是，这一时期的男女青年，由于其生理和自我意识的不成熟，他们向往的异性对象，基本上是泛化的、不稳定的、缺乏专一性的，是一种不成熟的恋爱心理。所以，有人又称此阶段为泛爱期。高中和中职学校的学生通常处于此阶段。

(三) 恋爱择偶期

到了大学或成人阶段的男女青年，性心理已逐步成熟，社会阅历在不断丰富，恋爱观开始形成，对异性的向往逐渐专一，开始相互寻求和选择自己的配偶对象，建立和培育双方的爱情，进入成熟的恋爱心理阶段。

二、中职学生恋爱心理的特点

(一) 恋爱动机

1. 互相倾慕心理。只有极少数中职学生因为互相倾慕和志同道合而走到一起。其中部分同学能够互相鼓励，互相支持，以优异的成绩完成学业。但这种情况比较少，一些意志力薄弱的学生在谈恋爱时，不大善于处理感情与学业之间的关系，从而耽误学业。

2. 孤独心理。步入中职校园，离开了父母、老师的呵护，中职学生会在心理上产生孤独感，于是把目光放在男女恋情上，以此作为孤独心理的最好补充。

3. 空虚心理。考入中职院校后，升学的压力消失了，部分学生的生活就像一条迷失了航向的小船，无所追求，找不到生活的重心，精神生活空虚肤浅。有的学生便期望从两性恋情中找到慰藉。

4. 从众心理。看到别的同学尤其是自己的朋友或者是同寝室的同学谈恋爱，基于从众心理，也找一个人谈恋爱。

5. 炫耀心理。能够跟漂亮的女孩、潇洒的男孩或学校的“明星人物”谈恋爱似乎能使自己的身价倍增，甚至是炫耀的资本。许多学生不是因为真爱，而是为了虚荣心而追求一段恋情。

6. 其他心理。有的学生是因为寻求保护心理、自卑或因为家庭爱的缺失而谈恋爱，这种现象在女孩当中更为多见。还有的是为了攀比、竞争、打赌、报复等心理而谈恋爱，这种现象在男孩当中更为多见。

(二) 行为特征

1. 情感外露，如醉如痴。恋爱中的同学往往不分场合表达热情，甚至做出一些旁若无人的亲昵举动。

2. 怀疑和过敏。对方的一举一动，一句话、一个眼神、一个笑容都难逃恋人眼神的追踪，对恋人在其他异性面前表现出来的亲热言行尤其嫉妒。

3. 盲目选择，将恋人偶像化。这一阶段的中职学生，根本不会全面地考虑对方的德才与相貌，就因为对方的某一个优点如跑得快或唱歌好而将对方美化，即前文所述的晕轮效应。

4. 感情浅薄，缺乏责任心。很多中职学生谈恋爱缺乏严肃性和责任感，将感情当儿戏，说谈就谈，说分就分，对任何注意他/她的人都有好感，没有专一性和排他性。

5. 感情冲动，自制力差。由于中职学生性意识发展显著，感情好冲动，加之社会媒体对于情色的不当宣传，中职学生在恋爱过程中常缺乏理智，导致性行为的增加。

三、中职学生恋爱心理的困惑

（一）恋爱压力

恋爱作为一种复杂的社会性行为，受到了各种因素的影响，带给中职学生的心理压力也是多方面的，其主要心理现象如下：

1. 经济压力感。中职学生的恋爱受其年龄特征和一些文艺影视作品的影响，充满了浪漫色彩，而这些浪漫是要付出一定经济代价的。每逢中国传统节日及外来的情人节、圣诞节等节日，中职学生恋人均要送些礼物来使爱情保温。甚至有些中职学生在恋爱时，以送礼物的贵贱来衡量爱的深浅，不惜购买非常昂贵的礼物来博得恋人的欢心。除去这些礼物，成对恋人平时在一起的花销也是惊人的，特别是对于那些面子意识浓的学生（尤其是男生），他们吃、穿、用均要消费名、优、高档产品，其消费额度是极高的。

2. 对性的渴望带来的心理压力感。中职学生的身体发育趋于成熟，恋人间性的需要日益强烈。据有关调查显示，有过婚前性行为的男生数量不少。长此以往，必然会引发一系列的社会问题。另外，因缺乏性知识科学的指导，某些未婚先孕的女生蒙受着巨大的生理痛苦和心理压力，为了避免各种舆论，她们只能偷偷去一些不正规的诊所治疗，常常带来很严重的后果。不仅留下后遗症，甚至可能带来生命危险。就算侥幸渡过这一关，对女生的心理也会带来严重打击。

（二）恋爱挫折

由于恋爱动机不纯及方法不当等原因，中职学生恋爱成功率极低。对于中职学生来说，失恋是最为常见的挫折之一。失恋带来的消极情绪致使当事人身心受到极大伤害。许多中职学生因为失恋就封闭自己，否定爱情的存在，有的还可能带来终生难以愈合的心灵创伤。也有同学不能理智面对失恋，进行错误的归因，对他人做出过激的伤害行为。经调查发现，中职生对待失恋的情绪反应主要有以下几种：

1. 自责情绪。这种学生把失恋的矛头指向自己，认为之所以遭到抛弃，肯定是因为自己存在过错或自身条件太差。他们自怨自艾，消极抑郁，全盘否定自我价值，甚至会认为没有再活下去的意义，严重者可能会产生自杀意念。

2. 失落空虚。这种学生由于对恋人的寄托与依赖丧失而产生一种怅然若失的情绪。他们常认为，失去了心上人，心中的爱和恨、生活中的苦和甜、工作中的成与败均无从倾诉，自己的喜怒哀乐从此无人理解，甚至有人产生“人生如梦”、“得过且过”等心理状态。

3. 报复心理。这种学生在失恋后先是苦苦纠缠对方，当明白先前的恋爱关系不能恢复时就可能转爱为恨，甚至失去理智。有的同学可能会在其他人面前诋毁对方的名誉；也有同学可能会迅速找另外一个异性做恋人来“气”以前的恋人；更有甚者，可能会以极端的方式来伤害对方或对方的新恋人。这些都是变态的恋爱报复心理，无论对他人还是对当事人自己都可能造成极大的伤害。

四、培养和发展健康的恋爱心理

（一）加强中职学生恋爱观和婚姻观的教育

爱情是美好和圣洁的，它以终生共同生活为目的，以性生理和心理成熟为前提，以两性相悦、心心相映、事业和生活相互理解、相互支持、相互激励、相互关心、同甘共苦为主要内容，具有专一性、恒久性和责任性等特点。教师应通过教育让学生认识到，爱情是权利和义务的统一体，在享受爱的权利时也必须承担起爱的义务，懂得通过爱激励双方共同成长、共同进步，使爱情成为努力追求事业成功及人生价值实现的强大动力。

（二）加强对中职学生的性心理和性知识教育

学生中性无知或性认识偏差者不在少数，既有人受传统性观念的影响，处于性无知的愚昧状态，也有人信奉西方的性解放。教师应该在充分尊重和理解学生的前提下，为学生开设性教育课程和爱情婚姻专题讲座，对他们进行科学的教育和引导，积极带领他们开展各种有益的活动。同时，通过各种形式的教育和引导，使他们认识到人类的性行为不但是生理本能的表现，而且要受到社会伦理的约束，是一种有品格的社会行为。个体从性成熟到性要求的满足，其间必须通过合法的婚姻。同时还要让年轻的中职学生认识到正常的生理需求是受人的意识所支配的，要懂得合理宣泄和转移。

（三）把对学生的恋爱教育与人格教育结合起来

恋爱心理与人格之间是既相互兼容又相互制约的关系。一方面，人格作为个体各种心理特征的总和，包含了恋爱心理的因素，恋爱心理健康与否直接关系到个体的人格健康水平；另一方面，个体的任何恋爱行为都反映其人格特质，人格的成熟又影响到个体恋爱心理的发展水平。教师把中职学生的恋爱教育与人格教育结合起来，就是要结合中职学生生理心理发展的规律，对其进行社会价值观、道德意识、性别角色、个人意志品质、心理调节能力和社会适应能力等多方面的培养教育，提高其恋爱心理素质，促使个体心理的发展能够在适应社会价值观和道德意识的基础上受到良好的自我调节，进而促进个体人格的健康稳定发展。

（四）用丰富的文体活动填补空虚

与普通高中学生相比，中职学生升学压力相对较小，学业任务普遍不重，有的学生感到生活无聊空虚，就会去借助谈恋爱来寻求刺激。对此，可以组织学生参加各类丰富的文体活动，转移他们的注意力，让课余生活变得充实；鼓励学生多阅读健康的书籍，提高自身思想文化层次，有助于培养辨别是非的能力，树立健康的爱情观念和性观念。

【建议参考资料】

1. 莱特福特. 性健康指南：孩子问 VS 家长答［M］. 北京：中国轻工业出版社，2006.
2. 高德伟. 性健康教育学［M］. 呼和浩特：内蒙古人民出版社，1995.
3. 张瑞萍，黄莉莉. 青春期性健康 100 问［M］. 北京：金盾出版社，2007.

【问题与思考】

1. 中职学生的性健康包括哪些内容?
2. 中职学生性生理健康教育的重点是什么?
3. 如何建立正确的性与恋爱价值观?
4. 中职学生恋爱的特点是什么?
5. 怎样培养中职学生正确的恋爱观?

第九章　中职学生生涯教育与辅导

【本章提要】

本章涉及中职学生的职业生涯教育与辅导，主要包括生涯教育概述、中职学生职业性向的教育与辅导、中职学生职业能力的教育与辅导、中职学生求职心理的教育与辅导。要在中职学校开展有效的生涯教育工作，需要完备的理论作为指导，在此基础上，要对中职学生的职业兴趣形成与职业性格建立作一定的引导；对中职学生进行职业能力知识的教育；要为中职学生的求职过程以及整个试用过程作一定的心理辅导。

【学习重点】

1. 生涯教育概述
2. 中职学生职业性向的教育与辅导
3. 中职学生职业能力的教育与辅导
4. 中职学生求职心理的教育与辅导

【重要术语】

生涯教育　职业性向　就业　职业兴趣　职业性格　职业能力　职业测评　生涯设计　求职心理

第一节　生涯教育概述

有目标，生活才不会盲目；有追求，生活才有动力。从人的成长和心理发展，以及从欧美发达国家对人才培养教育的经验来看，在中学阶段就应该全面实施职业生涯教育。加强中职学生职业生涯教育可使学生提早认识自己、认识职业，使他们在人生发展中少走弯路。

联合国国际21世纪教育委员会于2005年向联合国教科文组织提交的报告《教育——财富蕴藏其中》指出："终身学习是打开21世纪光明之门的钥匙。"从终身教育的观点看，职业生涯规划教育是整个终身教育体系的一个重要组成部分。无论是何种形式的教育，迟早总是要与社会职业相衔接的，每个人学习后的价值总是要通过服务于社会来实现。职业生涯规划教育是以学生的学习、成长、人格形成以及个体的自我实现为基础，继而实现社会所追求的远大目标，实现个体社会之间价值的转换和目标达成。职业生涯规划教育的重要作用是要使个体发展潜力、发挥才能、把握未来，并掌握所需要的思维、判断、想象、创造的能力，所以它是一种与个体不断成熟、发展相适应的教育和探索的过程。

一、生涯教育的含义与内容

职业生涯一词来源于英文“career”，根据《牛津英语词典》的解释，原有“道路”之意，可以引申为个人一生的道路或进展途径，强调随着时间流逝赋予的责任。职业生涯涵盖了个体一生的发展历程，它指一个人在一生中所从事工作、承担职务的职业经历或历程，是伴随个体终身的动态发展过程。

职业生涯教育是有目的、有计划、有组织地培养个体规划自我职业生涯的意识与技能，发展个体综合职业能力，促进个体职业生涯发展的活动，是以引导个体进行并落实职业生涯规划为主线的综合性教育活动。职业生涯教育在我国仍然处于刚刚起步的阶段，在不同教育阶段的实施状况也有很大差异，但发展前景比较乐观。可以具体理解为以下几方面。

（一）职业生涯教育是有目的、有计划、有组织的教育活动

职业生涯教育的最终目的是促进个体职业生涯的发展，活动之前要制订详细的活动方案或计划，并紧紧围绕最终目的而规划、组织和实施。同时，开展职业生涯教育的组织应有固定的机构、相应的设施设备、专业的人员、专门的活动或教育场地等。

（二）职业生涯教育是系统性、持续性、动态发展的教育活动

职业生涯教育就是要使每一个学生的先天遗传素质得到充分发展，同时使他们获得当今社会所需要的各种品质，通过科学的、行之有效的途径，充分发挥其素质水平；同时在某些本来不具备或者是在心理、能力上有缺陷的方面，通过职业生涯的教育、锻炼、培养使其得到弥补和完善。从受教育者的角度看，接受职业生涯规划教育应伴随其职业生涯的始终；从教育者的角度看，职业生涯教育应着眼于受教育者的终身发展，教育活动的规划与实施应连续不断地贯穿于受教育者职业生涯的全过程。而且随着社会、经济、就业环境的变化以及受教育者自身知识、能力、期望水平等的提升，职业生涯教育需要不断调整教育目标、途径、方法等。

（三）职业生涯教育是综合性的教育活动

职业生涯教育是引导学生规划自我的职业生涯并将其规划转化为现实的综合性教育活动。具体包括：职业生涯定向教育；自我职业潜能分析能力培养；规划自我职业生涯的意识与技能培养；职业生涯规划的心理辅导；职业生涯规划相关核心素质的培养。

目前，中职学校在新生入学第一年就开设了职业生涯教育课程，其目的是使

学生避免在校学习的盲目性，为其今后的人职匹配合理、提高工作效率和质量等方面做好充分的准备。但是，我们在课程教学中发现，很多学生做起职业生涯规划感到无从下手。通过问卷调查、座谈、研讨的方式与学生进行交流，以下几个方面的情况是值得关注的：一是自我认知能力差，一些学生对自身的兴趣、特长、性格和价值观等方面认识不够，因而很难为自己制定出具体的职业发展方向；二是缺乏职业意识，很多学生只依赖父母选择学习的专业，自己却没有树立职业目标，对未来职业缺乏热情，没有主动关注和具体的了解；三是职业规划脱离实际，不少学生最初的职业规划过于理想、过于远大，对“从小事做起、从最具体的职业岗位做起”缺乏认识，导致计划实施步骤过于简单化，方法上不乏异想天开。由此可以看出，中学的应试教育和对父母的过度依赖都影响着学生对未来职业生涯的思考和求索，进入中职学校后，学生很难将自己的专业学习延伸到未来的工作中。因此，职业生涯教育从中职阶段开始是十分必要和必需的。

二、我国生涯教育的理论探索

现代意义上的职业生涯理论起源、发展于一百多年前的西方。近一个世纪以来，职业生涯规划理论经过西方社会学家、心理学家和职业指导工作者的潜心研究，逐渐形成了众多的学派和理论。其中比较有代表性的是帕森斯和霍兰德的职业选择理论，金斯伯格、格林豪斯和舒伯的职业生涯发展理论、职业锚理论等，我国教育界和学术界积极借鉴这一系列的生涯发展理论，结合我国实际情况进行了有益的探索，并有所创新。

（一）转变就业指导的理念与思路，积极进行生涯辅导理论的本土化

随着就业模式的转换及就业形势的日益严峻，中职学生职业生涯规划逐渐成为社会关注和探讨的热点和亮点。近年来，我国中职学校的就业指导内容与模式在借鉴国外成功经验的基础上，提出了新的理念和指导思想，总的趋势就是从单纯的人职匹配理论到生涯发展理论，即从毕业择业向终身发展转变。在具体的实践中，研究者和教育者进一步提出了“全程性就业指导”、“分阶段的职业生涯规划教育”、“建立全方位的生涯辅导体系”以及“个性化就业指导模式”等理论思路。

（二）积极探索构建中国特色的就业指导与生涯教育体系

要坚持以学生终身发展为本的就业指导原则，建构以生涯规划为核心的就业指导课程体系，搭建以能力培养为重点的生涯教育活动体系，推进专业化的就业指导队伍建设，加强领导，提高效率，完善就业制度，树立崭新的就业指导服务理念，建立完善的就业指导服务机制，推进就业指导信息化，建立健全中职学校就业指导服务体系。

中职学校建构全程化就业指导体系，首先应依据中职生在不同学习阶段的特

点和需要，开展不同内容的就业指导，同时还要从完善中职学校就业指导工作体制、加强就业指导队伍建设和加强就业指导课程与教材建设等方面加强全程就业指导的组织实施。

（三）构建中国特色的就业指导与生涯教育模式的理论研究

在我国，伴随着就业指导体系的构建，就业指导模式也日益增多。

1. 全程化就业指导模式

全程化就业指导可以分为认识、制定目标阶段，准备、提高能力阶段，以及冲刺、实践运用阶段，在不同的阶段要对学生开展不同的就业指导。这种就业指导模式强调要根据不同年级学生的个性特点和不同需要，有选择地为他们开展相应的就业指导。这与倡导构建全程化就业指导体系的研究有许多共通之处。

2. 网络化就业指导模式

这种就业指导模式强调要充分利用网络优势，为学生提供各种就业指导与服务。通过建设丰富的信息网络系统和信息网络管理平台，建立完善的信息网络处理系统，整合网络资源，实现信息共享等四个方面来创设优质的网络系统，以实现就业指导网络化。网络化就业指导方式可以更有效、更快捷地通过网络了解学生的思想动态，更有针对性地在中职生中开展就业工作的思想政治教育。

3. 个性化就业指导模式

个性化就业指导的核心是以提高中职生就业率和就业质量为目标，使学生顺利完成从中学生到中职生、从中职生到职业人的转变。其内涵一是对每一个学生进行一对一的职业发展指导，二是对每一类别学生进行定期的集中指导。这种指导模式注重的是学生的个性发展，强调要遵循中职生身心发展的规律，对学生开展个别指导与集中指导。

4. 就业指导服务模式

这种指导模式强调，不仅要将就业指导贯穿于中职生活的全过程，还应在不同的教育阶段根据学生的不同发展特点、性格特征和职业需要，为其提供相应的就业指导服务。而要建立这种模式，就必须注重加强职业生涯规划指导，教育引导学生建立合理的知识结构，不断提高综合能力和素质，形成职业生涯发展的核心竞争力。

第二节　中职学生职业性向的教育与辅导

说到职业性向，我们必须提及同其关系密切的一个概念——性向。性向是一个心理学概念，亦称为能力倾向。性向的英文是 aptitude，意思是自然倾向、天资、能力倾向、癖性、爱好等。在心理学中，现在凡是用性向来说明某人的能力时，一般是指“对某种职业和活动的特殊潜在能力”或能力倾向。性向是选择学习专业和职业的主要根据，对某种职业的特殊能力，叫职业性向（或专业性向），具有某种职业所需的特殊能力者，将来从事该种职业会更容易获得成功。本节只讨论职业兴趣与职业性格的教育与辅导，职业能力问题留待下一节讨论。

一、职业兴趣的教育与辅导

获得诺贝尔物理学奖的华人丁肇中说过，“兴趣比天才重要”。不同的人有不同的兴趣，如有的人对与人打交道的工作感兴趣，有的人对数据操作感兴趣，有的人则对技能操作感兴趣。同样，不同的职业需要不同的兴趣特征。

（一）职业兴趣的内涵

职业兴趣是指一个人积极探究某种职业或者从事某种职业活动所表现出来的特殊个性倾向，它使人对某种职业给予优先的注意，并具有向往的情感。它是职业观的情感成分，一般都伴有浓厚的情绪状态。在选择职业的过程中，职业兴趣一旦产生，就成为择业的定向因素之一。职业兴趣一般可分为直接职业兴趣和间接职业兴趣。

直接职业兴趣是指对职业或职业活动本身感到需要而产生的职业兴趣。这种职业兴趣主要是由学习兴趣或活动兴趣迁移而来的。

间接职业兴趣是指不对职业或职业活动本身感兴趣，而是对其职业或职业活动未来的结果感到需要而产生的职业兴趣。有些中职学生对他们选择哪种职业活动本身并没有需要，也不会产生积极的情绪体验。可他们认识到哪种职业是有社会价值的，或对自己的家庭及前途是有积极作用的，慢慢地也就产生了间接的职业兴趣。

随着年龄的增长，学生的世界观不断成熟，他们更加自觉地认识到自己的社会责任，因此，间接的职业兴趣呈递增的趋势。

（二）如何培养学生的职业兴趣

1. 科学检测，预测职业目标

东汉时期的科学家张衡说：“人各有能，因艺授任。”因此，在开学之际，科学预测职业目标，引入职业生涯设计内容就显得非常重要。

2. 课堂模拟，感知职业之趣

通过阅读、视频、电影、网络等手段，让学生感知所选职业目前的发展动态及业内人员的工作状况。在职业感知方面，中国远远落后于西方国家。例如美国，每年4月的第四个星期四，是美国的“带孩子上班日”。这一天，公司员工们可以带6—16岁的孩子来上班，让孩子们了解父母的职业，从小就体验到任何一个岗位都是社会所必需的，都值得尊重。然而，在我国的中职学校中，只有不足20%的学生对家长从事的工作有初步的了解。为了弥补这一缺憾，学校可以通过广播站、投影、VCD、互联网等多种途径，让学生感知所从事的专业，认识该职业的发展动态，增强学生对职业的认同感。

3. 专业实训，增加职业兴趣

有效的专业实训，不但能够使学生加强和巩固所学理论知识，提高实践技能，更能有效提高学生的积极性，提高其动手能力。为了培养专业兴趣，必须想办法激发学习的激情，组织适当的实践活动。以应用促进学习，不仅可以学以致用，而且能对培养学生的兴趣爱好等方面起到引导和推动作用。

4. 生活实践，享受职业乐趣

工学结合，顶岗实习，充分享受职业乐趣，是培养职业兴趣的至关重要的环节。与见习相比，顶岗实习对学生专业理论素养和技能水平的要求更高。同时，还要求实习的学生具有高度的责任感。当然，付出一定的艰辛与汗水后，领到人生第一笔劳动报酬的欢乐，也是不言而喻的。工学结合，顶岗实习，求学期间享受职业乐趣，可为学生以后的职业生涯打下良好的基础。

随着科学技术的日新月异，现代企业发展迅猛，产品、技术、设备的更新周期越来越快，这就要求企业的从业者要不断跟上技术发展的步伐，在个人知识、能力、技能方面及时适应企业的发展要求，只有这样才能在大浪淘沙中立于不败之地。中职学校毕业生在企业生产第一线就业，面对的是科技含量越来越高和更新周期越来越短的产品和设备，只有让自己的知识、技术、能力处于一个动态的发展状态，才能适应职业岗位的需求。在就业后，学生也应该继续学习与提高，巩固、培养自己的职业志趣，进而走上创业之路。

二、职业性格的教育与辅导

（一）职业性格的内涵

从心理学上讲，职业性格是性格的一个分支。要弄清楚职业性格的内涵，首先就必须了解什么是性格。所谓性格是指一个人对现实的稳定的态度以及与之相适应的习惯化了的行为方式。性格与行为方式二者是统一的。性格一旦形成、成熟，就会稳定地表现在言谈、举止、工作、学习等各个方面，影响一个人的一生。那么，什么是职业性格呢？所谓职业性格，概括起来讲就是一个人为适应职业工作而必须具备的稳定的态度，以及与此相适应的行为方式的独特结合。不同的职业，必须有不同的职业性格与之相适应。良好的职业性格一经形成，往往能够使自身的优良品质成为一种自觉的行为表现。比如：将来从事商业、服务性工作的学生，就必须养成开朗、活泼、热情、温和的职业性格。将来从事护理工作、财会工作的学生，就必须养成办事认真、细致、一丝不苟的职业性格。而将来献身于公安、政法工作的学生，则必须养成对人民满腔热忱，对违法犯罪行为严厉打击和刚毅、沉着与果敢的职业性格。因此，职业学校要注意从学生未来所要从事的职业要求出发，逐步培养他们的职业性格。

（二）如何培养学生的职业性格

职业心理学研究表明，不同的职业有不同的性格要求。虽然每个人的性格都不能百分之百地适合某项职业，但却可以根据自己的职业倾向来培养、发展相应的职业性格。对职业学校的学生进行职业性格培养，是整个职业教育的重要一环，也是强化学生就业意识的一个重要步骤。

1. 加强学生的思想品德教育

这是学生形成良好职业性格的基础。对学生进行思想政治教育，主要是向他们进行社会主义和爱国主义的思想教育、政治教育和科学的世界观、人生观教育。这对学生正确认识世界、正确对待自己所要从事的职业，形成自己对现实的正确态度，起着至关重要的作用。

2. 寓职业道德教育于职业性格的培养之中

根据学生所学的不同专业，大力加强职业道德教育，这是学生形成职业性格的关键。职业道德是一般道德在各种职业领域里的特殊表现，是调整职业活动中人与人关系的行为规范。职业道德的基本要求是忠于职守。因此，要培养学生的职业性格，首先就要教育、培养学生热爱自己的专业，树立事业的荣誉感和责任感。为此，职业学校要注意从学生未来要从事的职业要求出发，逐步培养他们的职业性格。在这里要注意把职业道德教育渗透到职业性格的培养之中。比如，培养护士学校的学生具有细心、耐心、热情的性格，就要进行“救死扶伤，实行革命人道主义”的医德教育。从培养为人民服务的高尚品质出发，引导学生逐步培养起护士应具备的职业性格。

3. 大力加强职业规范教育

职业学校的学生经过系统的学习，具备了良好的技能、道德品质，但这还不能适应社会实践的需要。要培养学生具备良好的职业性格才能完全适应社会需要。因此，就必须加强对学生的职业规范教育，以陶冶学生的职业性格。例如：对服务专业的学生必须进行文明礼仪、仪态仪表、文明交际等职业规范的教育。这对学生形成良好的职业性格是必不可少的。同时还要重视实习实训环节中对学生职业性格的培养，因为在实践场所中的教育比书本知识的教育更有效。

总之，对职业学校的学生进行职业性格培养，是整个职业教育的重要一环，也是强化学生就业意识的一个重要步骤。而要想使学生将来能胜任自己的职业工作，真正适应社会需要，就必须加强对学生职业性格的培养。

目前，对职业兴趣和职业性格测评的常用工具是霍兰德职业人格测验。

第三节　中职学生职业能力的教育与辅导

能力是一个人完成任务的前提条件，是影响工作效果的基本因素。任何一种职业都需要一定的能力，不同职业有不同的能力要求。未来的劳动者需要具备什么样的能力？这个在就业市场上提出来的问题，直接关系到一个人、一个组织能否在激烈的市场竞争中取胜。世界上许多国家和地区都不约而同地提出了一个富有远见的目标：开发劳动者的核心能力。因此，培养职业核心能力或关键能力，已经成为世界先进国家和地区的政府、行业组织、职业培训机构人力资源开发的热点，成为职业教育发展的趋势。个人能力是否符合职业要求，直接影响到职业生涯的发展。

一、职业能力的分类

职业能力是从业者在职业活动中表现出的、能动地改造自然和改造社会的实践能力，由专业能力、方法能力及社会能力构成。

（一）专业能力

专业能力主要是指从事某一职业所需的专业方面的能力。在求职过程中，招聘方最关注的就是求职者是否具备胜任岗位工作的专业能力。例如：你去应聘护士的工作岗位，对方最看重你是否具备最基本的护理能力。任何一个职业岗位都有相应的岗位职责要求，一定的职业能力则是胜任某种职业岗位的必要条件。因此，求职者在进行择业时，首先要明确自己的能力优势以及胜任某种工作的可能性。条件允许的情况下，可以由专业职业指导人员帮助分析，根据求职者的学历状况、职业资格、职业实践等来确定求职者的职业能力，必要时可以通过心理测试作为参考，在基本确定求职者的职业能力和发展的可能性的基础上帮助求职者进行职业选择。

（二）职业核心能力

职业核心能力是从所有职业活动中抽象出来的一种最基本的能力，普适性是它最主要的特点，可适用于所有行业的所有职业。职业核心能力可分为职业方法能力和职业社会能力两大类：

1. 职业方法能力是劳动者的基本发展能力，是在职业生涯中不断获取新的技能、知识、信息和掌握新方法的手段。职业方法能力包括自我学习、信息处理、数字应用等能力。

2. 职业社会能力是指与他人交往、合作、共同生活和工作的能力。职业社会能力既是基本生存能力，又是基本发展能力，是劳动者在社会活动中，特别是在一个开放的社会生活中必须具备的基本素质。职业社会能力包括与人交流、与人合作、解决问题、革新创新、外语应用等能力。

二、职业能力的测评

从能力形成的内在机制来看，职业能力是人们从事某种职业活动所必须具备的，影响职业活动效率的个性心理特征。中职教育是一种以职业能力为核心的能力本位教育，职业能力是衡量中职院校学生质量高低的核心标准，因此，对中职学生进行职业能力测评至关重要。职业能力测评是对人的职业能力的测量和评定，它是人才素质测评的重要组成部分，有助于中职学生在学习与就业过程中进行正确定位，扬长避短，充分发挥潜能，实现理想，并最终走向成功。对中职学生进行职业能力测评，必须选用合适的测评工具和测评方法。

（一）观察法

观察法是根据人客观表现出来的行为、语言等的观察结果来了解人的有关能力的一种方法。应用观察法，可以对中职学生职业能力的某些方面作出最初步的评判。例如，在教学过程中，通过观察学生解决问题时的反应速度与准确性，可以了解学生的记忆力、思维敏捷性等与一般能力相关的职业能力。在实践操作过程中，观察学生动作的灵活性与制造产品的质量等，可以初步评判他们的动作技能水平。应用观察法的最大优点是可以保持学生在测评过程中心理表现的自然性，但它只能对学生的职业能力作出初步评判，不能精确地加以测评，所以应用时还需结合其他测评方法。

（二）问卷调查法

问卷调查法主要是采用自陈式调查问卷的方式，对人的有关能力进行自我评价的一种方法。它所设计的问题主要以是非题或选择题的形式出现，每个答案都有相应的计分，通过对测验分数的统计分析，可以大致了解学生职业能力的某些方面。

（三）心理测验法

心理测量是通过观察人的少数具有代表性的行为，对于贯穿在人的全部行为活动中的心理特征，依据确定的原则进行推论和数量化分析的一种科学手段。运用心理测验法对中职学生的职业能力进行测评，相比于其他测评方法具有迅速、科学、公平和有可比性等优势。此外，它在测量内容、实施过程和计分三个方面均加以标准化，从而使测量结果具有统一性和客观性。在中职学生职业能力测评的过程中正确使用心理测验至关重要，必须做到五点：让具有专业资格的专业人士使用心理测验工具；要根据中职学生职业能力的测评指标和心理测验本身的特点来选择适当的心理测验工具；要做好测验保密工作；慎重对待和运用测验结果，做好测验的解释工作；控制和记录好各个测验的细节，尽量使测验过程标准化。

适合中职学生的能力测验主要有以下几种：

1. 韦氏成人智力量表。由常识、背数、词汇、算术、理解、类同等六个分测验构成的言语分量表和填图、图画排列、积木图案、拼图、数字符号等五个分测验构成的操作分量表组成，其设计的测评内容能较好地反映中职学生的知觉能力、逻辑推理能力、记忆力、想象力等。

2. 瑞文标准推理测验。是非文字型的图形测验，其设计的内容可以较好地反映中职学生的注意力、逻辑推理能力及空间知觉能力等。

3. 创造力测验。用来测量学生发现新情况、创造新事物的能力。主要的创造力测验有南加利福尼亚大学发散性思维测验、托兰斯创造思维测验和芝加哥大学创造力测验等。

根据专业类别还可选择以下主要的测评工具。

第一，心理运动能力测验。主要用来测量学生在实际动手操作中所需的肌肉协调、手指灵巧、眼与手精确协调等技能，如机床操作、汽车驾驶等。

第二，机械能力测验。可以用来测量机械类专业学生的机械能力，它包括许多成分，如感知与动作的联合能力、空间关系的知觉能力、机械知识的运用推理能力等。典型的机械能力测验有明尼苏达空间关系测验、明尼苏达拼版测验、本纳特机械理解测验等。

（四）情境模拟法

情境模拟法，是指将识别对象置于一个模拟的工作情境中，运用多种评价技术，观察被测评对象的职业能力的一种方法。在中职学生职业能力测评时使用此方法，可对多个学生加以测评，为评价者提供了可相互比较的条件。同时，由于在模拟情境中学生专注于活动本身，往往能更真实地投入，通过对其参与活动时的动态特征进行观察评价，可较好地避免应试者的掩饰性。如此一来，用情境模拟法测评中职学生职业能力的结果就更加客观与准确。

（五）实训现场测试

实训现场测试指根据学生在实训基地实践时的表现，评价其职业能力的一种测试方法。该方法在用于中职学生职业能力测评时经济且实用，不必借助其他测评工具，直接根据学生在实习过程中的表现，便可从整体上推断其职业能力水平。

三、职业能力的培养

（一）了解自身实际，增强竞争力

对于中职学校的学生来说，能否在激烈的就业竞争中脱颖而出，找到一份自己理想的工作，其个人职业能力的培养至关重要。学生们选择今后从事的职业，打算在某一行业发展，必须做到知己知彼，也就是既要了解自身的实际，又要了解职业岗位对人的综合素质的要求，在职业意识、职业素养和职业技能方面做好充分的准备。

1. 确立职业意识，规划职业生涯

职业意识主要是指提前谋划和规划职业准备的意识。如果没有树立职业意识就不会提前为就业做准备，从而影响到在毕业时的就业选择和未来的职业发展前程。

2. 重视职业素养，发展职业生涯

职业态度决定职业高度。在职业素养的因素中，职业道德是学生们最容易轻视的因素。职业道德更多的是一种职业态度和职业规范，是保证职业行为有序有效进行的必要保证，是职业长青的重要保证。

3. 掌握职业技能，增强职业竞争力

职业技能是职业发展的核心竞争力，没有掌握职业技能，就很难达到职业上的不可替代性，从而很难成为企业的核心员工，并且这种状况会持续广泛地影响日后的职业生涯发展。

（二）中职学校教学中的能力培养

1. 以项目为主线，以情境为抓手，培养学生的创新能力

为了更好地适应与岗位的零距离，在课堂教学设计中加强学生创新能力的培养，是当前各个行业对人才要求的一个重要方面。学校从岗位实际出发，设定不同的教学情境，让学生在比较真实的情况下进行学习和实践。

2. 充分实训教学，提高学生的专业技能

专业技能是学生将来走向社会、立足岗位所需要的关键能力。对于技能性比较强的工作，在进行课堂教学设计时，要考虑到学生技能点的掌握是否准确。在课堂上采取“讲—看—练—评”的方式，让学生同时掌握技能操作和理论知识，可大大提高学生掌握技能点的速度。这样的教学过程，不仅能提高学生的操作能力，而且能训练学生的观察能力。

3. 改变学习方法，培养学生的社会能力

社会能力是人们在社会活动过程中需要具备的能力。在实际的工作岗位中，只有与别人沟通和合作，才能很好地完成服务项目。所以在课堂教学设计过程中，要充分考虑到这些因素。在教学中进行分组学习，是让学生提高社会能力的一个很有效的方法。有些时候，学生虽然是独立操作，但是几个人组成一个小组，在这个过程中学生之间就要进行交流和沟通，同时教师也要在分组过程中进行指导。学生请求教师的指导，就要和教师进行沟通和交流，使学生的沟通和交流能力有所提高，这也是学生在社会活动中需要的能力。

4. 正确处理好理论课与实践课之间的关系

教育部2010年职业教育工作要点中提到：要强化职业学校学生实践能力和职业技能的培养，推进“双证制”——文凭证书和职业资质证书的实行。这就足以说明目前各个职业学校还需要解决好理论与实践之间的关系。在中等职业人才的培养过程中，实践课或实践教学占有非常重要的地位，如何加强实践教学是中等职业技术教育的关键。

第四节　中职学生求职心理的教育与辅导

一个心中有目标的普通职员，可能会成为创造历史的伟人；一个心中没有目标的人，只能是个平凡的职员。

在人的一生中，职业生涯是最漫长、最重要的阶段。从婴儿学语开始，直到进入职业学校，都是在为自己的职业生涯奠定基础；年老退休之后，也依靠从业阶段得到的积蓄和社会保障制度对自己的反馈颐养天年。人人都离不开职业，成功的职业生涯是美好人生的基础。为了实现职业生涯的成功，中职生在校阶段需要为生涯发展做好准备。

一、中职学生职业生涯设计

职业生涯设计将帮助中职生从职业的角度，了解自己，了解社会；从所学专业的角度，了解即将从事的职业，了解今后晋升的路径；从发展的角度，了解职业对从业者素质的要求，了解就业、创业在职业生涯中的作用；从中职生的角度，了解怎样为成才打好基础，怎样珍惜时间为自己的未来添加筹码，去争取美好的未来。作为有理想、有追求、自信、自强的中职生，只要努力，一定能拥有成功的职业生涯！

案例：永远走不出的沙漠

比赛尔是西撒哈拉沙漠中的一颗明珠，每年有数以万计的旅游者来到这儿，可是在肯·莱文发现它之前，这里还是一个封闭而落后的地方。这里的人没有一个走出过沙漠，据说不是他们不愿意离开这块贫瘠的土地，而是尝试过很多次都没有能走出去。

肯·莱文当然不相信这种说法。他用手语向这儿的人问原因，结果每个人的回答都一样：从这儿无论向哪个方向走，最后都还是转回出发的地方。为了证实这种说法他做了一次实验，从比赛尔村向北走，结果三天半时间就走了出来。

比赛尔人为什么走不出来呢？肯·莱文非常纳闷，最后只得雇一个比赛尔人，让他带路，看看到底是为什么。他们带了半个月的水和食物，牵了两头骆驼，肯·莱文收起指南针等设备，只拄一根木棍跟在后面。

10 天过去了，他们走了大约 800 里的路程，第 11 天的早晨，他们果然又回到了比赛尔。这一次肯·莱文终于明白了，比赛尔人之所以走不出大沙漠，是因为他们根本就不认识北斗星。在一望无际的沙漠里，一个人如果凭借着感觉往前走，他们走出许多大小不一的圆圈，最后足迹十有八九是一把卷尺的形状。比赛尔村处在浩瀚的沙漠中间，方圆上千公里没有一点参照物，若不认识北斗星又没指南针，想走出沙漠确实是不可能的。

肯·莱文在离开比赛尔时，带了一位叫阿古特尔的青年，就是上次和他合作的人。他告诉这位青年，只要你白天休息，夜晚朝着北方那颗星星走，就能走出沙漠。阿古特尔照着去做，三天后，果然到了大沙漠的边缘。阿古特尔因此成为比赛尔的开拓者，他的铜像被竖在小城的中央，铜像的底座上刻着一行文字：新生活是从选定方向开始的。

这个故事能带给人什么启示？一个人无论现在多大年龄，他真正的人生之旅是从设定目标那一天开始的。

（一）以自身特点为规划的出发点

中职生制定职业生涯规划，首先要明确自己的理想和志向，确定自己的职业发展目标，对自己的将来有所规划。

1. 明确的理想和志向是成才的基本前提。进入职校后，学生就是“准职业人”了，而且很快就要步入社会、步入职业的大门，这时，应该对自己的将来有所考虑、有所预期。只有明确了自己将来想要干什么，才能找到适合自己的职业生涯。中职生应立足于整个人生来思考、规划自己在校期间的学习和生活，把自己的职业规划与未来的人生发展紧密结合起来，把自己培养成有发展潜力和职业竞争力的人。

2. 制定职业生涯规划还要了解自己的性格、气质、能力、兴趣以及自己的长处短处，只有明确自己适合干什么、能干什么，才能对自己有一个准确的定位。既不高估自己，又不妄自菲薄，从实际出发规划自己的职业生涯。规划职业生涯时，要与自己的个性倾向、心理特征及个人能力特点等方面相结合。通过职业生涯规划，认清自己，充分发挥自己的特长，挖掘自身的潜力。

（二）认识客观现实

引导学生充分考虑自身条件和现实的社会环境，在客观认识自身条件、现实环境及其变化的基础上进行科学合理的职业生涯规划。

1. 职业生涯发展目标的选择要从了解自己开始。只有对自己的能力、兴趣、个性、价值观等有了比较清晰和明确的认识，才能够切实设定自己的职业生涯发展方向和目标。只有了解自己的优势和不足，才能使自己理性面对纷繁复杂的职场，在规划职业生涯时走出盲目从众、眼高手低、无所适从的误区。

2. 制定职业生涯发展目标时还要综合考虑社会因素，如了解市场需要什么人才、当地有什么资源可以利用、哪些人际关系资源有助于实现职业理想等。形象地说，就是要做到天时、地利、人和。所谓天时，就是要知道国家经济发展的大趋势。天时对每个人都是平等的，是机遇，可遇而不可求，必须做好准备，伺机而动。地利，就是要了解本地区的经济特色和未来发展趋势，尽可能利用区域的经济发展机遇。人和，就是要了解你的家庭成员及社会关系，熟悉包括你所在学校教师和你的同学、朋友在内的人际网络，处理好周围的人际关系，并善于从人际网络中寻找对自己未来职业有积极意义的成员，多向他们学习，多与他们交流，从中获取对自己有益的东西。

（三）合理制定目标

详细分解目标，确立可操作的短期目标，制订相应的教育或培训计划，任何人都不可能瞬间实现自己的人生目标，任何一个远大、宏伟的目标都不可能一蹴而就。职业生涯发展的长远目标是通过若干阶段目标的达成才得以实现的。对于中职生来说，为职业生涯发展制定长远目标，除了科学合理规划之外，还必须拿出更多的精力关注近期目标。古人说："千里之行，始于足下。"只有从具体的近期目标出发，才能一步一个脚印地前进。因此，制定近期目标时需要注意以下几点：

1. 目标要具体、明确。不仅要表明需完成的任务、所能达到的状态，还要列出措施，并保证措施明确、得当、有可操作性，切忌空洞、不着边际。

2. 目标要可及。制定目标不必定得太高，要从"稍加努力就能达到"的目标开始，使自己在攀登一个个台阶的初始阶段，能比较容易地品尝到胜利的喜悦，体验到成功的快乐，获得继续攀登的信心，增强向长远目标奋斗的决心。

3. 目标要具有可评估性。要有明确的时间限制及标准，以便进行检查和评估，为修正职业生涯规划提供可靠的依据。

为了实现近期目标，我们首先要找到自身发展条件与近期目标之间的差距，然后为缩短这个差距，制定具体、可行的改进措施。要重点分析近期目标对职业能力、思想品质、日常行为习惯等方面的要求，分析自身兴趣、性格、能力等个性特点与近期目标要求的匹配程度，从中找出差距，归纳出自己在知识、技能、行为习惯等方面存在的缺点。

4. 要根据个人需要和现实变化，不断调整职业发展目标与规划。职业生涯规划是一个动态的过程，必须根据实施效果以及客观环境的变化及时进行检查与修正。检查的内容主要有以下几个方面：一要检查职业理想是否有偏差。职业理想是事业成功的基本前提。没有正确的职业理想、积极向上的信念，事业的成功也就无从谈起。理想和信念反映着一个人的胸怀、情趣和价值观，影响着一个人职业生涯的目标和方向。二要检查自我认识是否有变化。职业成功的起点来自清醒的自我认识，首先要了解自己是一个什么样的人；其次要了解自己人生的目标是什么；最后要了解自己选择什么样的职业最合适。三要检查自己所处的外部环境是否有变化。环境是制约职业目标设定与职业理想实现的外部条件。个人所处地区的经济发展环境和就业形势，往往影响着我们的职业选择和职业发展。所以，根据自己所处环境的变化，适当调整职业生涯发展方向，是职业生涯规划管理的一个主要内容。四要检查职业目标定位是否合理。在职业生涯规划中，必须有明确的职业目标，以便使自己的学习、工作以及各种行动措施沿着正确的方向前进。一个人的职业目标一定要同自己的能力、特点及工作适应性相符，同时还要符合社会发展变化，过高或过低的目标都要及时修正。五要检查措施是否落实。在确定了职业生涯目标后，行动便成了关键的环节。没有行动，目标就难以实现，也就谈不上事业的成功。

二、中职学生求职心理误区与辅导

供需见面、双向选择的新型就业办法在准毕业生的心中引起强烈的波动，对不少学生的心理产生了消极不良影响，导致种种心理误区与心理障碍，这对中职生顺利择业是十分不利的。只有主动走出心理误区，排除心理障碍，才能以最佳的心理状态去迎接就业这一人生的重大选择。

（一）择业自卑感及其调适

在择业问题上，自卑感强的同学最主要的问题是对自己的能力缺乏了解，缺乏自信心。怎样消除自卑感呢？最关键的是要相信自己，因为自卑主要产生于缺乏自信心。车尔尼雪夫斯基有句名言："假如一个人总想着'我办不到'，那他必然办不到。"一个人的自信心并非是与生俱来的，而是在不断战胜困难中逐步培养起来的。

首先，对有自卑感的人来说，正确评价自己是至关重要的。正确评价自己的方法就是要纠正过低的自我评价，多找自己的长处，即使微不足道也不要忽略，这些本来就属于你的财富对于恢复自信心是十分必要的。人都有所长，利用自己的优势以长补短，寻找成功的经验，增强自信，可以有效克服自卑感。

其次，要经常对自己进行积极的心理暗示，比如说"别人能干好，我一定也能干好"，"我行，我一定能干好"等。

最后，克服惧怕心理。不要怕失败，因为失败并不表示你不如别人，失败更不表示你一事无成。充满自信心，是成功的前奏。

（二）择业焦虑及其调适

双向选择、自主择业的毕业分配制度，使中职生求职呈现出多元化的趋势，拓宽了职业选择面。职业选择自由度越大，职业选择行为的责任越重，择业心理压力便越大。事实也是如此，中职生面对风云变幻的市场经济、竞争的风险及各种信息的刺激，反而感到无所适从、不知所措，产生了危机感、迷茫感，甚至是恐惧感。例如，自实施双向选择、自主择业政策以来，总有一部分人一时没找到工作。这本来是正常现象，要找到本人求职愿望与市场需求的结合点需要时间和过程，甚至是机遇。但不少同学怕自己走入这个行列而忧心忡忡。有的同学面对用人单位严格的录用程序——笔试、面试、心理测试，感到胆战心惊。尤其对自己向往的单位，参加竞争的人越多，录用条件越严格，有的同学就越失去了被录用的信心。当然还有的因自己是女生而怕求职困难，有的因自己学习成绩不佳而烦恼，有的因能力低而紧张。这些都是择业心理焦虑的表现。

一般来说，适度的焦虑使学生产生压力，这种压力是对自身惰性的进攻，它可以增强人的进取心，人只有面对压力才会迫使自己积极行动起来，产生求胜的心理和行动。这样的战胜压力取得成功的事例不胜枚举。但是，如果心理上过度焦躁、沮丧、不安，自己又不能在一定时间内化解这些情绪，这些情绪就会成为心理障碍或心理疾病，严重影响学生本人主观能动性的发挥，埋没其潜能和才华，给就业带来不必要的困难，影响择业的进程，甚至造成择业失败。

要克服焦虑的心理，关键是要更新观念，打破事事求稳、求顺的思想，树立市场竞争的新观念。有竞争必定会有风险和失败，确立了竞争意识，不怕风险和挫折，焦虑的心理必定得到缓解或克服。当然还应克服择业心切、急于求成的思想，否则容易使择业失败，失败的体验又会强化沮丧、忧虑的情感。客观地分析自己，合理设计求职目标，尽量减少挫折，增强求职的勇气，也会减轻心理焦虑的程度。

（三）择业怕苦心理及其调适

现代中职生没有经过艰苦生活的磨炼，普遍缺乏艰苦奋斗的创业精神。在怕苦心理的驱使下，学生们选择职业的面很窄，怕苦的心理严重影响择业的成功率，因此，毕业生求职前就应克服怕苦的心理。

要克服怕苦心理，首先要从思想上认识到能吃苦是一个人最基本的能力，不能吃苦就不会有事业的成功。例如，美国世界级企业家哈默博士在 23 岁时已是百万富翁，他完全可以在美英这些发达国家发展自己的事业，但是在第二次世界大战结束后，他勇敢地进入百废待兴、千疮百孔的苏联，在那里他住的是从未见过的污秽的房间，与臭虫、老鼠为伴，没有洗澡间，没有水，没有面包。在这种艰苦的环境下他做了石棉、铅笔、毛皮、古董等多项生意，他的事业再一次取得了巨大的成功。当然，要克服怕苦的心理，培养自己艰苦奋斗的作风，更需要实践，中职生要在日常的工作学习中有意识地做好吃苦耐劳的思想准备，这对求职成功会大有益处。

三、中职学生面试技巧问题与辅导

（一）必须守时

一般来说，公司组织面试不会因个人改变时间，最好能够准时赶到。如果不能按时赶到，应提前说明原因并表示希望获得面试机会，否则只会让招聘者觉得应聘者不重视或意愿不强，可能错失到手的机会。一个比指定时间迟到 20 分钟的求职者，若无适当理由，肯定不会获得招聘者的好感。精明的应聘者总是提前一天探明地点，以便有把握找到具体的面试地点。同时四处观察一下，看在此工作的人都穿什么衣服，他们工作时的表现怎样。而且第二天很早便来赴约。如果招聘单位的人认出了他，也不要紧，心情急切的人只会被看成精干、有头脑、条理性强的人——他还没开口说话，便先赢得了三分。

（二）服饰得体

面试时，给人留下第一印象的往往是应聘者的仪表服饰。而这第一印象的好坏，又在很大程度上决定了求职的成败。某公司一位人事总监说：“我认为你不可能仅仅由于戴了一条领带而取得一个职位，但是我可以肯定你戴错了领带就会使你失去一个职位。”所有搞人事的专家一致认为：面试时服饰应干净、整齐，与所谋求的职业相适应。尽管各种职业的穿着标准没有成文的规定，但在人们的心理上却存在着相当程度的定势。因此，应聘者的穿着最好与所求工作的性质和环境协调一致，符合招聘单位职员平时的穿着习惯。

（三）讲究礼仪

礼仪是待人处事的规矩。待人处事符合礼仪会令人感到愉快，反之，则容易使人反感。在参加面试时，对招聘者更要格外尊重，时时处处注意礼节礼貌。例如，没叫坐下不应落座；不要伏在桌子上，也不要将个人物品在桌上随意乱放；即使得到允许，也不要吸烟或嚼口香糖；在主试讲话时，要专心致志、洗耳恭听，必要时点头应和，切不可左顾右盼、打哈欠、看手表、双腿抖动；在回答问题时，要声音清楚，言简意赅，切忌夸夸其谈，更不能装腔作势，故意卖弄。除上述基本要求外，面试时还要根据具体情况具体问题，灵活地选择回答问题的角度，得体地显示自己在一些关键之处的特长和优势。尽管不需要很正式，但是基本的礼仪还是必需的，并不一定要西装革履或浓妆艳抹，只要整洁大方就可以了。除了基本的交往礼仪外，更重要的是要表现出你对所应聘公司的重视和能够替对方考虑问题。切不能总是强调自己的事，如“我要参加学校的某些活动，要一周之后才可能有时间确定面试”；如面试成功了，却和企业说，“可能要一个月之后才能来上班”。

（四）面试提示

面试是你整个应聘过程中最重要的阶段，成败均取决于你面试时短短几分钟的表现。每个人都能够学会怎么出色地面试，而且绝大多数的错误都可以预期并且避免。以下 24 条提示将给你带来成功的契机。

1. 多带几份简历前往面试，面试你的人可能不止一个，预先料到这一点并准备好会给人一种做事认真、细致的印象。

2. 留心你自己的身体语言，尽量显得精神、有活力，对主考人全神贯注。用眼神交流，在不言之中，展现出对对方的兴趣。

3. 最初和最后的五分钟是面试中最关键的，这两段时间决定了你留给人的第一印象和临别印象以及主考人是否欣赏你。最初五分钟内应当主动沟通，离开的时候，要确定你已经被记住了。可巧用如下结束语：

（1）非常感谢您为我提供了这次宝贵的面试机会，您已经了解了我的基本情况，您认为有适合我的工作吗？

（2）您能给我这份工作吗？

（3）您还需要我再进行一次面试吗？

（4）我什么时候可以得到您的回音？

（5）如果有特殊原因未能及时回音，我能与您联系吗？能否告诉我您方便的联系方式？

4. 即使你带来了简历，很多公司都会要求你填一张表，完完整整地填完这张表，会体现你做事严谨、善始善终的行为习惯。

5. 谨记每次面试的目的都是获聘。你必须突出表现出自己的性格和专业能力以获得聘用。面试接近尾声时，要确保自己知道下一步该怎么办和雇主什么时候会作决断。面试之后，应在第二天向用人单位致谢，最好用信函，电话虽便捷，但信函更正式。

6. 清楚雇主的需要，表现出自己对公司的价值，展现你适应环境的能力。

7. 要富于热情，让人产生好感。人们都喜欢聘用容易相处且以公司为豪的人。要踏实稳重，也要表现出你的精力和兴趣。

8. 要确保你有适应的技能，知道你的优势，知道如何用自己的学历、经验、接受过的培训与别人比较。谈一些你能熟练掌握的事情，那是你找到一份工作的关键。

9. 展示你勤奋工作追求团体目标的能力。大多数主考人都希望找一位有创造力、性格良好、能够融入团体之中的人。你要通过强调自己给对方带来的好处来说服对方接受你。

10. 将你所有的优势推销出去，包括你的技术资格、一般能力和性格优点。雇主只在乎两点：你的资历凭证、你的个人性格。你能在以往业绩的基础上做好工作并适应公司文化吗？谈一下你性格中的积极方面，并结合例子告诉对方你在具体工作中会怎么做。

11. 给出有针对性的回答和具体的结果。无论你何时说出你的业绩，举出具体例子来说明则更有说服力。告诉对方当时的实际情况、你所用的方法，以及实施之后的结果。一定要有针对性。

12. 不要害怕承认错误，雇主希望知道你犯过什么错误以及你有哪些不足。但要坚持主动地强调你的长处，以及你如何将自己的不足变成优势。

13. 过去的成绩是对你未来成绩最好的阐述。如果你在一个公司取得成功，也意味着你可以在其他公司成功。要准备好将你的独特之处和优点推销出去。

14. 面试前要弄清楚你潜在雇主的一切，尽量为其需要量身定做你的答案，关于公司的、客户的，以及将来可能担任的工作，用对方的用词风格说话。

15. 面试前先自己预演一下，尝试你会被问及的各种问题和答案，即使你不能猜出所有你可能被问的问题，但思考它们的过程会让你减少紧张而且在面试时心里有底。

16. 知道怎么回答棘手的问题，大部分的主要问题事前都可以预料到。但是，主考人总会设置一些让你尴尬的问题以观察你在压力下的表现。应付这类问题最好的办法就是有备而战，冷静地整理好思路并尽量从容回答。

17. 将你的长处转换成有关工作业绩和效益以及雇主需要的用语。如果你对自己和工作有关的长处深信不疑的话，重点强调你能够给对方带来好处，在任何可能情况下，举出关于对方需要的例子。

18. 说明你的专长和兴趣。对雇主最有利的事情之一就是你热爱自己的业务，面试之前要知道你最喜欢的工作是什么，它会给雇主带来什么利益。

19. 清楚自己的交际用语。对大部分的雇主而言，交际的语言技巧十分有价值，是受过良好教养和有竞争力的标志。清楚自己是如何交际的，并且配合其他人一起练习，朝最好的方向努力去发展自己。

20. 不要准时到达——要提早到！不管你的主考人多么谅解你在路上碰到的意外情况，要克服负面的第一印象几乎是不可能的。尽一切能力准时，包括预先给可能发生的意外留下时间。

21. 把你碰到的每一个人都看成面试中的重要人物，一定要对你接触的每一个人都彬彬有礼，不管他们是谁以及他们的职务是什么，对面试来说，每个人对你的看法都可能是重要的。

22. 用完整的句子和实质性的内容回答问题。谨记你的主考人都想判断出你能为公司带来什么实质性的东西，不要只用“是的”、“不是”来回答问题。给出完整的答案让人知道你和公司的要求有什么联系，让他们知道你是什么人。

23. 用减轻紧张的技巧来减少你的不安，用舒缓压力的方法帮助你进行面试。在面试临近时练习一下如何放松自己，譬如放慢语速、深呼吸以使自己冷静下来。你会觉得越来越舒适自然，也会流露出更多自信。

24. 一定要准备好问题，准备几个和工作雇主以及整个机构有关的问题，这些问题应该能够获取有效信息，表达你对工作的兴趣以及智慧和热情。

（五）面试成功宝典

1. 准备：

（1）准备好简历、联系人信息和推荐信。

（2）为面试做好资料准备，起草给面试官的自我介绍信。

（3）将自我介绍信寄出，与面试官约好面试的时间和地点。

（4）为每一次面试准备好资料卡片。

（5）保持一种“我能够”的态度，想象自己得到这份工作的样子。

（6）了解公司的情况。

（7）准备好 5—6 个问题，想好在什么时间提问。

（8）在计算机上对面试作出记录。

（9）保持自我控制。

（10）守时。

2. 面试：

（1）微笑。

（2）根据你的简历介绍情况。

（3）争取能进入第二轮面试或获得这份职位。

（4）能够预见到可能的拒绝。

（5）保持回答简短。

（6）提问有关本行业的一些问题。

（7）了解聘用的程序和规则，知道什么时间会作出聘用决定。

（8）直截了当地提出想做这份工作的要求。

（9）一定要积极向上。

3. 面试后：

（1）对面试情况进行记录（包括姓名、地址、电话、印象等。如果是一个面试小组，记下所有面试小组成员的职位和姓名），把这些信息在计算机上作一个记录。

（2）以正式的信函向面试官或面试小组负责人表示感谢。

（3）对面试结果进行跟踪，如果对方没有与你联系，给他们打电话询问是否已经作出决定。

（4）不要被拒绝击垮，继续寻求新的面试机会。

4. 求职受挫：

（1）不断地进行学习和搜索。

（2）参加志愿者工作以增加工作经验。

（3）参加或建立求职互助小组。

（4）保持对职场最新动态的了解。

四、中职学生适应期心理与辅导

（一）顺利度过适应期

角色转换过程就是一个适应期，它通常包括角色领悟、角色认知、角色实现三个方面的内容。学生角色向社会角色转换的实现虽然表面上只是名词的不同，却是一个艰苦的适应过程，需要不懈地努力。要想顺利安稳地度过这个适应期，应该注意以下几点：

1. 要树立良好的第一印象。中职生就业后，在新的工作岗位中所树立的第一印象十分重要。第一印象好，人们与其交往热情就高，就容易打开工作局面；第一印象不好，就会出现相反的情况。要想树立好第一印象，中职生必须注意言行举止，做到衣着整洁，仪表讲究；举止得体，虚心求教；守时守信，主动工作；严守秘密，真诚待人。

2. 自觉加快角色转变的速度。要看到从学生到职业人员新旧角色间的不同要求，认识到能否尽快地适应新角色的要求对于未来的发展可能产生的影响和作用，从踏上新的工作岗位时起，自觉主动地促使这种转变的加速进行。在此过程中应注意以下几点：解除心理障碍，面对现实；安心本职工作，甘于吃苦；充分了解工作，掌握主动；善于察言观色，勤于思考；正确对待评价，及时调整。

3. 努力工作，避免差错，取得领导的欣赏和同事的认同。骏马也难免有失蹄的时候。对于涉世不深、经验不足的中职毕业生来说，工作出现差错和失误是难免的。但应尽量避免出现差错和失误，在工作中一定要加强薄弱环节，因为每个人都有自己的缺点和不足。要认真负责，毛主席曾说过，“世界上怕就怕认真二字”，事实证明，许多工作中的差错和失误都是疏忽大意造成的。领导的欣赏和同事的认同对一个想在事业上有所作为的毕业生来说无疑具有关键作用。要在德才兼备上做文章，展示你的敬业精神和才干，抓住机会表现你的才能，这是获得领导欣赏的关键。而要想获得同事的认同就要把整个集体当做自己的家，在思想上、感情上、行动上均属于这个“家”，认识它、忠诚于它、效力于它，与这个“家”中的每个同事甘苦与共，风雨同舟。

（二）逆境中要学会稍安勿躁

人生不如意事十有八九，无论想成就什么事业，前进的路没有一帆风顺的，而一个人在逆境时的心态以及表现，往往决定了自己的人生走向。

对于试用期的新人而言，企业就是一个小小的社会，你同样要面对这样那样的逆境。正如巴尔扎克所说：“逆境对于天才是一块垫脚石，对于能干的人是一笔财富，而对于弱者则是一个万丈深渊。”古今中外大量事实说明，只有经历逆境中的磨难，伟大的人格才能铸就，智能与潜力才会得到更有效的激发，灵魂才会得到升华。从这个意义上来说，逆境不可怕，可怕的是你对逆境采用了不正确的人生态度。当新人身处逆境的时候，无论是逃避，还是以焦躁的情绪与对方发生争执，这都是下下策。稍安勿躁，这是基本的原则，如何做到稍安勿躁呢？

1. 结合自身当时求职的目标，平静地问一问是否遇上了人事的阻力？如果你发现自己遇上了人事阻力，说明你已经陷入逆境了。那么，你应该利用业余时间，找与你发生冲突的对象（抑或是“老资格”）当面缓解一下情绪（当然不是低声下气），不妨称对方为“严师”、“前辈”之类，然后说：“谢谢您对我的严格要求！”这样做，既能缓和对方的情绪，又能展示你的风度，更能减少类似冲突的发生。需要提醒的是：这些工作未必都在发生冲突后去完成，在顺境的时候，也可以靠经常性的沟通、交流去完成。

2. 心理上保持新人应有的低调。因为低调更有利于把握心理承受的能力和心理健康的程度。保持低调的好处还不仅仅在于此，它能使你恰如其分地思考和制定办法、措施，使自己遇到逆境或对他人不满意时，能战胜自我，以快乐的人生观迎接挑战，化腐朽为神奇。保持低调才能厚积薄发，才能拿得起放得下，才能在稍安勿躁中冲破逆境的重围，从容地前进。

（三）爱岗敬业，适应社会

用人单位考察试用期实习生最为看重的方面就是能否爱岗敬业。爱岗敬业，是中职学生迈出校门走向社会、适应社会的第一步，也是评价该实习生综合素质的一个极为重要的方面。有少数中职学生，这山望着那山高，对应聘的单位这也不满意那也不满意，不能一心扑在工作上。岗位固然有好有坏，但事在人为，关键是如何正确对待。一般来讲，越是艰苦的环境越能够磨炼一个人的意志，越能够体现一个人的价值。

中职毕业生在试用期间往往由于缺乏经验，或者理论与实际脱节，所做的工作也许并不能使领导满意。在实际工作中，领导会对你的工作进行指导，有时也会提出善意的批评，这就要求在试用期的中职毕业生能够虚心接受，把自己的心态摆正，不要因为自己的学历仅仅是中职就自认为低人一等，更不要自怨自艾，要树立相信自我的坚定信念。孔繁森在偏远贫瘠的西藏工作，李素丽干的是普普通通的售票员工作，这些看似不值一提的平凡岗位，别人照样干得有滋有味有声有色，刚毕业的中职学生，又何尝不能呢？对于刚刚进入社会的中职毕业生来说，纵然对现实的工作不甚满意，也不能三心二意。立足本职，干好自己的工作才是最重要的。一定要明白：作为刚刚走上社会的一名青年，要学会主动调整自己，因为归根到底是自己去适应环境，不是环境来迁就你，识时务者为俊杰。

（四）尽快进入自己的职业角色，迎接新的挑战

就业是青年学生的一个新的人生阶段。一个人从出生到从事社会职业活动前的漫长时期，都是处在接受社会的教育培养中，是在为其踏入社会作准备。从事职业工作能更好地服务社会、开创美好职业生涯。因此，走向职业岗位是青年人的一个关键转折点。经过十多年的学生生涯，几乎相同的各类学生角色的行为规范和要求，已经使得大多数青年学生对其十分熟悉，但对社会职业人员的角色要求却比较陌生。两者相比，显然有许多不同，而且后者的要求更高。我们怎样才能尽快进入自己的职业角色呢？

1. 通过与资深的同事谈话、聊天来熟悉工作状况。每一个人都经过从学生角色向职业角色转变的过程，在这个转变过程中，他们应该有许多值得借鉴和学习的地方。而资深的同事对这种情况有更深的心得和体会，通过虚心的交谈和学习，可以加快职业角色的转变。

2. 注意观察同事处理工作问题的程序和方法。每个用人单位都有自己管理的方式和方法，注重观察，不仅可以尽快熟悉工作的程序和方法，而且还会发现

程序中的不足之处，以后自己工作时就可以避免它。另外，仔细观察可以发现同事间的微妙关系，对于这些微妙关系要正确对待，不偏不倚，不捅娄子，建立和谐的同事关系。

3. 根据工作需要锻炼自己的素质。通过这样的锻炼，刚就业的青年就会很快适应工作，完成从学生角色到职业角色的转变。

【建议参考资料】

1. 徐升，王建新．人才测评［M］．北京：企业管理出版社，2000.

2. 刘春生，徐长发．职业教育学［M］．北京：教育科学出版社，2002.

3. 国家教委职业技术教育中心研究所．职业技术教育原理［M］．北京：经济科学出版社，1998.

4. 丁秀峰．心理测量学［M］．开封：河南大学出版社，2001.

5. 黄维德．现代人力资源开发与管理概论［M］．上海：华东理工大学出版社，1998.

6. 邓泽民，陈庆合．职业教育课程设计［M］．北京：中国铁道出版社，2006.

7. 陈李翔．能力·课程·资格：从工作中来，到工作中去［M］．北京：中国劳动社会保障出版社，2008.

8. 包卫．心理素质与现代人生［M］．长沙：湖南大学出版社，2001.

【问题与思考】

1. 如何把中职学生的生涯教育与我国国情相结合？
2. 加强学生的职业兴趣都有哪些方法？
3. 如何培养中职学生的职业性格？
4. 怎样提高中职学生的职业能力？
5. 如何帮助中职学生安然度过试用期？

第十章　中职学生生活适应的教育与辅导

【本章提要】

本章从行为习惯、网络心理、生命教育三个方面介绍了中职学生生活适应的教育与辅导，主要内容包括：中职学生行为习惯的特点，不良行为习惯的表现、成因与辅导，良好行为习惯的培养；中职学生网络心理的特点，网络成瘾的表现、成因与辅导，健康网络心理的培养；中职学生生命教育的特点，常见生命教育问题、成因与辅导，正确生命观的培养，校园危机干预策略等。

【学习重点】

1. 中职学生行为习惯的特点
2. 中职学生常见不良行为习惯的辅导
3. 网络成瘾的表现与辅导
4. 中职学生健康网络心理的培养
5. 中职学生常见生命教育问题
6. 中职学生正确生命观的培养
7. 校园危机干预策略

【重要术语】

行为习惯　攻击性行为　网络成瘾　网恋　生命教育　体验式教学　校园危机　危机干预

第一节　中职学生行为习惯的教育与辅导

中职学生的年龄一般在 15 岁至 18 岁，正处于人生最活跃、最丰富多彩的青年初期。这一时期是学生个性发展和人格成熟的重要时期，是由自然人向社会人过渡、完成社会化任务的关键时期。他们中的大多数人从中职学校毕业后将直接进入社会，开始职业生涯，成为我国产业大军中的一员，他们的行为习惯如何，直接关系到我国产业大军的素质，关系到国家和社会经济的可持续发展，因此根据中职学生这一特定群体的身心发展特点，有计划、有目的地培养其良好的行为习惯就成为中等职业教育必须面对和解决的任务。

叶圣陶先生曾说过："什么是教育？简单一句话，就是要养成习惯。"英国著名教育学家普德曼曾说过："播种一个行动，你会收获一个习惯，播种一个习惯，你会收获一个个性，播种一个个性，你会收获一个命运。"可见，习惯的养成对一个人人格道德的形成和完善有着深远而重大的影响，而习惯的养成并不是一朝一夕的事，良好的行为习惯可以使人受益终生，反之，不良的行为习惯会使人终生受害。

目前，由于种种原因，中职学生的整体素质不尽如人意，这绝不仅仅体现在学习成绩方面，学生的行为习惯更是存在着很大问题。因此，在中职教育阶段，在教会学生掌握一定职业技能的同时，采取行之有效的措施，帮助学生养成良好的行为习惯，不断提升综合素质，显得尤为重要和紧迫。

一、中职学生行为习惯的特点

所谓习惯，是"长时期逐渐养成的，一时不易改变的行为、倾向或社会风尚"。良好习惯是指符合一定社会道德倾向、社会风尚的行为方式，它对个人的健康成长有积极作用，对社会、对集体、对国家有益。不良习惯则是指不符合道德要求的行为方式，它会驱使个人进行不良行为，对个人、集体、社会起消极作用。

中职学生正处于青春发育期，这是人的一生中最生机勃勃的时期，无论是生理方面还是心理方面，都逐渐趋于成熟。生理机能上的变化，主要表现在三个方面：一是身体外形的变化，身高和体重迅速增长和增加；二是内脏机能逐步健全；三是性的成熟。在心理发展上，他们表现出幼稚与成熟、依赖性与自主性、封闭性与开放性相互交织的复杂现象。有人说，青年既不是一切暴露无遗、明明白白的"白箱"，也不是一切不可知、看不见内部结构的"黑箱"，而是一个以模糊不定、动荡多变为主要特征的"灰箱"。

另外，由于目前的中职学生基本上都是出生于20世纪90年代的独生子女，在社会发展日新月异的大背景下，他们的价值观念更为多元，需要结构更为多样，行为取向更为实用。同时他们也不可避免地存在着一些消极甚至阴暗的负面心态，如"社会人"的实用心态，"时代人"的浮躁心态，"复杂人"的困惑心态，"无关人"的冷漠心态，"多余人"的悲观心态，"对立人"的逆反心态等。

中职学生在生理和心理上的发展变化必然通过他们的日常行为习惯加以体现，并影响着行为习惯的养成。正是在中职学生个体身心发展变化、家庭教育、社会环境等多重因素的共同影响下，中职学生的行为习惯既表现出与同龄人相同的特点，也有其独特之处，概括起来主要表现为矛盾性、自主性、职业性和社会性等特点。

（一）行为习惯的矛盾性

中职学生正处于一个由少年走向成人，由幼稚走向成熟的过渡时期，身心转化的过程使得他们的行为习惯表现出明显的矛盾性。他们易于接受外界的各种信息，思维活跃，但认识水平不高，辨别是非能力比较差；他们争强好胜，敢说敢为，勇于表现，但思想还比较单纯，遇事欠思考，容易冲动，易感情用事，难于自控自律；他们善于交往，热衷于寻求志同道合、有共同语言的知心朋友，坦率地说出内心的秘密，而且与高中学生相比，他们的交往对象更为广泛，但他们在父母、老师等长辈面前却经常把自己封闭起来，不太愿意与长辈沟通交流，经常表现出强烈的逆反心理和行为；他们成就动机强，向往美好生活，渴望事业成功，但缺乏艰苦奋斗的精神和克服困难的毅力，有时不思进取、怨天尤人。

（二）行为习惯的自主性

中职学生正处于心理上脱离父母的断乳期，随着自我意识的加强，独立思考和处理事务能力的发展，他们的成人感迅速增强，认为自己已经完全长大成人了，能够自己决定自己的一切，迫切希望从父母、老师的保护和管理中解放出来。因此，他们在行为上表现出强烈的自主性，在对人生和社会问题的看法上，他们有了自己的见解和主张，敢于发表个人意见，热衷于显示自己的力量和才能。

（三）行为习惯的职业性

中职学生比同龄的高中生更早地接触到了专业知识和职业技能，也就更早地树立了职业意识，随着学习时间的增加，他们对职业的认识越来越深入，职业道德情感越来越强烈，职业成就动机越来越鲜明。而中职学生认知模式的职业化必然导致行为习惯的职业化，他们会高度关注自己所学专业的就业信息，并自觉不自觉地按照日后自己所要从事的职业岗位要求调整甚至改变自己的行为习惯，目的是为了更好地提高专业技能，发展职业能力。

（四）行为习惯的社会性

处于青春期的中职学生开始关注社会现象，对社会热点和人生问题有了一定的认识和思考，能够作出自己的评论。他们愿意参加各种学生组织，如学生会、团委、社团等，也愿意参与志愿者、社会实践等活动，并希望能够在组织和活动中承担工作，发挥作用，锻炼与人交往、解决问题等方面的能力。同时，中职学生也不可避免地会受到社会消极环境的影响，产生不良的行为习惯，典型表现为男孩吸烟喝酒、留“时尚”发型，女孩浓妆艳抹、衣着暴露等。

二、中职学生常见不良行为习惯与辅导

（一）中职学生常见不良行为习惯的表现

《中华人民共和国预防未成年人犯罪法》第三十四条规定：未成年人的“严

重不良行为”是指“严重危害社会，尚不够刑事处罚的违法行为：（1）纠集他人结伙滋事，扰乱治安；（2）携带管制刀具，屡教不改；（3）多次拦截殴打他人或者强行索要他人财物；（4）传播淫秽的读物或者音像制品等；（5）进行淫乱或者色情、卖淫活动；（6）多次偷窃；（7）参与赌博，屡教不改；（8）吸食、注射毒品；（9）其他严重危害社会的行为。”

在中职学生中确有个别人出现以上严重不良行为，国家会按照法律规定对他们进行矫治和教育。绝大多数中职学生的问题主要表现为中度和轻度不良行为，需要老师和家长的教育与辅导。

中职学生常见的不良行为习惯主要表现在学习、生活和人际交往等几个方面。

1. 学习行为习惯：学习目的不明确，态度不端正，厌学情绪严重，缺乏学习动力；上课迟到、早退，随意讲话，玩游戏，发短信，看小说，听音乐，睡觉；破坏课堂秩序，不服从教师的管理，顶撞老师；不认真完成作业，抄袭或不写作业。

2. 生活行为习惯：对父母过于依赖，独立生活能力差，贪图安逸享乐，花钱如流水；不懂得尊重和谦让，对师长没礼貌，说话带脏字；抽烟，喝酒，不注意个人卫生，随地吐痰，乱扔垃圾，公共场所大声喧哗；穿奇装异服，带饰物，染发烫发，留染长指甲；沉迷于网络和电子游戏机，夜不归宿；小偷小摸，赌博，勒索小额钱财。

3. 人际交往行为习惯：以自我为中心，自私自利，我行我素，心中只有自己，缺乏奉献精神；对周围事物漠不关心，组织纪律观念和团队精神不强，集体荣誉感、家庭责任感、社会责任感淡漠；逆反心理较重，不愿意接受父母和教师的劝导，在家与父母吵架，在学校与教师冲突；崇尚暴力，看重所谓的江湖义气，有恐吓和攻击性行为，爱打架；早恋、追星以及盲目崇拜。

（二）中职学生不良行为习惯的形成原因

吕叔湘先生说：“凡是习惯都是通过多次反复实践养成的。”中职学生的不良行为习惯是在日常学习、生活的具体活动中逐渐形成的，当一名学生偶尔出现了不合道德要求的行为却没有被制止或受到批评教育，反而因为不良行为获得了个人欲望的满足，产生了愉悦、成功、刺激等情绪体验时，他就会一而再，再而三地反复实践该行为，不良的行为习惯随之形成。

影响中职学生不良行为习惯形成的因素是多方面的，既有社会因素，也有学校、家庭和学生自身的因素。

1. 社会因素

身心正处于迅速发展阶段的中职学生不可避免地会受到转型社会多元价值观念的影响，媒体特别是网络带来的消极思想和不良风气使得中职学生耳濡目染、盲目模仿。有研究表明，在其他条件相似的情况下，观看暴力电影的学生比其他学生有更多的攻击性行为表现。

2. 学校教育因素

部分中职学校对于学生行为习惯养成教育重视不够，方法落后，使得中职学生缺少对实际行为的约束能力和对良好行为习惯的清醒认识，还有部分教师忽视中职生身心需求和个体的特殊情况，没有深入了解中职学生行为习惯不良的症结，更没有采取行之有效的应对措施，学生也就难以养成良好的行为习惯。

3. 家庭教育因素

家庭是学生社会化的起点，父母是孩子的第一任老师，家庭教育在学生行为习惯的养成中起着非常重要的作用。但有些家长自身也缺乏良好的行为习惯，不注意自己的言行修养，不能给孩子起到表率作用。还有的家长不懂得科学的教育方法，一味溺爱子女，帮助甚至教唆子女撒谎以获得好处，这些都直接妨碍了学生良好行为习惯的养成，并产生了恶劣的影响。

4. 学生自身因素

中职学生身心发育尚未成熟，意志比较薄弱，禁不起不良信息的诱惑，在行为习惯的自我控制能力方面还很欠缺。也有的在初中时由于成绩差长期受到学校、老师、同学的歧视，无法在学习上获得教师和同学的肯定，常以问题行为来寻求教师和同学们的注意，争得自己在班集体中的位置。

（三）中职学生典型不良行为习惯的辅导

所谓积习难改，不良习惯一旦形成，想要改变并不容易。许多中职学生在入学前就已经形成了不良的行为习惯，教师必须掌握科学的方法，采取行之有效的策略，有计划、有步骤地帮助学生改掉不良习惯，养成良好的行为习惯。

一般来说，不良行为习惯的辅导可采取五个步骤进行：第一，觉察学生的不良行为习惯。第二，研究不良行为的表现和特点，深入分析其产生原因，判明不良行为的性质和严重程度。第三，在判明的基础上确定辅导目标及所要采取的辅导措施和方法。第四，改正学生的不良行为，并对改正的过程进行监控，直到完全消除不良行为为止。第五，追踪与强化，塑造良好行为，直至养成良好行为习惯。

下面以“攻击性行为”这个在中职学生，特别是男生身上普遍存在且容易造成严重后果的不良行为习惯为例，具体说明辅导方法。

案例：王强是某中职学校出了名的“打架大王”，学校里发生的很多起打架事件都与他有关。他的父母在一家工厂打工，平时工作很忙，经常加班，与孩子交流的时间很少，教育的方式也是简单粗暴。老师向家长反映王强的问题，家长经常是不分青红皂白，扬手就打。每次挨完家长打之后，王强总会到学校里找同学撒气，经常因为一点儿小事就打骂同学，有几次还把同学打伤了，同学们都很怕他，不敢和他交往。王强对老师也不够尊重，经常顶撞老师，老师批评他，他总是头一扭，嘴一撇，摆出一副桀骜不驯的样子，有时还对老师怒目而视，弄得老师们都很头疼，批评教育、给处分作用不大，通知家长往往使他的不良行为变本加厉。

根据王强的表现，可以判定为攻击性行为。攻击性行为是指学生由于不良品行、习惯和非理性冲动而表现出来的用语言或身体去伤害他人的一种行为。具有这种行为倾向的学生，表现为情绪高度不稳定，极易冲动、鲁莽，稍有不顺就大打出手，不计后果。他们心理发育不够成熟，判断分析能力差，容易被人挑唆怂恿，对他人和社会表现出敌意、攻击和破坏行为。

攻击性行为是消极的不良行为，它不但会给他人或集体造成危害，而且还会使行为发出者本人得到较多来自环境的否定态度，不利于其健康成长，因此必须及时加以辅导。

第一，防微杜渐，事先预防。当教师发现学生有可能产生攻击性行为时，应采取预防性管理措施，尽量避免或减少攻击性行为发生的可能性，或使攻击性行为没有产生的机会和条件。

第二，及时干预，冷静处理。教师发现攻击性行为发生，应该立即进行干预，阻止行为的继续，避免事态扩大。但要注意遵循冷处理原则，等学生激动、亢奋的情绪平静下来之后再进行辅导，效果可能会更好。还要尽量与学生建立良好关系，争取学生的信任，让学生感受到教师是在真心帮他，为进一步辅导打下良好基础。

第三，判明原因，有效辅导。著名心理学家班杜拉（A. Bandura）认为：攻击性行为主要是从社会习得的，如模仿等。中职学生攻击性行为的产生，主要受家长教育方式和社会不良环境的影响。教师应深入了解问题的原因所在，并采取相应的辅导办法。

如果是家长教育方式的原因，教师要与学生家长加强沟通交流，指导家长正确教育孩子的方法，多表扬，少批评，既不粗暴打骂，也不无原则溺爱，且要与学校教育保持一致，配合老师，形成教育合力，共同帮助学生。

如果是社会环境的原因，教师可以通过创设良好的环境来消退或矫正学生的攻击性行为。如给学生提供正确的行为范例，学生会自觉不自觉地模仿，并朝着这样的行为而努力；还可以让学生参与其喜爱的活动，并在活动中对学生的良好行为给予及时的奖励，由此强化学生的良好行为。同时，教师应该发挥榜样作用，学校要形成积极向上的校园文化氛围，给学生创建良好的成长环境。

第四，过程监控，塑造行为。学生不良行为的改变并非一时之功，很可能会出现反复，教师要有相当的耐心，对学生的行为进行过程监控，及时辅导。教师要帮助学生发自内心地认识到攻击性行为可能给自己和他人带来的消极影响和严重后果，学会自我控制，合理宣泄不良情绪，转移攻击性情绪。

第五，树立信心，养成习惯。学生攻击性行为的背后往往掩盖着对自己其他方面的信心不足或是自卑倾向，教师要积极创造条件，帮助学生在学习等方面获得成功，感受到成功的喜悦，树立信心，有效抑制不良行为，养成良好的行为习惯。

三、中职学生良好行为习惯的培养

培根说："习惯真是一种顽强而巨大的力量，它可以主宰人生。"因此，人自幼就应该通过完善的教育，去培养一种好习惯。

中等职业教育阶段不仅是学生长身体、学知识的时期，更是培养他们具有良好的思想道德品质和文明行为习惯的最佳时期，也是帮助他们奠定科学人生观和世界观的有利时期。

（一）借助社会力量，营造良好氛围

中职学校应与公安、城管等相关部门紧密配合，深入开展各种专项整治活动，净化学校周边环境，如对于距离学校不到200米的网吧，学校要向有关部门举报依法予以取缔，为中职学生提供一个良好的社会文化氛围和成长环境。

（二）发挥学校作用，提升育人质量

中职学校要高度重视学生行为习惯养成教育，坚持"科学教育、严格管理、热情关心"的育人原则，形成"教书育人、管理育人、服务育人、活动育人、环境育人"的育人体系，全方位提升育人质量。如充分发挥课堂教学主渠道作用，在传授知识的同时，教授学生分析问题、解决问题的方法，促进知识和能力的双提升；加大教育管理力度，制定完备的学生管理制度和工作流程并坚决执行，及时发现、及时纠正学生的不良行为习惯，在对学生进行辅导的同时，视情况给予纪律处分等惩罚措施；通过组织专项活动、专题讲座、劳动实践、表演、竞赛等校园文化活动，积极进行有特色、有吸引力的良好行为习惯主题教育。

（三）密切家校配合，形成教育合力

学校与家长应相互密切配合，经常沟通，及时掌握学生的思想动态和行为习惯，形成教育合力，共同帮助和引导学生树立正确的价值观和人生观，不断督促和强化孩子养成良好的行为习惯。

（四）提高自身认识，养成良好习惯

中职学生必须充分认识到良好行为习惯的养成，对自身身心健康、职业发展、生活幸福的重要意义，并在实际生活中自觉培养和训练，养成良好习惯。

第二节 中职学生网络心理的教育与辅导

随着信息化时代的到来，互联网得到了快速的发展和迅速的普及，网络已成为人们工作、学习、生活不可缺少的工具与媒介。据中国互联网络信息中心的《第30次中国互联网络发展状况统计报告》，截至2012年6月底，我国网民总数

达到5.38亿，互联网普及率为39.9%，手机网民（指过去半年通过手机接入并使用互联网，但不限于仅通过手机接入互联网的网民）达3.88亿，占总体网民的72.2%。2012年上半年网民每周上网时长为19.9个小时，平均每天上网近3小时。中国网民的主体是30岁以下的年轻群体，占到中国网民的56.8%，其中10—19岁的青少年网民占总数的25.4%，网民职业结构中学生群体比例最高，达到28.6%。

互联网因其便捷性、交互性、内容的丰富性深深地吸引着广大的中职学生，他们借助于网络查找资料、交流情感、休闲娱乐，开阔了视野，充实了人生。但网络也是一把双刃剑，中职学生在享受网络资源的同时，也受到了网络的消极负面影响，如网上的各种虚假、暴力、色情信息对中职学生的健康成长构成了严重的威胁，突出地表现在对中职学生心灵的伤害上。因此，探讨中职学生网络心理特点，培养中职学生健康网络心理就成为一项必须解决的紧迫任务。

一、中职学生网络心理的特点

（一）好奇心理

心理学认为：好奇心是个体遇到新奇事物或处在新的外界条件下所产生的注意、操作、提问的心理倾向。它是人的天性，是人们学习知识、探究事物的内在动机。中职学生正处于精力旺盛、求知欲和好奇心特别强烈的阶段，而网络因信息快捷、内容丰富、覆盖面广，正符合中职学生的需要，使他们领略到了报刊、电视、书籍等传统信息传输方式难以达到的境界，极大地吸引了中职学生的注意力，刺激了好奇心，激发了学习和应用网络知识的欲望。正是这种好奇心理，促使他们迅速进入网络世界，网络世界又进一步刺激和增强了他们的好奇心理。

（二）成就心理

心理学家阿特金森认为，成就动机一方面是追求成功的动机，另一方面是避免失败的动机。中职学生非常希望能够做好各种事情，取得成功，以显示自己的能力和才华，获得成就感，但是由于很多中职学生缺乏良好的学习习惯，成绩较差，加之缺乏生活经验和阅历，使得他们在现实生活中经常遭遇挫折，成就需要得不到满足，而虚拟的网络世界最大限度地突破了现实世界的局限，迎合了学生的心理需求，使他们可以在网络这个新天地中充分发挥聪明才智，展现理想自我，满足自尊心，体验成就感。

（三）交往心理

社会心理学研究表明：在人类的所有欲望中，与人交往的欲望尤为重要。中职学生处于青春发育期，思维活跃，情感丰富，渴望与人交流，但受到时空、性格等方面的制约，交往的需要在现实世界常常得不到满足。而在网络世界，学生可以以真实或者虚拟的身份，不受限制地自由选择交往对象，并与之建立起“友谊”，毫无保留地坦露内心真实的感受，这正是学生渴望的和乐于接受的。网络交往方式主要有网络聊天，网恋，建立个人主页、空间、博客、微博等。

（四）宣泄心理

中职学生身心发展的不协调，必然给他们带来心理上的困惑和迷茫，学习、生活中的挫折，自己的内心感受得不到家长、老师的理解等都使他们承受着较大的心理压力。网络因其具有的隐匿性和匿名性等特点，自然成为中职学生排解心理压力的理想场所。在没有他人在场的情况下，学生可以在网络世界里无拘无束地宣泄自己的情绪，且不必考虑对方的感受，从而得到精神的寄托和心灵上的慰藉，缓解心理矛盾冲突。

（五）群体心理

群体心理是在群体成员之间相互作用、相互影响下形成的心理活动。中职学生在校园里共同学习、生活，形成了关系密切的共同体，普遍存在着从众、模仿等心理现象。从众是人们在群体的影响和压力下，放弃自己的意见而采取与大多数人相一致的行动，模仿是由不会到会的自觉学习和自动参与的态度和行为，并将这种态度和行为作为形成自己的态度和行为的开端。从众和模仿现象在对网络的使用上表现为：有的同学本来对网络世界并不感兴趣，或之前从未接触过网络，但听同学们经常议论网络聊天、网络游戏等话题，为了能和同学们有共同语言，自己也开始上网，并逐渐体会到了网络的乐趣，深陷其中。

（六）娱乐心理

网络游戏、网络聊天、在线看电影、听音乐、看电子书、浏览娱乐性新闻是中职学生网上娱乐的重要方式。网络媒体把文字阅读、画面浏览和声音聆听融为一体，全面调动人的感觉器官，满足中职学生追求刺激、浪漫、惊险、新奇、享受的心理需求，使同学们获得了精神上极大的满足与愉悦。

（七）性心理

中职学生正处于青春发育期，随着性器官的发育成熟，性心理开始萌动，他们对性充满了好奇和疑问，然而由于受传统文化影响，这些好奇和疑问常常又很难从家长、教师那里得到正确的解答，互联网恰恰可以满足学生对性的需要。

二、中职学生常见网络心理问题与辅导

网络已全方位地深入中职学生的学习和生活，影响着他们的思想和行为。网络在给学生带来丰富资源的同时，也引发了学生的心理问题，集中地表现为网络成瘾（IAD）。

（一）网络成瘾及其表现

案例：刘明是从一所市重点中学考入中职学校的。据他的父母讲，刘明在上

初中一、二年级时，成绩一直非常好，每次考试都能排在年级的前五名，老师们都很喜欢他，夸他既聪明又用功，认为他日后一定能考上一流名牌大学。可是初三第一学期，刘明的成绩突然之间一落千丈，由年级前五名一下子降到了年级后五十名，家长很是不解，找到老师才知道，刘明经常以生病为由不上课，给老师的是他伪造父母签名的假假条。家长和老师经过多方询问才知道，原来刘明经常去学校附近的一个网吧上网玩网络游戏。为了能玩网络游戏，他还偷偷拿父母的钱。他每天沉迷于游戏中，根本没心思学习，上课无精打采，常常趴在桌上睡觉。可一到放学，他就像换了一个人，总是第一个冲出学校，直奔网吧。家长和老师对于刘明的变化都很痛心，苦口婆心地对他说了很多，但收效甚微，网络的吸引力使得刘明根本听不进任何话。家长只好轮流请假看着他不让他去网吧，可他总是找各种借口偷偷往外跑，家长实在没办法了，就把他绑在床上，一个星期没出家门。刘明其实对自己也很痛恨，多次下决心不再玩网络游戏了，他甚至还自虐，把自己的手咬破了好几次，但他就是控制不住自己，一天不上网就难受得不得了。

刘明的表现属于典型的网络成瘾。网络成瘾是指个体在网络使用过程中过度沉醉于网络中虚拟的交互式经验和信息，长期和现实社会脱离，从而引发生理机能、社会功能、心理功能受损的一种过度行为。医学上又称之为病态性使用互联网。

网络成瘾开始时只是精神上的依赖和渴望，而后发展成为躯体上的依赖，表现为情绪低落、精神萎靡、烦躁不安、疲乏无力、注意力不集中等，并出现相应的生理和心理障碍，严重的可导致人体的植物神经系统紊乱，造成人体免疫机能下降，行为孤僻，拒绝现实交往，甚至会产生自杀的意图和行为。网络成瘾者一旦瘾发便难以忍受，就会不顾一切、不择手段地去达到目的。

中职学生中比较常见的网络成瘾主要表现在网络色情成瘾、网恋、网络孤独、网络自我迷失等方面。

1. 网络色情成瘾。网络色情即是通过网络制作并传播的足以挑逗人性欲望的文字、图片和视频电影等内容。由于我国性健康教育和网络道德教育的滞后，处于特殊年龄阶段的中职学生对于性有强烈的好奇心和探究欲，在色情网站强大的声色刺激下，很轻易地就成为色情网站的俘虏。有调查显示，在我国有近半数学生接触过网络色情信息，其中有 80% 以上的学生有性犯罪念头。网络色情成瘾破坏了中职学生尚不成熟的人生观、价值观、道德观，也使得他们整天萎靡不振，无所追求，对学习提不起兴趣。

2. 网恋。网恋是网民通过互联网结识网络世界中的异性朋友，并与之谈情说爱的行为。正处于青春发育期的中职学生，对异性既有好感又很好奇，但迫于学校和家长的压力，无法过多接近异性，而虚拟的、没有任何限制的网络世界给学生提供了无限的空间，他们可以去追求浪漫美好的爱情，抑或是满足猎奇的心理，因为网恋双方没有面对面的尴尬，无须坦诚，更不必负任何责任。虽然对绝大多数学生来说，他们网恋是抱着尝试和游戏的态度，很少会当真，但是沉溺其中势必会浪费精力和时间，影响学习，也会影响他们的现实生活态度，引发心理问题，导致现实人际关系的疏离。

3. 网络孤独。网络孤独是希望通过上网获取大量信息、网上娱乐、网上人际交往来提高或改变自己，但上网未能解除孤单，甚至加重原有的孤独，引发孤独感的不良心理状况。一些学生由于性格内向、自卑，不愿意或不善于与他人交往，希望通过网上交往、网上娱乐来摆脱孤独。他们对于现实世界中的老师、同学、亲人、朋友漠不关心，这种人际交往能力的缺失对正常社会化产生极大的负面影响。

4. 网络自我迷失。中职学生在上网时，往往不使用自己的真实姓名、性别、年龄等，而是编造一个与真实身份和性格特点相差悬殊的虚拟自我，从而尝试不同的生活，而这可能使他们渐渐失去对周围现实世界的感受力和积极的参与意识，从而导致了孤僻、冷漠、欺诈等心理问题。

（二）网络成瘾的原因

1. 主观原因。中职学生身心发育不成熟，他们渴望追求新鲜事物，满足好奇心，但辨别是非能力和行为自制能力又不强，面对纷繁复杂的网络世界容易受到诱惑和误导，无法有效地控制自己的行为；而且，很多中职学生是学习上的失败者，于是他们选择能够体验成功的网络游戏使自己摆脱现实的失败感；同时，中职学生社会交流与情感生活的寂寞也会导致他们陷入网络成瘾。

2. 客观原因。中职学生身处的不利环境是导致网络成瘾的客观原因。目前网吧遍布大街小巷，尽管有关部门出台了一系列禁止未成年人进入网吧的规定，但由于缺乏有效的管理，网吧依然大行其道，特别是校园周边隐藏的一些廉价的黑网吧，更是被学生视为乐土。而学校老师和家长缺乏对学生进行有效利用网络的教育和引导，也使得学生把网络简单地看做是娱乐工具而沉迷其中。

（三）网络成瘾的辅导

对于网络成瘾学生，中职学校的教师应该在力所能及的情况下，给予及时的帮助和辅导，可以借鉴陶宏卅提出的“三心”（爱心、耐心、关心）法，通过与学生谈心交流而实现辅导目的。具体方法包括：

1. 时间管理技术。这类方法的核心在于通过提高个体的自我效能感和给予适当的支持，帮助个体发展一种积极的应对策略以取代消极的成瘾行为。具体做法是：第一，打乱个体惯常的网络使用时间表，让其适应一种新的时间模式，从而打破其上网的习惯；第二，运用闹钟等外部手段促使个体准时下网，从而逐步削减上网时间；第三，设定合理的阶段性目标。

2. 警示卡。为了帮助成瘾学生将精力放在减轻和摆脱成瘾行为的目标上，可以让他们分别用两张卡片列出网络成瘾导致的五个主要问题和摆脱网络成瘾将会带来的五个主要方面的好处。然后，让他们随身携带着两张卡片，时时处处约束自己的行为。

3. 自我目录。让成瘾学生列出网络成瘾之后被忽略的每一项活动，并按照重要性进行排序。然后，让他们说出最重要的活动对其生活质量有何重要意义。通过这样的训练，可以让学生意识到自己以前在成瘾行为与现实活动之间所作的选择，更为重要的是，可以让他们从真实生活中体验到满足感和愉悦感，从而降低其从网络环境中寻求情感满足的内驱力。

4. 支持群体。让成瘾学生参加诸如互助小组、社团等学生群体，提高个体结交具有类似背景的朋友的能力，从而减少对网络群体的依赖。

5. 家庭疗法。主要包括以下几个方面的问题：让家长明白网络具有强烈的致瘾倾向；减少对成瘾学生的责备；与成瘾学生就其成瘾的原因进行开放式交流；鼓励家长通过倾听成瘾学生的感受，一起参加文体活动或帮助其培养新的爱好等措施加快转变的进程。

6. 行为契约法。具体做法是让成瘾学生与家人或朋友共同制定行为契约，接受外界的监督。

三、中职学生健康网络心理的培养

网络是把双刃剑，既可以成为中职学生学习知识、交流思想、休闲娱乐的平台，也可以成为传播色情、暴力、封建迷信，甚至反动信息的工具。必须采取有效措施，培养学生健康的网络心理，促进学生健康成长。

（一）为学生提供健康、安全、文明的网络环境

国务院颁布的《互联网上网服务营业场所管理条例》规定，网吧等上网服务营业场所不得接纳未成年人进入。这对确保学生身心健康发展极为重要。那么学生到哪里上网呢？职业学校应积极创设条件，为学生提供健康、安全、文明的网络环境，充分利用校园网资源来吸引学生。如：在校园网上设立“我的理想”、“我的职业规划”等内容，及时反映学生的思想实际；结合职业学校的专业特点，在校园网上进行各类专业知识竞赛和设立分配就业指导专栏等，为学生提供大量专业信息和就业信息；还可以为学生提供优秀网站链接，并利用优秀网站所提供的资源开展主题教育活动。同时学校的网络管理部门要建立局域网网络信息发布的审核程序，对有害信息和有害网站的进入用技术手段加以过滤或堵截。

（二）帮助学生树立正确的网络观

首先，要引导学生正确对待网络虚拟与现实的关系。帮助学生认识到网络虽

然可以让他们领略虚拟世界，但领略虚拟世界的目的是为了在现实世界中更好地学习与生活。其次，要教学生学会选择，并承担相应的责任。网络的内容既有真善美又有假恶丑，必须做好启发教育和引导工作，让学生在选择中学会独立思考，从而不断地净化自己的心灵，保持自己的心理健康，形成正确的网络观。

（三）积极开展网络心理健康教育

中职学校应积极对学生开展网络心理健康教育，通过开设专门课程，不定期地组织有针对性的专题讲座和实践活动，使学生认识到过度接触网络会对自己的心理和生理健康产生消极的影响，帮助学生了解各种网络心理问题的表现和预防方法，增强对自我的控制能力。同时，中职学校还要着力培养一支具有较高理论水平、掌握网络技术、熟悉德育工作规律和学生状况的心理健康教育队伍，帮助学生解决由网络引发的心理问题。

第三节　中职学生生命教育与辅导

世间万物，最宝贵的是生命。生命是一切智慧、力量和美好情感的唯一载体。生命具有不可替代、不可逆转和基础性的特征。从社会发展角度看，没有生命个体的存在，就不会有社会历史的产生、发展及所有的人类活动。

近年来，青少年轻生、自伤事件时有发生，使得生命教育成为教育改革中方兴未艾的话题。生命教育，简言之就是有关生命的教育，是帮助学生认识生命、珍惜生命、尊重生命、爱护生命、享受生命、超越生命，提高生存技能和生命质量的一种教育活动。

生命教育是一切教育的前提，也是学校教育的重要内容。有学者认为："生命教育不仅只是教会青少年珍爱生命，更要启发青少年完整理解生命的意义，积极创造生命的价值；生命教育不仅只是告诉青少年关注自身生命，更要帮助青少年关注、尊重、热爱他人的生命；生命教育不仅只是惠泽人类的教育，还应该让青少年明白与其他生命物种和谐地同在一片蓝天下；生命教育不仅只是关心今日生命之享用，还应该关怀明日生命之发展。"

西方对生命问题的关注有着相当长的历史，且积累了深厚的思想资源。18世纪末19世纪初出现生命哲学，20世纪后半期，随着西方社会凶杀、暴力、吸毒、艾滋病传播等漠视生命的行为问题逐渐恶化，并演变为社会问题，为防止犯罪、毒品、艾滋病的泛滥，教育人们珍爱生命，以生命教育（life education）为主题的学会和组织应运而生，生命教育的理念悄然兴起。

在我国内地，生命教育起步较晚。近年来，生命教育作为一种全新的教育视角，越来越多地受到专家学者的关注和认同。教育途径呈现多样化，既充分运用学科教学，传授科学的知识和方法，又充分利用课内课外相结合等方式开展形式多样的专题教育，并以实践体验的形式开展丰富多彩的课外活动，同时通过校园文化的建设和环境的营造，为生命教育创造温馨和谐的育人氛围。当前我国青少年生命教育得到了一定的发展，并为进一步推进青少年生命教育积累了丰富的经验。

一、中职学生生命观的发展特点

中职学生大都处在16—19岁这一年龄段，他们和高中生一样正处在生理和心理的发展期，是人生观、世界观、价值观形成的重要时期。他们大多是家里的独生子女，从一出生就处于爸爸妈妈、爷爷奶奶、外公外婆六个成年人的呵护甚至溺爱中，因而不可避免地存在着孤独少伴、以自我为中心、缺乏责任意识的问题。在市场经济发展、社会转型和历史巨变中成长起来的他们，一方面有着超前的思想、张扬的个性，注重自我，敢于冒险；另一方面，受社会一些不良因素的影响，他们还存在着过度追求物质享受，忽视自我精神追求，对生命缺乏尊重，传统道德观念丧失等消极负面的特点。

同时，他们又是一个特殊的群体，因为他们中的相当一部分被认为是考试的失败者，缺乏自信和关爱。他们文化基础较差，缺乏良好的学习习惯。在初中甚至小学阶段，他们常处于教师的冷落、同学的排斥和家长的指责中，自信心受到了打击，使他们陷入自卑甚至自暴自弃的境地，对自己的前途无望，失去信心。

在中职学校，学生面临的是相对轻松的学习氛围和新的学习方式，这些改变让他们一时不知所措，无所适从。为了掩饰自身的不足与脆弱、烦躁与不安，他们往往表现得漫不经心，刻意地与众不同、标新立异，有些学生任性、散漫，有些学生甚至消极、颓废。他们缺乏正常的交往，缺乏同情心，缺乏健康的心理，缺乏承受挫折的能力。为了逃避这些现实，他们往往沉醉于网络、沉迷于情感，找不到前进的动力和方向。

由此可见，成长经历中的失利和挫折、家庭的畸形教育、学校教育的不足以及社会不良因素的影响，使得中职学生的生命观出现缺陷，他们对生命缺乏正确的认识和尊重，尚未形成正确的是非标准、养成善良的人格，自我保护意识与自控能力较差，法制观念淡薄。同时，我们也要意识到，现在对中职学生的生命教育是有欠缺的，亟需建立全面系统的生命教育。

二、中职学生常见生命教育问题与辅导

（一）中职学生常见生命教育问题

我国对青少年学生的生命教育尚处于初始阶段，还没有形成适合自身发展的体系，在实施生命教育过程中难免存在许多问题。中职学生常见的生命教育问题突出表现在以下方面：

1. 感恩意识淡漠

物化的社会、激烈的竞争使人的感恩意识日益淡薄，加之现在的学生多是独生子女，往往以自我为中心，骄横任性，只知索取，不知奉献，把别人为其所做的一切看做天经地义，只注重自己的感受，不懂得体谅父母的辛劳。中职学生中很大部分来自农村，父母文化程度不高，家庭经济条件不理想，亲子沟通不畅，因此怨恨父母、自私冷漠、肆意挥霍父母血汗钱的学生较多。

2. 抗挫能力较低

现在的中职学生多为独生子女，在家长的极度爱护下，他们在成长过程中基本没有遇到什么挫折，即使遇到挫折，也有家长分担。家庭教育中缺乏抗挫能力的内容，使得中职学生的挫折承受力与应对力较差，一旦遇到困难与挫折，往往不知所措、紧张焦虑、自暴自弃甚至选择以终结生命的极端方式逃避现实。

3. 自我不和谐

心理健康的重要标志就是自我和谐。影响自我和谐的个人因素很多，包括精神追求、需要层次、思维方式、个性特点和行为方式等。一个人要达到自我和谐，首先要身体健康，其次还要满足基本的生理需求和安全需求。一个人自我不和谐，人格中的矛盾和冲突会给人带来很大的痛苦和烦恼，无法对现实生活表现出充足的热情、精力和创造力。中职学生在过去的学校与家庭生活中获得更多的是负性经验，很多学生看不到自己的优点，自卑感强，自我接纳性差，自我体验消极，常常受到内疚、迷茫、颓废等消极情绪困扰，体会不到生命的精彩，生命的动能被压抑，使他们看不到自己生命存在的意义和价值，严重影响了其心理健康。

4. 对死亡缺乏正确的认识

我国传统文化对死亡的话题一直是避讳的，更谈不上关于死亡的科学教育。这种回避态度和教育缺位使得学生对死亡普遍缺乏正确、科学的认识，充满恐惧感、神秘感。有的学生在遇到挫折、逆境时甚至把死视为解脱，轻易选择轻生；有的学生则因为害怕死亡而导致各种心理问题。

（二）中职学生生命观问题的影响因素

分析中职学生生命观问题产生的原因，既有学生自身所处的成长阶段等内部因素，又有家庭教育、学校教育、社会环境影响等外部因素。

1. 中职学生所处的成长阶段

中职学生的年龄多为16—19岁，这个阶段的学生正处于快速成长的时期，叛逆心理、冲动心理往往难以自抑。从生理学角度看，这也是事故多发区、敏感区。

2. 家庭成长环境和成长经历影响

我国实行计划生育以来，造就了大量的独生子女家庭。目前在校的“90后”中职学生大部分是独生子女，他们生活在父母、爷爷奶奶、外公外婆六个成年人的庇护下，优越的生活环境和几乎没有挫折的成长经历使得他们个性张扬、独立不羁、以自我为中心，缺乏团结、互助、容忍等良好品质。

3. 当前教育体制下，对生命教育的重视程度有待提高

长期以来，我们的教育从小学、初中到高中，一切都围绕着升学这一主题。教育以读名校、考第一、上大学、找好工作为指挥棒，生命教育成为学校教育中的盲区。正是由于生命教育被忽视，孩子们不清楚“生”与“死”的真正含义，不能正确认识生命，没有对生命的思索，不知道生命对自身、对家人朋友、对社会具有怎样的意义，所以也就不懂得爱惜自己和他人的生命。

4. 社会环境对中职学生的影响

漠视生命事件的多发还与中职学生遭受暴力污染有直接关系，电影、电视、报刊杂志、网络等媒体中存在的暴力镜头、文字描述和网络游戏中的暴力情节严重影响了学生的性格、行为、思维方式和语言。

（三）中职学生生命教育问题的辅导

中职学校在帮助学生认识生命、热爱生命、尊重生命、理解生命的过程中，最有效的教育和辅导方法是体验式教学。体验式教学是指在教学过程中，教师通过积极创设各种情境，包括阅读、角色扮演、互动活动等多种形式，调动学生想象、移情、感悟等多种心理活动，引导学生对教育情境进行体验，通过师生间的分享与讨论，产生碰撞与共鸣，使学生学会转化、战胜消极的情绪体验和错误认知，发展、享受和利用积极的情感与正确的认知，促进学生的自主发展。

学生作为一个生命个体的存在，要靠自己的实践发现生命之真，领悟生命之善，体验生命之美。只有通过学生切身体验获得的东西，才能入脑入心，珍藏久远。体验式教学以人的生命体验与发展为依归，尊重生命、关怀生命、拓展生命、提升生命，蕴含着高度的生命价值与意义。与传统的说教相比，体验式教学通过“创设情境—活动体验—互动分享—觉察反思—整合运用”的技术路线，由教师创设各种教学情境，学生通过对情境的亲历，产生内心的体验与感悟，通过师生间的分享和讨论，产生思想的碰撞，从而达到转变认知、改变行为的目的，其鲜明的亲历性和自主性、独特的个体性、丰富的情感性，使体验更容易深入学生的心灵。这是一种发挥学生主体性，学生自我探索、自我选择、自我引导、自我成长的过程，具有较好的教学效果。

三、中职学生正确生命观的培养

中职学生在生理和心理上都处于迅速发展、可塑性强的重要阶段，因而也极易受到社会各方面不良因素的影响。随着社会环境日益多元化，青少年的生理成熟期呈现出日益提前的趋势，而在心理发展方面则显得滞后，导致青少年生理、心理和道德发展的不平衡。如果得不到有效的纠正和引导，就会逐渐引发种种生命问题，如自残、自杀、暴力、网瘾、性困惑、吸毒等。因此，重视对中职学生

的生命观教育，培养其积极向上的生命价值观，对学生自身成长、家庭和睦和社会和谐都有着积极的意义。构建和培养中职学生正确的生命观可从以下几个方面入手。

（一）学科教育中渗透生命教育的意识

在各个学科教学中，充分挖掘生命教育的内涵，通过丰富的生命元素的渗透，让学生在各科目课程的学习中认识自我，学会调适，感悟人与他人、人与社会、人与自然和谐相处的重要性，陶冶学生的心灵；并且进行提高生存技能和生命质量的教育活动从而使学生学会认识生命、珍惜生命、尊重生命、热爱生命。在德育的教育实践中，对学生进行潜移默化的生命教育。

（二）利用各种主题教育加强生命观教育

通过新生入学教育、入团仪式、成人礼、禁毒教育、青春期教育、安全教育、法制教育等多种形式，对学生进行生命价值教育，使学生从中了解自己的成长历程，激发学生对自己生命成长的自豪感，培养积极的生命价值观，以及对未来生活的美好憧憬。

（三）在社会活动中培养学生的生命意识

生命教育学科与其他学科不一样，它有很强的实践性，且是以青少年的经验与生活为核心的实践性课程，社会实践活动是青少年体验生命成长的重要途径，因而要充分利用班团队、节日、纪念日活动、仪式教育、学生社团活动、社会实践活动等多种载体，积极开展生命教育活动，让青少年在实践中体验生命的价值，感受生命的魅力。建立生命教育基地，让学生在殡仪馆、墓区、社区、医院、康复中心基地的社会实践活动中通过亲身的实践与体验，感受到生活的美好，生命的可贵，从而理解生命、珍惜生命，善待自己与他人。

（四）校园文化的熏陶

校园文化是社会文化的有机组成部分，它包括硬件和软件两部分。中职学校应以加强校风、教风、班风、学风等软件建设为出发点，同时加强校园美化绿化、信息传媒、文化活动场所等硬件建设，使校园文化作为一个有机整体表现出旺盛的生命力，为学生的成长创造良好的氛围，达到环境育人的目的。学校应充分利用一切有利因素与教育资源，营造一种具有时代气息、高品位的校园文化氛围，使学生耳濡目染，受到潜移默化的教育。为学生提供优化的自然环境与人文环境，让他们生活得愉快、舒心，让学生感受到生命的美好，提高他们生活的质量。更重要的是能使学生以更饱满的热情、更充沛的精力去创造生命的价值。

（五）构建学校、家庭、社会三位一体的教育网络

生命教育是在青少年的学习、生活中得以实施的，青少年生命教育不仅涉及学校的教育教学，更牵涉到家庭与社会的方方面面，已成为一项社会系统工程，因而需要社会、学校、家庭等各方的紧密配合、交流与合作，需要整合多种教育

资源，共同营造一个关爱生命、尊重生命、保护生命的氛围和环境，共同创建生命教育网络体系，形成关爱生命的教育生态圈，以整体的教育力量影响青少年，完成教育关爱生命的时代使命。

四、校园危机干预策略

校园危机是指那些正在威胁到学校正常运作，或潜伏着问题而处于尚未爆发状态的事故，包括自杀自残、意外伤害、校园暴力、师生冲突、群体性事件、管教冲突，以及波及校园的流行疫情、社会危机等。校园危机有突发性、群体性和互动性的主要特性。

校园危机干预是指学校为避免或减轻危机情境所带来的严重威胁，学校主要领导（通常是校长）组织相关人员组建危机干预小组，制订危机干预计划，对学校可能的和现实的危机进行预防、处理和评价的干预策略及其系统化的应用过程。校园危机干预是对一个学校危机应对能力的综合考验，是有组织、有计划、持续的动态管理过程，大致可以分为事前预防、事中处置和事后补救三个阶段。

中职学生生理、心理发育尚不成熟，自我保护的意识和能力还不强，容易出现各种危机问题。中职学校应构建并完善校园危机干预机制和策略，提高学生危机预防能力，确保学生生命安全。

（一）建立危机预警机制，关注高危人群

强化危机预警机制是做好校园危机干预工作的一个非常重要的环节，预防工作做得好，就会起到事半功倍的效果。学校应对学生加强危机教育，树立危机意识，将校园应急处理的理念、案例及行动方案，融入学校教育的内容中，做到应急管理常规化。学校还要构建完整的危机应对机制，包括危机教育机制、危机管理小组、危机管理计划、危机信息管理制度等。

同时，学校必须时刻关注高危人群。关注那些人际关系紧张，家庭遭受重大意外变故，有生理缺陷、疾病患者及适应能力差的学生。对他们的异常状况早发现、早报告、早干预，确保信息渠道畅通无阻，信息提交快速准确，第一时间处理好事件，力争避免严重校园危机的发生。

（二）建立快速反应机制

校园危机发生的具体时间、具体态势、伤害程度和影响深度，往往难以完全预测，具有一定的境遇性和突发性。这种突发性的校园危机往往在很短的时间内会对学校产生恶劣的影响。因此事中处置阶段的目的是尽可能地控制危机发展、减少危机损害、降低危机损失，并为危机事后恢复奠定基础。此阶段的处理方法、处理速度、处理态度均直接决定危机控制的有效性，也会影响学校全体成员对学校的信任感。

学校要在危机降临时第一时间查出原因，找准危机的根源，采取有效的措

施，以便迅速、快捷地化解危机，把损失或伤害降低到最小。同时，学校必须以最快的速度启动紧急预案并立刻制定相应的应急对策。

（三）建立动态追踪反馈机制和支持系统

每经历一次校园危机，全校的师生员工都会或多或少地受到有形和无形的伤害。为减轻危机造成的伤害，更是为了尽快恢复学校正常的秩序，学校必须建立动态追踪机制，在危机发生后对师生进行损失补救和心理抚慰。

同时，学校还应建立支持系统。通过开展一系列的培训与团体辅导，提高学生自身对危机的应对能力。当对学生有较大影响的生活事件发生时，尽快采取措施，以一系列校园或社会支持介入，对遭受负性事件影响的学生开展心理辅导或个体咨询，给予全方位的支持，尽量减缓负性事件给学生造成的心理压力，促使其积极应对，渡过难关。

【建议参考资料】

1. 曹剑尘，丁慰堂．常用词语三用词典［M］．北京：少年儿童出版社，1981.
2. 崔景贵．职业教育心理学导论［M］．北京：科学出版社，2008.
3. 郑和钧，邓京华．高中生心理学［M］．杭州：浙江教育出版社，1993.
4. 万玮．遭遇问题学生：问题学生的教育与转化技巧［M］．北京：中国轻工业出版社，2010.
5. 游一行，杨海莲．百年哈佛教给学生的人生哲学［M］．哈尔滨：黑龙江科学技术出版社，2007.
6. 中国互联网络信息中心．第30次中国互联网络发展状况统计报告［R］．北京：中国互联网络信息中心，2012.
7. 金伯利·S. 扬．网络心魔：网瘾的症状与康复策略［M］．毛英明，毛巧明，译．上海：译文出版社，2005.
8. 王经涛，王俊英．青少年网络道德教育［M］．北京：开明出版社，2001.
9. 张健鹏，胡足青．孩子的问题在哪里［M］．北京：学苑出版社，2001.
10. 吴江．公共危机管理能力［M］．北京：国家行政学院出版社，2005.
11. 王金贵．校园安全保卫防范与安全事故应急处理预警预案编制实用手册［M］．银川：宁夏大地音像出版社，2005.

【问题与思考】

1. 中职学生的行为习惯有哪些特点？
2. 如何对中职学生的不良行为习惯进行有效辅导？
3. 什么是网络成瘾？它有哪些具体的表现？
4. 如何克服网络成瘾？
5. 什么是生命教育？怎样对中职学生进行生命教育与辅导？
6. 怎样培养中职学生正确的生命观？
7. 什么是校园危机？简述校园危机干预策略。

图书在版编目(CIP)数据

中职学生心理健康教育 / 郑日昌, 刘视湘主编. －北京: 开明出版社, 2012.10

(新世纪心理与心理健康教育文库)

ISBN 978－7－5131－0239－1

Ⅰ.①中… Ⅱ.①郑… ②刘… Ⅲ.①心理健康－健康教育－中等专业学校－教材 Ⅳ.①G479

中国版本图书馆 CIP 数据核字(2011)第 119661 号

责任编辑: 吴晨紫　陈璘彬　魏红岩　范英

书　名: 中职学生心理健康教育
出品人: 焦向英
出　版: 开明出版社
(北京海淀区西三环北路 25 号 邮编 100089)
经　销: 全国新华书店
印　刷: 保定市中画美凯印刷有限公司
开　本: 700×1000 1/16
印　张: 14
字　数: 213 千字
版　次: 2012 年 10 月 北京第 1 版
印　次: 2016 年 9 月 北京第 2 次印刷
定　价: 36.00 元

印刷、装订质量问题, 出版社负责调换货　联系电话:(010)88817647